**Psicologia em Unidade
de Terapia Intensiva**
Intervenções em Situações
de Urgência Subjetiva

SOTIERJ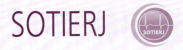

Sociedade de Terapia Intensiva do Estado do Rio de Janeiro

Diretoria Executiva (2016-2017)

Presidente: Flávio Eduardo Nácul

Vice-Presidente: Fernanda Lima Setta

Diretor Secretário Geral: Roberto Seabra Lannes

Diretor de Comunicação: Pedro Túlio Rocha

1º Diretor Científico: Cesar Villela

2ª Diretora Científica: Alessandra Thompson

1º Diretor Tesoureiro: Alexandre Rouge Felipe

2ª Diretora Tesoureira: Paula Araújo Rosa

Departamentos da SOTIERJ

Enfermagem: Tony de Oliveira Figueiredo

Farmácia: Mariana Vasques

Fisioterapia: Marcelo Vianna Marques Ferreira

Fonoaudiologia: Carolina Miranda Ruiz Martins

Odontologia: Rui Guedes da Silva

Psicologia: Fernanda Saboya Rodrigues Almendra

Presidente Passado: Celina Acra

Presidente Futuro: Sandro Vieira de Oliveira

Psicologia em Unidade de Terapia Intensiva
Intervenções em Situações de Urgência Subjetiva

Organizadora
Fernanda Saboya Rodrigues Almendra

Autoras
Joyce Vieira da Fonseca de Marca
Katya Kitajima
Mayla Cosmo Monteiro

Sociedade de Terapia Intensiva
do Estado do Rio de Janeiro

EDITORA ATHENEU

São Paulo —	Rua Jesuíno Pascoal, 30
	Tel.: (11) 2858-8750
	Fax: (11) 2858-8766
	E-mail: atheneu@atheneu.com.br
Rio de Janeiro —	Rua Bambina, 74
	Tel.: (21)3094-1295
	Fax.: (21)3094-1284
	E-mail: atheneu@atheneu.com.br
Belo Horizonte —	Rua Domingos Vieira, 319 — conj. 1.104

CAPA: Paulo Verardo
PRODUÇÃO EDITORIAL: Ana Paula Aquino
DIAGRAMAÇÃO: Edel

CIP-BRASIL. CATALOGAÇÃO NA PUBLICAÇÃO
SINDICATO NACIONAL DOS EDITORES DE LIVROS, RJ

P969

Psicologia em unidade de terapia intensiva : intervenções em situações de urgência subjetiva / organização Fernanda Saboya Rodrigues Almendra ... [et. al.] - 1. ed. - Rio de Janeiro : Atheneu, 2018.
    il.

   Inclui bibliografia
   ISBN 978-85-388-0847-3

   1. Primeiros socorros. 2. Emergências médicas. I. Almendra, Fernanda Saboya Rodrigues

17-45101   CDD: 616.0252
                                 CDU: 616-083.98

02/10/2017   04/10/2017

ALMENDRA, F. S. R.
Psicologia em Unidade de Terapia Intensiva – Intervenções em Situações de Urgência Subjetiva

© EDITORA ATHENEU
São Paulo, Rio de Janeiro, Belo Horizonte, 2018

Autoras

Fernanda Saboya Rodrigues Almendra (organizadora)
Psicóloga. Psicanalista. Coordenadora dos Serviços de Psicologia do Hospital Copa D'Or e do Copa Star, Rio de Janeiro. Pós-graduada em Psicologia Médica pela Faculdade de Ciências Médicas da Universidade Estadual do Rio de Janeiro (FCM-UERJ). Membro Associado do Instituto Sephora de Ensino e Pesquisa de Orientação Lacaniana (ISEPOL). Membro do Comitê de Ética em Pesquisa do Hospital Copa D'Or. Membro do Departamento de Psicologia da Associação de Medicina Intensiva Brasileira (AMIB). Coordenadora do Departamento de Psicologia da Sociedade de Terapia Intensiva do Estado do Rio de Janeiro (SOTIERJ).

Joyce Vieira da Fonseca de Marca
Psicóloga. Ex-Chefe do Serviço de Saúde Mental do Hospital Municipal Miguel Couto, Rio de Janeiro. Mestre em Educação pela Universidade Federal do Rio de Janeiro (UFRJ). Especialista em Psicologia Clínica e Hospitalar pelo Conselho Federal de Psicologia (CFP). Membro do Departamento de Psicologia da Sociedade de Terapia Intensiva do Estado do Rio de Janeiro (SOTIERJ), 2010-2013.

Katya Kitajima
Psicóloga Hospitalar da Clínica São Vicente, Rio de Janeiro. Sócia Coordenadora da Inner Consultoria em Psicologia, Rio de Janeiro. Mestre em Ciências Médicas pela Universidade Federal do Rio de Janeiro (UFRJ). Especialista em Psicologia Hospitalar pelo Instituto Sedes Sapientiae, São Paulo. Especialista em Terapia de Família e Casal pelo Instituto de Terapia da Família do Rio de Janeiro (ITF-RJ). Coordenadora do Departamento de Psicologia da Sociedade de Terapia Intensiva do Estado do Rio de Janeiro (SOTIERJ), 2007-2009; 2009-2011. Membro do Departamento de Psicologia da Associação de Medicina Intensiva Brasileira (AMIB), 2004-2005, 2006-2007.

Mayla Cosmo Monteiro
Psicóloga. Coordenadora do Serviço de Psicologia Hospitalar da Clínica São Vicente. Pós-doutoranda pela Pontifícia Universidade Católica do Rio de Janeiro (PUC-Rio) – Bolsista FAPERJ-PPD. Mestre e Doutora em Psicologia Clínica pela PUC-Rio. Especialista em Psicologia Hospitalar aplicada à Cardiologia pelo Instituto do Coração do Hospital das Clínicas da Faculdade de Medicina da Universidade de São Paulo (Incor-HCFMUSP). Gestalt-terapeuta. Coordenadora e Professora do Curso de Especialização em Psicologia Hospitalar e da Saúde da PUC-Rio.

Colaboradores

Bianca da Silva Ribeiro Soares
Psicóloga do Instituto Nacional de Traumatologia e Ortopedia (INTO). Especialista em Saúde Mental pela Escola Nacional de Saúde Pública da Fundação Oswaldo Cruz (ENSP-Fiocruz). Especialista em Psicologia Hospitalar pelo Conselho Federal de Psicologia (CFP). Formação em Abordagem Centrada na Pessoa pelo Centro de Psicologia da Pessoa (CPP).

Christine da Motta Rutherford
Psicóloga. Coordenadora do Serviço de Psicologia da Casa de Saúde São José. Terapeuta Familiar Sistêmica pelo Instituto de Psiquiatria da Universidade Federal do Rio de Janeiro (IPUB-UFRJ). Gestalt-terapeuta.

Daniele Rangel dos Santos Rodrigues
Psicóloga do Serviço de Saúde Mental do Américas Medical City. Pós-graduada em Psicologia Médica pela Faculdade de Ciências Médicas da Universidade do Estado do Rio de Janeiro (FCM-UERJ). Membro Adjunto do Instituto Sephora de Ensino e Pesquisa de Orientação Lacaniana (ISEPOL).

Flavia Ribeiro Costa Pereira
Psicóloga do Serviço de Saúde Mental do Américas Medical City. Pós-graduada em Psicologia Médica pela Faculdade de Ciências Médicas da Universidade do Estado do Rio de Janeiro (FCM-UERJ). Membro Associado do Instituto Sephora de Ensino e Pesquisa de Orientação Lacaniana (ISEPOL).

Helena Carneiro Aguiar
Psicóloga da Maternidade Perinatal de Laranjeiras. Psicóloga Clínica e Hospitalar. Especialista em Infância e Adolescência pelo Instituto Fernandes Figueira (IFF). Mestre em Psicologia pela Pontifícia Universidade Católica (PUC).

Jaqueline Maia de Oliveira

Psicóloga. Coordenadora dos Serviços de Psicologia do Hospital da Cidade e do Hospital Teresa de Lisieux, Bahia. Especialista em Psicologia Hospitalar pelo Conselho Federal de Psicologia (CFP). Presidente do Departamento de Psicologia da Sociedade de Terapia Intensiva da Bahia (SOTIBA). Ex-presidente e Atual Membro do Departamento de Psicologia da Associação de Medicina Intensiva Brasileira (AMIB).

Juliana Venancio Impieri

Psicóloga do Serviço de Saúde Mental do Hospital Municipal Miguel Couto, Rio de Janeiro. Membro do Instituto de Psicanálise da Sociedade Psicanalítica do Rio de Janeiro (SPRJ). Especialista em Psicologia Oncológica pelo Instituto Nacional do Câncer (INCA). Especialista em Psicologia Médica pelo Hospital Universitário Pedro Ernesto da Universidade do Estado do Rio de Janeiro (HUPE-UERJ).

Karen Scavacini

Psicóloga. Suicidologista. Mestre em Saúde Pública pelo Karolinska Institutet, na área de Prevenção do Suicídio. Doutoranda em Psicologia pela Universidade São Paulo (USP). Idealizadora e Cofundadora do Instituto Vita Alere de Prevenção e Posvenção do Suicídio. Autora do livro "E agora? Um livro para crianças em luto por suicídio". Membro Fundadora da Associação Brasileira de Estudos e Prevenção do Suicídio (ABEPS).

Layla Mandelbaum Amendoeira

Psicóloga do Instituto Nacional de Traumatologia e Ortopedia (INTO). Especialista em Saúde Mental pelo Instituto de Psiquiatria da Universidade Federal do Rio de Janeiro (IPUB-UFRJ). Especialista em Saúde Mental Infantojuvenil pelo IPUB-UFRJ.

Lúcia Helena Carvalho dos Santos Cunha

Psicanalista. Psicóloga no Hospital das Clínicas de Teresópolis Constantino Ottaviano (HCTCO). Doutora em Teoria Psicanalítica pela Universidade Federal do Rio de Janeiro (UFRJ). Professora-adjunta do Centro Universitário Serra dos Órgãos (UNIFESO), Teresópolis. Membro do Instituto Sephora de Ensino e Pesquisa de Orientação Lacaniana (ISEPOL).

Manuella Itapary

Psicóloga do Serviço de Psicologia do Hospital Copa D'Or. Mestranda do Programa de Pós-graduação em Teoria Psicanalítica da Universidade Federal do Rio de Janeiro (UFRJ). Membro Adjunto do Instituto Sephora de Ensino e Pesquisa de Orientação Lacaniana (ISEPOL).

Maria Cristina Marques da Silva Pinho

Psicóloga do Serviço de Saúde Mental e Membro do Núcleo de Segurança do Paciente do Hospital Municipal Miguel Couto, Rio de Janeiro. Especialista em Psicologia Clínica e Hospitalar pelo Conselho Federal de Psicologia (CFP). Especialista em Psicossomática pelo Instituto de Medicina Psicossomática, Rio de Janeiro. Membro do Conselho Fiscal (biênios 2001/2003 e 2003/2005) e da Diretoria da Sociedade Brasileira de Psicologia Hospitalar (biênio 2013/2014).

Mariana de Sá Freire Medrado Dias

Psicóloga do Serviço de Saúde Mental do Américas Medical City. Psicóloga do Serviço de Psicologia do Hospital Copa D'Or. Pós-graduada em Psicologia Médica pela Faculdade de Medicina da Universidade do Estado do Rio de Janeiro (FCM-UERJ). Membro Associado do Instituto Sephora de Ensino e Pesquisa de Orientação Lacaniana (ISEPOL).

Mariana Sarkis Braz

Psicóloga do Hospital Paulistano, São Paulo. Terapeuta Familiar Sistêmica pelo Instituto Hunanitas, Bahia. Especialista em Psicologia Hospitalar pela Irmandade da Santa Casa de Misericórdia de São Paulo. Especialista em Luto pelo Instituto de Psicologia 4 Estações. Mestre em Psicologia Clínica, Laboratório de Estudos sobre Luto (LELu), pela Pontifícia Universidade Católica de São Paulo (PUC-SP).

Michèlle Salgado Coelho Ávila

Psicóloga Hospitalar do Hospital Estadual da Criança (referência no serviço de transplante de fígado pediátrico e na UTI pediátrica). Membro da Comissão Intra-hospitalar de Doação de Órgãos e Tecidos para Transplante (CIHDOTT). Psicóloga Paliativista da Equipe de Cuidados Paliativos do Hospital Estadual da Criança (HEC). Especialização e Aperfeiçoamento em Cuidados Paliativos pelo Instituto Sírio-Libanês de Ensino e Pesquisa do Hospital Sírio-Libanês. Extensão em Psico-oncologia pela Pontifícia Universidade Católica (PUC). Especialista em Psicologia da Saúde pela PUC.

Patricia Maria Gonzaga Mussoi

Psicóloga do Instituto Nacional de Traumatologia e Ortopedia (INTO). Especialista em Psicologia Hospitalar pelo Conselho Federal de Psicologia (CFP). Psicanalista, Membro associado da Sociedade Psicanalítica do Rio de Janeiro (SPRJ).

Pedro Augusto Legnani Rosaes

Psicólogo do Serviço de Saúde Mental do Hospital Municipal Miguel Couto, Rio de Janeiro, e do Hospital Federal de Ipanema. Especialista em Saúde Mental Infantojuvenil pelo Instituto de Psiquiatria da Universidade Federal do Rio de Janeiro (IPUB-UFRJ).

Raphaella Ropelato

Psicóloga. Coordenadora do Serviço de Psicologia do Hospital Vita Curitiba. Mestre em Medicina Interna e Ciências da Saúde pelo Hospital de Clínicas da Universidade Federal do Paraná (HC-UFPR). Especialista em Psicoterapia Comportamental e Cognitiva pela Universidade Positivo (UP-PR). Presidente do Departamento de Psicologia da Associação de Medicina Intensiva Brasileira (AMIB), 2016-2017.

Rosane Vasco

Psicóloga. Coordenadora do Serviço de Psicologia do Instituto Estadual do Cérebro Paulo Niemeyer, Rio de Janeiro. Especialista em Psicologia da Saúde pela Pontifícia Universidade Católica do Rio de Janeiro (PUC-Rio). Especialista em Psicologia Médica e Psicossomática e Treinamento Clínico pelo Centro de Medicina Psicossomática e Psicologia Médica no Hospital Geral da Santa Casa da Misericórdia. Formação em Psicoterapia Analítica de Grupo pela Sociedade de Psicoterapia Analítica de Grupo do Estado do Rio de Janeiro.

Sandra Regina Gonzaga Mazutti

Psicóloga. Coordenadora do Serviço de Psicologia do Hospital Paulistano, São Paulo. Especialista em Psicologia Hospitalar, Terapia Cognitiva Comportamental. Pós-graduada em Psico-oncologia e Cuidados Paliativos pelo Instituto Pallium Latinoamérica. Mestre em Ciências da Saúde pelo Instituto Sírio-Libanês de Ensino e Pesquisa. Membro do Departamento de Psicologia da Associação de Medicina Intensiva Brasileira (AMIB).

Sheila Tavares Costa de Paula

Psicóloga. Coordenadora do Serviço de Psicologia da Casa de Saúde São José. Gestalt-terapeuta. Especialista em Psico-oncologia pela Sociedade Brasileira de Psico-oncologia (SBPO). Aprimoramento em Cuidados Paliativos pelo Hospital Sírio-Libanês, São Paulo.

Tárcia Regina Coura Dutra

Psicóloga. Especialista em Psicologia Hospitalar pelo Conselho Federal de Psicologia e em Administração Pública com ênfase em Gestão Pública pela Fundação João Pinheiro – Escola de Governo. Psicóloga Clínica do Núcleo de Ensino e Pesquisa do Hospital João XXIII (NEP-HJXXIII). Docente da Residência Multiprofissional em Saúde – Urgência e Emergência da Fundação Hospitalar do Estado de Minas Gerais (FHEMIG). Membro Sociedade Mineira de Terapia Intensiva/Associação de Medicina Intensiva Brasileira (SOMITI/AMIB) e da Associação Brasileira de Medicina de Emergência (Abramede), regional Minas Gerais. Tutora no Curso EAD de Cuidados Paliativos da Faculdade de Ciências Médicas de Minas Gerais (FCMMG).

Prefácio

A história da medicina intensiva brasileira ainda não ultrapassa 50 anos, mas são indiscutíveis os avanços que permitiram a melhoria da assistência aos pacientes críticos.

Em paralelo ao crescente desenvolvimento científico e tecnológico, que possibilitou o controle de doenças graves e diminuição da mortalidade, nasceu a preocupação de que o excesso de tecnologia enfraquecesse a dimensão humana do cuidado.

Assim, sem limitar-se a motivos altruístas, mas aliando expertise teórica e clínica às iniciativas de humanização, o psicólogo que atua na cena hospitalar dedica-se aos aspectos subjetivos dos diversos atores ali envolvidos.

O fato de que é devido a uma urgência médica que se procura um hospital geral apresenta-se como um desafio ao psicólogo. É preciso reconhecer que a demanda de tratamento é inicialmente dirigida ao campo de medicina. A questão será justamente a de identificar as circunstâncias em que, a partir de uma urgência médica, é deflagrada uma urgência subjetiva.

Sabemos que enfrentar a crise promovida pela enfermidade e estar sob a ameaça de uma doença grave pode desencadear intensa angústia, acarretar consequências indesejáveis para o tratamento e afetar negativamente as relações interpessoais.

Desse modo, com os olhos e ouvidos abertos para a particularidade de cada caso e a história de cada um, o psicólogo acolhe, realiza intervenções e busca soluções para minimizar a dor e o sofrimento dos pacientes e de suas famílias, além de contribuir para o bom funcionamento da engrenagem institucional.

Partindo do princípio de que a formalização do trabalho e rigor teórico são indispensáveis à boa prática clínica, reuniu-se neste livro textos que ilustram o dia a dia do trabalho de psicólogos que atuam em unidades de terapia intensiva adulto, pediátrica e neonatal de diferentes hospitais brasileiros.

Por fim, não poderia deixar de mencionar a Psicóloga Ana Maria Magalhães (*in memoriam*), que reconhecendo a necessidade de incentivar estudos e pesquisas no campo da psicologia aplicada à medicina intensiva, teve papel de relevância na criação do Departamento de Psicologia da Associação de Medicina Intensiva Brasileira (AMIB).

A ideia de um departamento de psicologia como parte de uma sociedade médica reafirma o verdadeiro espírito do trabalho multidisciplinar, que agrega distintos campos do saber e resulta em uma melhor qualidade da assistência.

Agradeço à SOTIERJ, aqui representada pelo Dr. Flávio Nácul, que ao valorizar o princípio da multidisciplinaridade e buscar a excelência no cuidado ao paciente crítico, consolida a acreditação na boa parceria entre a psicologia e a medicina intensiva.

Boa leitura!

Fernanda Saboya

Apresentação

A Sociedade de Terapia Intensiva do Estado do Rio de Janeiro (SOTIERJ) com muito orgulho apresenta *Psicologia em Unidade de Terapia Intensiva – Intervenções em Situações de Urgência Subjetiva* elaborado por especialistas da área da psicologia e coordenado pela psicóloga Fernanda Saboya.

O livro aborda de maneira competente diferentes situações em que o psicólogo pode atuar em uma unidade de terapia intensiva, tendo em vista que a internação nesta unidade gera diversas reações emocionais no paciente, na família e na equipe multidisciplinar. Com textos inteligentes, de fácil leitura e com base na literatura recente, o livro é destinado a todos aqueles que participam do cuidado dos pacientes críticos.

Psicologia em Unidade de Terapia Intensiva – Intervenções em Situações de Urgência Subjetiva revela-se uma leitura agradável e importante recurso para difícil tarefa do cuidar dos nossos pacientes, com base em sólido conhecimento teórico, bom senso, ética e humanismo.

Flávio E. Nácul
Presidente da Sociedade de Terapia Intensiva do Estado do Rio de Janeiro (SOTIERJ).

Sumário

Parte 1 Do Nascimento à Finitude | Impasses e Possibilidades, 1

1. Bebê Prematuro | Pais e Mães Prematuros, 3
   Helena Carneiro Aguiar

2. Urgência Subjetiva e Impasses Narcísicos em Unidade de Terapia Intensiva Pediátrica, 13
   Mariana de Sá Freire Medrado Dias • Flavia Ribeiro Costa Pereira •
   Daniele Rangel dos Santos Rodrigues

3. Transplante de Fígado em Unidade de Terapia Intensiva Pediátrica, 23
   Michèlle Salgado Coelho Ávila

4. Da Urgência Médica à Subjetiva | A Responsabilidade da Instituição e a Responsabilidade de Cada Um, 35
   Fernanda Saboya Rodrigues Almendra • Manuella Itapary

5. Considerações sobre o Atendimento da Psicologia no Instituto Nacional de Traumatologia e Ortopedia, 47
   Layla Mandelbaum Amendoeira • Bianca da Silva Ribeiro Soares •
   Patricia Maria Gonzaga Mussoi

6. Um Caso de Síndrome de Encarceramento | Desafios e Possibilidades, 61
   Joyce Vieira da Fonseca de Marca • Maria Cristina Marques da Silva Pinho •
   Juliana Venancio Impieri • Pedro Augusto Legnani Rosaes

7. Subjetividade Humana Diante da Indicação de Cirurgia Cerebral, 73
   Rosane Vasco

8. Aspectos Emocionais da Ventilação Mecânica, 87
   Jaqueline Maia de Oliveira

9. Quando o Coração Expressa a Dor do Indizível, 97
   Maria Cristina Marques da Silva Pinho • Joyce Vieira da Fonseca de Marca

10 Perdas e Luto | Repercussões para Paciente, Família e Equipe, 109
Mayla Cosmo Monteiro • Christine da Motta Rutherford • Sheila Tavares Costa de Paula

11 Cuidado Paliativo Integrado à Unidade de Terapia Intensiva, 119
Sandra Regina Gonzaga Mazutti • Mariana Sarkis Braz

12 Nas Veredas da Morte | O Paciente com Comportamento Suicida, 129
Karen Scavacini

Parte 2   Qualidade da Assistência e Intervenções Junto à Equipe Multidisciplinar, 141

13 Práticas Reflexivas do Ensino sobre Humanização, 143
Katya Kitajima

14 Sintoma de *Burnout* e Sinais de Esgotamento de um Modelo de Atuação Profissional entre Médicos Contemporâneos, 153
Lúcia Helena Carvalho dos Santos Cunha

15 Psicologia na Simulação Realística | Contribuições para o Aprendizado da Equipe de Saúde, 163
Tárcia Regina Coura Dutra

16 Satisfação da Família | Contribuições no Processo de Gestão e Qualidade, 171
Raphaella Ropelato

Índice Remissivo, 179

PARTE

1 Do Nascimento à Finitude | Impasses e Possibilidades

1. Bebê Prematuro | Pais e Mães Prematuros, 3
2. Urgência Subjetiva e Impasses Narcísicos em Unidade de Terapia Intesiva Pediátrica, 13
3. Transplante de Fígado em Unidade de Terapia Intesiva Pediátrica, 23
4. Da Urgência Médica à Subjetiva | A Responsabilidade da Instituição e a Responsabilidade de Cada Um, 35
5. Considerações sobre o Atendimento da Psicologia no Instituto Nacional de Traumatologia e Ortopedia, 47
6. Um Caso de Síndrome de Encarceramento | Desafios e Possibilidades, 61
7. Subjetividade Humana diante da Indicação de Cirurgia Cerebral, 73
8. Aspectos Emocionais da Ventilação Mecânica, 87
9. Quando o Coração Expressa a Dor do Indizível, 97
10. Perdas e Luto | Repercussões para Paciente, Família e Equipe, 109
11. Cuidado Paliativo Integrado à Unidade de Terapia Intensiva, 119
12. Nas Veredas da Morte | O Paciente com Comportamento Suicida, 129

CAPÍTULO 1

Bebê Prematuro | Pais e Mães Prematuros

Helena Carneiro Aguiar

Introdução

Este capítulo pretende trazer reflexões sobre a trajetória da construção da parentalidade interrompida precocemente pelo nascimento prematuro, sobre as especificidades iniciais de uma gravidez que finda com um desfecho diferente do imaginado. Serão abordadas também as possibilidades da atuação do psicólogo diante do contato com famílias e bebês em situações nas quais os cuidados médicos e tecnológicos intensivos são necessários à sobrevivência do bebê. A proposta é pensar no psicólogo e na própria unidade de terapia intensiva (UTI) neonatal como uma possibilidade de sustentação e acolhimento para a família que inicia a construção de vínculo com o recém-nascido frente a uma situação de crise.

Processo de construção da parentalidade

A experiência de gestar e ter um filho é um momento importantíssimo no ciclo vital de qualquer pessoa, com impactos em todas as áreas de sua vida para sempre. Portanto, todos os profissionais de saúde responsáveis pelos momentos iniciais da vida de um novo ser devem ter a compreensão da relevância desse momento. Com relação aos bebês que nascem prematuros com malformações ou disfunções, a abordagem precisa ser ainda mais cautelosa e responsável. Serão envolvidas questões primordiais em um ambiente permeado por fortes emoções, conflitos e sentimentos desconhecidos.

Desde o momento em que se deseja ter um filho, começam a ser traçados processos psíquicos e mudanças subjetivas nos pais. O processo de tornar-se pai ou mãe, como indica Zornig (2012), é um longo percurso que se inicia muito antes do nascimento de um filho. A criança já existe no discurso dos pais mesmo antes de nascer, mediante suas expectativas e desejos. De acordo com a autora, esse percurso se inicia na infância de cada um dos pais e, portanto, depende muito da história individual e do desejo destes, de tal modo que não se pode pensar na parentalidade apenas associada à gestação e ao nascimento do filho. Para que um homem e uma mulher tornem-se pai e mãe, é necessário um processo que envolva um conjunto de remanejamentos psíquicos e afetivos.

O reconhecimento da relevância da herança das histórias paternas sobre a história da criança já estava presente nos trabalhos de Freud. Em 1914, no texto "Introdução ao narcisismo", Freud reconhece que o afeto dos pais é a revivescência e a reprodução de seu próprio narcisismo, que, então, supervalorizam o filho no lugar de "sua majestade, o bebê", atribuindo-lhe todas as perfeições e ocultando deficiências. A criança, resgatando o narcisismo parental, pode surgir como uma possibilidade de rever feridas narcísicas destes, com uma função "reparadora". Assim, o filho, apesar de poder despertar temor nos pais ao expô-los novamente às suas questões infantis, representa também a esperança de enfrentá-las novamente e revê-las. Dessa forma, pensar na gestação e no nascimento de um filho convoca invariavelmente aspectos do narcisismo, tanto do pai como da mãe. Assim, contam com toda sua estrutura psíquica, imaginário, fantasias e histórias para iniciar as representações de seu futuro filho, e já preparam o terreno para a vinculação afetiva com ele. A transmissão consciente e inconsciente da história infantil dos pais, com seus conflitos e primeiras relações, colore a representação da parentalidade desde muito antes do nascimento. Solis-Ponton e Lebovici (2004) apontam que, para o pai e a mãe tornarem-se pais, é necessário um grande trabalho psíquico, que envolve um complexo processo de transmissão inter e transgeracional, o qual incluiria aspectos não somente dos pais, mas também dos avós, além de aspectos socioculturais, mitos e conflitos a respeito da parentalidade.

Refletindo sobre a importante influência de fantasias parentais, sonhos, medos, lembranças da própria infância e profecias sobre o futuro bebê, Lebovici (1987) propõe a existência de três tipos de representações dos bebês na organização psíquica dos pais: o bebê imaginário, o bebê fantasmático e o bebê real.

O *bebê imaginário* relaciona-se ao narcisismo parental e, portanto, é construído durante a gestação e diz respeito às projeções dos pais sobre o bebê, incluindo características imaginadas por eles, tais como traços, personalidade, sexo etc., sendo o bebê imaginário uma representação dos pais. Já o *bebê fantasmático* refere-se à história infantil de cada um dos pais, refletindo suas fantasias inconscientes e a forma como se organizaram edipicamente. Assim, os conflitos infantis dos pais e a relação estabelecida com seus próprios pais realçam a representação geral que eles têm acerca da parentalidade. Já o *bebê real* seria aquele que confronta os pais com sua alteridade e que se apresenta de forma mais efetiva a partir do nascimento. É o bebê que entra em interação com os pais e que tem suas próprias competências: é o bebê que os pais têm nos braços. Posteriormente, veremos como, durante a gestação, o bebê imaginário ocupa posição de destaque para os pais; porém, próximo ao nascimento, precisam progressivamente ir se desfazendo e dando menos ênfase acerca das representações idealizadas do bebê imaginário para conseguir se vincular ao bebê real. Para que os pais e o bebê real possam estabelecer uma relação, é fundamental que os pais iniciem um trabalho de luto pelo bebê imaginário.

Ainda pensando sobre as alterações psíquicas que ocorrem na gestação, Bydlowski (2002) destaca que ocorre uma modificação natural da vida psíquica das mulheres, surgindo um estado de permeabilidade entre as representações conscientes e inconscientes. Este estado é caracterizado por uma transparência, em que os fragmentos do pré-consciente e do inconsciente chegam facilmente à consciência. A autora sugere que essa condição se estabelece porque, na gravidez, o equilíbrio psíquico encontra-se abalado pelo duplo *status* do bebê: presente no interior do corpo da mãe e de suas representações, mas ausente de sua realidade visível. Assim, as gestantes estabelecem, sem obstáculos, uma correlação entre a situação da gestação atual e as lembranças do seu passado, de modo que reminiscências antigas e fantasmas geralmente esquecidos surgem com força na memória, sem serem barrados pela censura. A força do recalque encontra-se "adormecida", não assegurando mais a proteção que habitualmente exerce.

A grávida diminui seu interesse pelo mundo exterior, mas, curiosamente, o bebê não ocupa predominantemente seu pensamento, pois ela permanece mais centrada em si própria. Nesse sentido, observa-se como a gestante parece mais ligada à criança que ela foi (ou que acredita ter sido) do que à criança que ela carrega em seu ventre. Isso se faz compreensível pelo superinvestimento da história pessoal da mãe, característico desse estado. Bydlowski (2002) supõe que a gravidez inaugura um encontro íntimo da mulher consigo mesma devido à emersão de conteúdos psíquicos recalcados relativos a experiências e fantasias infantis.

No entanto, essa modalidade particular de funcionamento, na qual as representações mentais estão centradas sobre uma forte polarização narcísica, não se mantém ao longo de toda a gestação. Conforme ressaltam Bydlowski e Golse (2002), a atenção da gestante que, de início estava dirigida para ela mesma, tende a passar progressivamente para o futuro bebê, que começa a ter um estatuto de objeto no psiquismo materno. Isso significa dizer que o feto começa a apresentar um *status* exterior, embora ainda esteja no corpo de sua mãe. Após o nascimento, a partir da *preocupação materna primária*, a atenção psíquica da mulher se direciona ao bebê, mas a relação entre ambos se apoia nas projeções maternas ancoradas no bebê que a própria mãe foi.

A *preocupação materna primária* é um conceito winnicottiano que descreve clinicamente o período particular entre as semanas anteriores ao parto e as primeiras semanas após o nascimento do bebê, durante o qual a mãe é capaz de adaptar-se sensivelmente às necessidades de seu filho. Winnicott (1956/1978) indica que se trata de uma identificação regressiva da mãe com seu bebê, capaz de captar os sinais do filho e interpretá-los com muita eficácia. A mãe que atingiu o estado de preocupação materna primária está plenamente devotada ao cuidado de seu bebê, o qual, de início, parece ser parte dela mesma. A partir de suas próprias experiências enquanto bebê, pode sentir o que o filho sente e, dessa forma, ela própria encontra-se em um estado dependente e vulnerável. Nessa condição especial de sensibilidade exacerbada, a mãe se retrai para poder sentir-se no lugar do bebê. O autor compara esse período a uma dissociação, a um estado patológico, uma "doença normal".

Interrupção da gestação

Como se tem visto, o nascimento de qualquer bebê já configura um momento de crise e traz consigo a necessidade de muitos ajustes psíquicos e trabalho de alguns lutos. Diante da crise existencial que a gravidez convoca, a interrupção desse processo precocemente poderá aumentar a intensidade de tal crise e, por conseguinte, exigirá remanejamentos ainda mais complexos. Após feita esta contextualização, pode-se conjecturar como os pais possivelmente se encontram nesse momento no qual estavam construindo a parentalidade de forma gradativa, mas são abruptamente privados de um tempo que seria primordial diante de tantas adaptações necessárias. A mãe, em especial, encontra-se modificada.

O vazio é experimentado naturalmente pelas mães após o parto, mesmo com o nascimento a termo e sem problemas, mas a sensação de perda é consolada pelo bebê real, que vai lhe ajudar a superar a estranheza de perder seu bebê de dentro. Com o bebê tão diferente do esperado, no entanto, a mãe deverá lidar com um vazio tanto interno quanto externo, pois o bebê nasceu, mas não está em seus braços.

A maioria dos bebês internados em uma UTI neonatal é composta por prematuros, bebês com idade gestacional inferior ou igual a 37 semanas. A separação física entre o bebê e sua família costuma ser imediatamente após a saída do útero materno, instaurando uma vivência de descontinuidade muito precoce para todos. Enquanto o pequeno segue para uma UTI neonatal para que possa continuar seu processo de desenvolvimento e luta pela vida, a mãe irá para uma enfermaria ou para um quarto, longe do filho e dos sonhos que construiu durante a gestação e até mesmo antes. Conforme apontam Morsch e Braga (2003), os pais experimentam um misto de sensações, dentre as quais perplexidade e medo diante de uma realidade tão distante daquela idealizada inicialmente para o bebê. Uma UTI neonatal, por mais preocupada com as questões de humanização que seja, é sempre um ambiente, à primeira vista, hostil. A quantidade de procedimentos dolorosos aos quais o bebê é exposto, sons, luminosidade e equipamentos tecnológicos costuma assustar e criar uma atmosfera de medo. Apesar do esforço dos bebês e dos pais para se adaptarem à nova realidade, muitas vezes há dificuldade na interação e na formação do vínculo afetivo. Morsch e Braga (2003) utilizam da metáfora de um curto-circuito para explicar o que ocorre nas interações da tríade pai-mãe-bebê nos primeiros momentos em uma UTI neonatal. Tendo em vista essas particularidades, esse início de vida prematuro dificilmente não deixará marcas importantes na vida dessas pessoas.

Quando o bebê nasce com menos de 28 semanas de gestação ele é considerado prematuro extremo. Essa classificação sofre algumas alterações de acordo com o local e o serviço, mas o importante é que está relacionada à viabilidade do bebê, ou seja, a chance de ele sobreviver. Nesses casos, o bebê costuma nascer com peso bem baixo e precisar de suporte respiratório e de ainda mais manuseios. Em geral, os pais demoram a ter contato mais íntimo com o bebê, dificilmente ficam sozinhos com ele e sentem-se inseguros neste contato. Com frequência, demonstram e relatam sentimento de culpa e incompetência. Instaura-se, assim, um cenário delicado para a formação dos vínculos iniciais com seu bebê. Frases como "Ainda não sou mãe de verdade", "Não posso fazer nada por ele", "As enfermeiras o conhecem melhor do que nós", dentre outras constantemente ecoadas nas UTIs neonatais, revelam como é delicado o processo de parentalidade nesse local. Os pais encontram-se muitas vezes desprovidos de sua função parental, pouco podem cuidar ou tocar em seu bebê. A situação pode vir a constituir-se como um trauma e dificultar o exercício saudável da função materna e paterna, o que certamente deixará consequências no desenvolvimento emocional do bebê.

Importante lembrar que os afetos ambivalentes marcam a relação entre os pais e o bebê durante toda a gestação. Ao mesmo tempo que o filho traz consigo expectativas de reparar falhas da história parental, provoca também a reativação de fantasmas edípicos e do desamparo inicial. Os bebês, por sua posição de vulnerabilidade psíquica e desamparo, provocam movimentos identificatórios arcaicos nos adultos que deles se ocupam, gerando medo de retornar a um momento de dependência. Para Freud (1926[1925]/1974), o desamparo liga-se à prematuração do ser humano, que nasce inacabado e totalmente dependente de outro para que o proteja dos perigos do mundo exterior. O autor também ressalta que esse desamparo pode ser reavivado quando nos defrontamos com perdas e separações ao longo da vida. Acreditamos que o temor do retorno ao estado de desamparo anterior ao nascimento concretiza-se diante da presença de um bebê doente e frágil.

A ambivalência está presente durante todo o tempo da gravidez, porém o nascimento sem problema reinstaura o narcisismo materno ao lhe tranquilizar e lhe gratificar com um bebê saudável (Mathelin, 1999). No entanto, diante de um bebê muito pequeno ou enfermo, em geral, a mãe não encontra algo que lhe conforte, que lhe mostre que seus sentimentos hostis não prejudicaram seu bebê. Ao contrário, a realidade reencontra seus medos e fantasmas. De acordo com a autora, "a realidade reencontra o fantasma e surge o trauma" (Mathelin, 1999, p. 17).

Morsch e Braga (2007) afirmam que "toda e qualquer UTI neonatal é marcada por uma sucessão de desencontros entre o bebê pré-termo e seus pais". De um lado, um bebê pouco voltado para as interações com o meio, que precisa concentrar toda sua energia para sua autorregulação e que tenta se defender do excesso de estímulos com os quais não estava acostumado, enquanto feto, no ambiente intrauterino. De outro lado, pais também oscilantes quanto a suas funções, que também não estavam prontos para o nascimento, que tiveram seu processo de construção do bebê imaginário interrompido pelo confronto com o bebê real. A tarefa de conciliar suas expectativas com uma realidade tão antagônica tende a ser extremamente penosa para esses pais, podendo ser difícil a tarefa de acolher e vincular-se afetivamente com um bebê tão distante de seus ideais. Nas palavras de Mathelin (1999), "como sentir-se mãe desse bebê que não dá sinal, que não mama no seio, que não olha, que não sendo em momento algum tranquilizante, não fabrica mãe?".

Segundo Stern (1997), após o nascimento, os pais começariam a reconstruir suas expectativas baseadas no que lhe é oferecido pelo bebê real, exigindo o abandono das representações idealizadas. Para esse autor, por volta do quarto mês de gestação, as representações sobre o bebê tornam-se muito ricas e específicas. Assim perduram até aproximadamente o sétimo mês de gestação, quando as representações tendem a se amenizar, e se instaura um processo de anulação progressiva das representações acerca do bebê imaginário. Minimizar a idealização sugere uma tentativa de adaptação à realidade que gradativamente se mostra – assim seria uma forma de proteger intuitivamente seu bebê e a si mesma. No entanto, quando o bebê nasce prematuro, isso geralmente ocorre no auge das representações idealizadas, não havendo tempo para as adaptações graduais, fazendo com que os pais possivelmente tenham uma dificuldade a mais para encarar o bebê real.

A mulher que estiver no estado de *transparência psíquica*, com sua atenção psíquica voltada para dentro, sob os ecos de seu narcisismo, provavelmente estará mais vulnerável, com suas defesas menos estruturadas e com seus fantasmas mais expostos. Com tudo isso, questiona-se como a mãe poderá atingir plenamente o estado de sensibilidade exacerbada para se identificar com seu bebê: a "preocupação materna primária". É importante lembrar de que é necessário que as condições ambientais sejam favoráveis para que a maternagem seja "suficientemente boa" – não basta uma boa condição interna da mãe. Esta precisa também, por sua vez, de um ambiente que a assegure (Winnicott, 1960). O ambiente, neste caso, não é somente a UTI, mas sua rede de apoio (incluindo familiares e profissionais de saúde), que poderá lhe ajudar a desenvolver condições especiais, mesmo em situações adversas.

É frequente observar nas UTIs algumas mães muito focadas nos monitores, papeletas e prescrições médicas, olhando mais para estes do que para o próprio bebê. Essa observação foi inicialmente conceituada por Druon, Agman e Frichet (1999) como "preocupação médico-primária", na qual a mãe estaria mais identificada ao profissional e ao ambiente de cuidado do que ao bebê, levando-a a ocupar uma função mais médica do que maternal. Morsch e Braga (2007) foram felizes em perceber que a "preocupação médico-primária" não seria uma recusa ao desempenho da função materna, mas uma busca para encontrar sinais de um bebê que aos poucos poderia reconhecer como seu. Quando a mãe consegue se apropriar do ambiente da UTI, normalmente se aproxima do seu filho, começa a perceber quando ele está bem ou não, consegue visualizar seus parâmetros vitais e entender os alarmes e sons que os cercam. Assim, poderá desenvolver a sensibilidade exacerbada para conseguir se identificar com seu filho. Dessa forma, a preocupação médico-primária só ocorreria provisoriamente no lugar da preocupação materna primária, como uma transição.

Diante de tal cenário, podem existir entraves na formação ou no fortalecimento dos vínculos afetivos entre os bebês e seus pais, mas se deve lembrar que esse é um processo contínuo. Em geral, quando incentivados, os pais começam a se aproximar e a interagir mais com seus filhos, seja pelo toque, pela posição canguru ou pela amamentação. Assim poderão ser ajudados a sentirem-se como pai e mãe de seus filhos.

Atuação do psicólogo

Com relação aos dispositivos clínicos disponíveis para utilizar junto a essas famílias prematuras, não se pode perder de vista que todo trabalho ocorre em um cenário de crise e vulnerabilidade, como já mencionado. Essas pessoas apresentam um funcionamento psíquico especial e estão repletas de insegurança, ansiedade e medos. Por tudo isso, a presença de um profissional com uma escuta atenta e diferenciada no ambiente da UTI neonatal torna-se muito significativa.

O trabalho do psicólogo poderá auxiliar nesse processo, procurando lançar luz sobre o que ocorre verdadeiramente nesse confronto com um bebê tão diferente daquele idealizado por seus pais. Pode-se oferecer um espaço valoroso para propiciar uma elaboração psíquica da experiência vivenciada para que os verdadeiros sentimentos envolvidos possam ser falados e compreendidos. Dessa forma, podem ser ajudados a compreender e a aceitar melhor seu filho e a internação e também a obter uma comunicação mais eficaz com o restante da equipe. É nesse sentido que Lamy Filho (2003) estabelece, como uma das atribuições principais do psicólogo em uma UTI, servir de mediador entre a família e a equipe, buscando intervir nas dissonâncias que possam acontecer em torno da comunicação. Morsch e Valansi

(2004) afirmam que é necessário colocar-se como ponto de referência para a família na UTI, pois é possível exercer uma função de continuidade por meio de uma escuta diferenciada que privilegia uma visão mais integrada do bebê e de sua história.

Em uma UTI neonatal existem vários e diferentes profissionais sempre ao redor do pequeno paciente, voltados normalmente para seus aspectos clínicos e para sua sobrevivência. Para os pais, a equipe geralmente representa uma interdição do contato com seu bebê. Por mais que tenham contato com ele, nunca estarão sozinhos com seu bebê (Agman, Druon e Frichet, 1999). O recém-nascido está completamente dependente dos cuidados médicos e de profissionais que se ocupam dele com tamanha naturalidade. Dessa forma, é compreensível que os pais apresentem sentimentos ambivalentes em relação à equipe, pois, ao mesmo tempo que se sentem expropriados de suas funções, eles têm consciência de que esses profissionais estão se dedicando a cuidar de seu filho (Morsch e Valansi, 2004). Assim, os profissionais são alvos de projeções intensas da família, o que facilmente desencadeia conflitos na relação. Nesse panorama, podemos pensar como o psicólogo pode ser importante para mediar esses conflitos, ajudando os pais a compreenderem suas reais frustrações, e a equipe a entender a importância do envolvimento dos pais durante toda a internação.

Quando os pais puderem compreender melhor o que estão vivenciando, possivelmente estarão mais abertos para estabelecerem trocas afetivas com seu bebê e, assim, mais propícios a iniciar um processo de identificação com ele. O psicólogo pode ajudar a mãe e o pai a olhar mais para seu filho, incentivá-los (e incentivar a equipe a oferecer aos pais) a se envolver em todos os cuidados com seu bebê que forem possíveis, respeitando o tempo de cada família. Uma equipe dedicada e implicada com o desenvolvimento emocional da família poderá deixar o bebê ainda muito pequeno no colo dos pais, colocá-lo na posição canguru, envolver os pais na amamentação, na troca de fraldas ou na checagem dos sinais vitais. Oferecer aos pais a possibilidade de participarem do cuidado com seu filho ajuda-os a ver seus filhos como sujeito, e não apenas como uma extensão de si mesmo e de suas questões narcísicas.

O trabalho do psicólogo pode se dar por meio do atendimento contínuo aos pais do bebê durante a internação. De acordo com as particularidades de cada serviço, será bastante proveitoso quando a equipe de psicologia iniciar atendimento aos pais ainda no pré-natal, principalmente quando forem identificadas situações de risco. Desse modo será possível aliviar as fantasias dos pais e já apresentar o psicólogo como uma referência para a família, além de trabalhar as diferentes demandas dos casais.

Durante a internação, ao estar atento às questões dos pais, pretende-se assisti-los em seu processo de formação de um vínculo afetivo saudável com seu filho e trabalhar possíveis perdas que possam ocorrer, tanto reais (a própria morte ou possibilidade de sequelas) como psíquicas (luto pelo filho imaginário e pelas situações imaginadas durante a gestação). O trabalho com grupo de pais também tem se mostrado muito profícuo, em complemento ao acompanhamento individual de cada um dos pais ou do casal. O trabalho em grupo pode auxiliar na elaboração psíquica ao redor da maternidade e da paternidade; ao escutarem a fala de outros pais, podem reconhecer algo que lhes é próprio e, assim, será mais fácil sua aceitação.

O psicólogo também é o profissional indicado para acompanhar as visitas da família ampliada, como dos irmãos e dos avós dos bebês, facilitando a proximidade afetiva quando a física é dificultada pelas necessidades clínicas do bebê (Lamy Filho, 2003). Atualmente, a visita dos avós e irmãos na UTI neonatal é uma forte recomendação do Ministério da Saúde, pois entende-se como uma ação profilática quanto ao desenvolvimento das relações desse grupo familiar. Os diferentes integrantes da família experimentam situações diversas diante da internação de um bebê e o somatório desses momentos pode determinar dificuldades futuras. Para Morsch e Valansi (2004), é essencial estimular a presença dos avós durante a internação, na medida em que, nesse período, a atualização dos vínculos familiares e a evocação dos cuidados recebidos em suas infâncias são fundamentais para que eles possam assumir seus papéis de pais e inserir o bebê na trama familiar. Já com relação aos irmãos, a autora indica que os psicólogos devem ajudar os pais a encontrar modos de reunir esforços para estarem disponíveis para os outros filhos, promover visitas supervisionadas dos irmãos com objetivo de ajudar na compreensão de onde o bebê está e incentivar sua participação na experiência familiar. Desse modo, ajuda-se a organizar a experiência do irmão e facilitar o desenvolvimento do vínculo entre irmão e bebê. Adaptar-se ao nascimento de um irmão saudável, nascido a termo, já se configura como uma experiência potencialmente difícil para as crianças. Portanto, quando se trata de um nascimento prematuro, instaura-se algo ainda mais trabalhoso, pois possivelmente terão menos tempo com seus pais – seja por estes estarem ocupados com as visitas ao hospital ou por quererem intuitivamente protegê-los das tristezas e intercorrências da internação. Os demais filhos costumam ficar angustiados e sofrem mais com suas fantasias do que com a experiência direta. Trabalhando com esses irmãos de forma lúdica e incentivando as palavras que tragam sentido à experiência familiar, é possível lhes oferecer uma oportunidade de corrigir suas fantasias e fazê-los compartilhar suas preocupações com seus pais.

Embora não seja tarefa exclusiva dos psicólogos, destaca-se a importância de estar constantemente buscando espaços mais apropriados e maior acolhimento das famílias na UTI. É sabido que, para um bebê pré-termo, nem sempre é possível manter contato estreito com seus pais, pois suas condições muitas vezes não permitem. Assim, é necessário que a equipe busque minimizar a separação deste com seus pais, favorecendo a formação ou o fortalecimento dos vínculos afetivos. Para isso, é preciso que o ambiente seja receptivo e acolhedor, tanto para o bebê quanto para seus pais (Brasil, 2011). Por isso, entendemos que, por vezes, enquanto psicólogos, deveremos nos envolver em discussões acerca de horário estendido para a presença dos pais na UTI, manutenção ampliada das visitas da família, busca de instalações mais apropriadas e melhores incentivos e condições para possibilitar a amamentação e a posição canguru o mais precocemente possível.

Para finalizar, apenas mais uma reflexão sobre a importância do *holding* como função central nesta clínica com famílias prematuras. O conceito de *holding* foi definido por Winnicott (1960/1990) como o primeiro ambiente do bebê, um suporte confiável que deve existir desde o nascimento, para que este possa desenvolver-se em direção à integração e ter preservada sua experiência de continuidade. Para tal objetivo, o bebê deve ser cuidadosamente sustentado pelo outro em uma etapa da vida na qual é ainda incapaz de executar movimentos suficientemente autônomos, que envolve diversos comportamentos e atitudes do outro, realizados com o objetivo de regrar e estabilizar as necessidades fisiológicas e emocionais da criança. Tal conceito, apesar de referir-se a um cuidado físico localizado ao início da vida, permite amplos desdobramentos teórico-clínicos. Uma das principais funções do *holding* inicial da mãe inclui o isolamento do bebê em seu estado de "continuar a ser", absorvendo o impacto do tempo, transformando para o bebê o impacto da alteridade do tempo e, em seu lugar, criando a ilusão de um mundo no qual o tempo é mediado quase totalmente nos termos dos ritmos físicos e psicológicos do bebê. O *holding* inicial do bebê pela mãe representa uma anulação de si própria em seu esforço inconsciente para não atrapalhar o bebê, assim promovendo um ambiente propício para o seu filho, para que comecem a se evidenciar suas tendências maturacionais e para que possa experimentar um movimento espontâneo (Ogden, 2004). À medida que o bebê cresce, a função do *holding* muda para dar sustentação, ao longo do tempo, aos modos de estar vivo mais relacionados ao objeto. De acordo com Ogden (2004), uma dessas formas posteriores de *holding* envolve a provisão de um "lugar" (um estado psicológico) no qual o bebê (ou o paciente) possa se organizar.

O bebê na UTI não goza desse processo pleno de *holding*, tanto pelo afastamento familiar que lhe é imposto pela internação, com as possíveis dificuldades da mãe em atingir um estado pleno de identificação com ele, como também pelas características do próprio ambiente de excessos (procedimentos dolorosos, luzes constantes e intensas, barulhos etc.) em que se encontra. No entanto, o próprio hospital e uma equipe bem comprometida e implicada com seu trabalho poderão fornecer *holding* a essas famílias e, assim, fortalecê-las para que então também possam oferecer a seus filhos. Ao acolher os pais de forma diferenciada, ao minimizar os efeitos nocivos do ambiente, ao incentivar a presença da família ampliada, ao garantir o desejo dos pais e sua participação nos cuidados e tomadas de decisão, estaremos lhes fornecendo esse "lugar" onde possam sustentar sua existência e se organizar, ou seja, promover aquele lugar no qual poderão sentir confiança. Juntamente com Winnicott (1960/1990), conclui-se que o *holding* pode ser entendido como dispositivo analítico que visa ao estabelecimento de uma provisão ambiental capaz de fornecer o suporte necessário para a integração de experiências vividas. Assim, pais, mães e bebês poderão seguir em sua trajetória. Terão para sempre marcado em suas vidas a história da prematuridade e da internação, mas acreditamos que essa experiência poderá não constituir necessariamente um trauma.

Referências bibliográficas

Agman M, Druon C, Frichet A. Intervenções psicológicas em neonatologia. In: Wanderley D (Org.). Agora eu era rei: os entraves da prematuridade. Salvador: Álgama, 1999.

Brasil. Ministério da Saúde. Secretaria de atenção à saúde. Área de saúde da criança. Manual técnico: programa de atenção humanizada ao recém-nascido de baixo peso. Brasília. Editora do Ministério da Saúde, 2011.

Bydlowski M. O olhar interior da mulher grávida: transparência psíquica e representação do objeto interno. In: Filho LC, Corrêa MEG, França PS (Orgs.). Novos olhares sobre a gestação e a criança até os três anos – Saúde perinatal, educação e desenvolvimento do bebê. Brasília, LGE Funsaúde, 2002.

Bydlowski M, Golse B. Da transparência psíquica à preocupação materna primária: uma via de objetalização. In: Filho LC, Corrêa MEG, França PS (Orgs.). Novos olhares sobre a gestação e a criança até os três anos – Saúde perinatal, educação e desenvolvimento do bebê. Brasília, LGE Funsaúde, 2002.

Freud S. Sobre o narcisismo: uma introdução. In: Freud S. A história do movimento psicanalítico, artigos sobre metapsicologia e outros trabalhos (1914-1916). (Edição *standard* brasileira das obras psicológicas completas de Sigmund Freud. Vol. XIV.) Rio de Janeiro: Imago, 1974. p. 85-119. (Trabalho original publicado em 1914.)

Freud S. Inibições, sintomas e ansiedade. In: Freud S. Um estudo autobiográfico, inibições, sintomas e ansiedade, análise leiga e outros trabalhos (1925-1926). (Edição *standard* brasileira das obras psicológicas completas de Sigmund Freud. Vol. XX.) Rio de Janeiro: Imago, 1974. p. 107-98. (Trabalho original escrito em 1925 e publicado em 1926.)

Lamy Filho F. A equipe da UTI Neonatal. In: Moreira MEL, Braga NA, Morsch DS (Orgs.). Quando a vida começa diferente. O bebê e sua família na UTI neonatal. Rio de Janeiro, Editora Fiocruz, 2003.

Lebovici S. O bebê, a mãe e o psicanalista. Porto Alegre: Artes Médicas, 1987.

Mathelin C. O sorriso da Gioconda. In: Mathelin C. O sorriso da Gioconda: clínica psicanalítica com os bebês prematuros. Rio de Janeiro: Companhia de Freud, 1999.

Morsch D, Braga N. Maternagem ampliada. In: Moreira MEL, Braga NA, Morsch DS (Orgs.). Quando a vida começa diferente. O bebê e sua família na UTI Neonatal. Rio de Janeiro: Editora Fiocruz, 2003.

Morsch D, Braga N. À procura de um encontro perdido: o papel da "preocupação médico-primária" em UTI neonatal. Revista Latino-Americana de Psicopatologia Fundamental, São Paulo. Dez 2007; 10(4).

Morsch D, Valansi, L. O psicólogo como facilitador da interação familiar no ambiente de cuidados intensivos neonatais. Psicologia, Ciência e Profissão [online]. 2004;24(2):112-9. Disponível em http://dx.doi.org/10.1590/S1414-98932004000200012.

Ogden T. On holding and containing, being and dreaming. Ins J Psychoanal. 2004;85:1349-64. Disponível em https://manhattanpsychoanalysis.com/wp-content/uploads/readings/KATZ_Difficult_/Ogden_On_holding_and_containing_being_and_dreaming.pdf.

Solis-Ponton L, Lebovici S. Diálogo Solis-Ponton e Lebovici. In: Silva MCP, Solis-Ponton L. (Orgs.). Ser pai, ser mãe – parentalidade: um desafio para o terceiro milênio. São Paulo: Casa do Psicólogo, 2004. p. 21-7.

Stern D. A constelação da maternidade: o panorama da psicoterapia pais/bebê. Trad. Maria Adriana Veríssimo Veronese. Porto Alegre: Artes Médicas, 1997.

Winnicott D. Preocupação materna primária. In: Winnicott D. Textos selecionados da pediatria à psicanálise. Rio de Janeiro: F. Alves, 1978. (Trabalho original publicado em 1956.)

Winnicott D. Teoria do relacionamento paterno-infantil. In: Winnicott D. O ambiente e os processos de maturação: estudos sobre a teoria do desenvolvimento emocional. Porto Alegre, Artes Médicas, 1990, 1985. (Trabalho original publicado em 1960.)

Zornig S. Construção da parentalidade: da infância dos pais ao nascimento do filho. In: Zornig S. Maternidade e paternidade – a parentalidade em diferentes contextos. São Paulo: Casa do Psicólogo, 2012.

CAPÍTULO 2

Urgência Subjetiva e Impasses Narcísicos em Unidade de Terapia Intensiva Pediátrica

Mariana de Sá Freire Medrado Dias • Flavia Ribeiro Costa Pereira • Daniele Rangel dos Santos Rodrigues

Psicanálise aplicada em pediatria

Analisando a prática da psicanálise aplicada como um dispositivo de atuação possível dentro do hospital, discutiremos as especificidades de intervenção no setor de pediatria de um hospital terciário, particular, localizado na zona oeste do Rio de Janeiro. Essa reflexão foi desenvolvida a partir de um projeto de psicanálise aplicada do Instituto Sephora de Ensino e Pesquisa de Orientação Lacaniana (ISEPOL),[1] sob coordenação de Tania Coelho dos Santos[2].

Partimos da constatação de que os sujeitos confrontados com as perdas impostas pela doença sofrem psiquicamente. Quando se trata de um setor específico do hospital como a pediatria, as reações podem ser mais intensas pelo fato de significantes como incurabilidade e morte se aproximarem de crianças e adolescentes.

A porta de entrada da equipe de psicologia na pediatria foi pela terapia intensiva. A escolha desta unidade se deu devido às especificidades do setor, que trata crianças e adolescentes em estado grave, que utilizam monitoramento ininterrupto e necessitam de cuidados intensivos. Esses pacientes são internados tanto em decorrência de um quadro clínico agudo quanto por doenças crônicas que demandam tratamento regular e trazem repercussões graves em suas vidas, como, por exemplo, as doenças oncológicas.

Frente a essas características, é necessária a formalização do modelo de funcionamento do serviço de psicologia nessa unidade; para tal, estabelecemos critérios que definem a indicação de avaliação psicológica das crianças e adolescentes e também de seus familiares. São eles: pacientes em investigação e/ou diagnóstico recente de doença oncológica e/ou hematológica, gravidade do quadro, tempo de permanência na unidade e demanda explícita da equipe de saúde.

---

[1] O ISEPOL, fundado em 2010, se dedica ao ensino e à transmissão da teoria e da clínica psicanalítica.
[2] Psicanalista, Membro da *École de la Cause Freudienne*, da Escola Brasileira de Psicanálise e da Associação Mundial de Psicanálise, Presidente do ISEPOL, Doutora pela PUC/RJ, Pós-doutorado no departamento de Psicanálise de Paris VIII, Professora Associada do IV do Programa de Pós-Graduação em teoria Psicanalítica da UFRJ, Membro da Associação Universitária de Pesquisa em Psicopatologia Fundamental, editora da aSEPHallus Revista de Orientação Lacaniana.

Pertencemos à equipe multidisciplinar de rotina da unidade e participamos das discussões diárias de caso, os chamados *rounds* multidisciplinares[3]. Com uma participação ativa nesse espaço, podemos acolher as demandas da equipe e realizar intervenções, com o objetivo de instrumentalizá-la para manejar os possíveis impasses nas relações que ali se estabelecem. Ao adotar essa estratégia como forma de inserção, consolidamos nosso lugar como membros da equipe assistencial.

Realizamos uma pesquisa sobre as práticas psicológicas em serviços de pediatria e observamos que os relatos sobre a atuação enfatizam a promoção de políticas de humanização do cuidado. Quando se trata especificamente da terapia intensiva pediátrica, com frequência, é ressaltada a importância do acolhimento e da escuta como uma forma de "apaziguar", "amenizar", a angústia frente ao ambiente hostil. Diante disso, o principal objetivo do trabalho dos serviços de psicologia seria o de desenvolver ações e estratégias de intervenção psicossocial, visando minimizar os efeitos da hospitalização infantil e as consequências de um tratamento crônico e prolongado (Françoso e Valle, 1999). Os trabalhos ressaltam a importância da escuta como uma forma de acolher os sentimentos suscitados pela internação, mas são frágeis em demonstrar relações precisas entre as práticas realizadas, suas intervenções e os efeitos decorrentes desta.

Consideramos indispensável a oferta de escuta ao que o sujeito tem a dizer, mas compreendemos também que essa prática deve ir além da função de acolhimento e permitir ao sujeito nomear seu mal-estar.

A psicanálise aplicada em pediatria busca identificar o impasse subjetivo inconsciente que se atualiza na experiência do adoecimento e torna-se, muitas vezes, um impedimento ao tratamento clínico prescrito e à cura. A escuta destina-se à identificação do obstáculo subjetivo que aquele caso clínico revela. "Escutar o sofrimento é algo sádico, pois denota complacência com ele. Não se deve deixar o sujeito sofrer: ou o tratamos, ou escutamos o discurso que resulta de seu sofrimento. Não devemos deixar o sujeito gozar ambiguamente do sofrimento que ele expressa em sua fala. Ao contrário, devemos tentar elucidar alguma coisa nesse espaço esburacado que existe entre a imputação de uma causa, a busca de uma causa que é sempre imputada ao outro, e o próprio sintoma" (Cottet, 2005, p. 28).

Segundo Cottet (2005), a psicanálise aplicada exerce uma função voltada aos efeitos terapêuticos, sem desconsiderar o sujeito. Consiste na extração do ponto em que é possível incluir o sujeito, a partir da relação com seu sintoma. A forma como o sujeito se apresenta e enfrenta o real traumático do adoecer é determinada por um padrão sintomático que precisa ser situado e esclarecido.

As defesas narcísicas em jogo com o não reconhecimento do adoecimento dizem respeito a um padrão utilizado ao longo de toda a vida. O trabalho em torno dessas defesas é preliminar para levar o sujeito a lidar com o adoecimento e as perdas narcísicas que decorrem daí.

O efeito terapêutico pode ser verificado conforme o sujeito se reconhece naquilo que faz barreira ao tratamento clínico, tornando-se capaz de adotar uma atitude mais colaborativa com este.

---

[3] Nos *rounds* multidisciplinares são discutidos o quadro clínico dos pacientes, assim como o tratamento e o prognóstico.

Logo, a psicanálise aplicada não se fundamenta em uma oferta para dar sentido, explicar e compreender o sofrimento, desconsiderando que por trás deste exista uma escolha subjetiva.

Podemos identificar algumas repercussões emocionais do adoecer nas crianças e adolescentes internados e nos seus pais. São estas: angústia frente à possibilidade de cronicidade da doença ou pelo risco de morte; transtornos de humor; atritos familiares; conflitos com a equipe de saúde que interferem no tratamento clínico; dificuldade de subjetivar uma situação de adoecimento de difícil resolução.

Notamos que alguns pais conseguem elaborar tal condição. Outros, entretanto, não parecem capazes de tratar o real do adoecer e da morte por meio do simbólico e podem passar ao ato, dificultando o tratamento.

Sabemos que o sofrimento decorrente de uma situação incapacitante pode produzir profundos distúrbios na vida da criança e de sua família. Essa vivência, muitas vezes, atualiza uma desregulação deflagrada pelo impacto que a situação de adoecimento/hospitalização produz e provoca ruídos no campo do tratamento médico e no âmbito institucional.

De modo geral, essa dificuldade faz a equipe de saúde solicitar a intervenção do psicanalista. Somos convocados a intervir em situações em que o real devastador de um filho gravemente enfermo desencadeia uma experiência de intensa angústia. Intermediar as relações dos envolvidos nessa cena é tarefa delicada – exige do psicanalista o reconhecimento do que está em jogo quando um filho adoece e como isso reverbera no psiquismo dos pais.

É importante que, nas situações emergenciais e momentos de crise, como a ameaça da perda de um filho, seja instaurado um espaço de acolhimento.

A clínica da urgência subjetiva é um dispositivo capaz de acolher essa demanda. A partir de uma escuta diferenciada, possibilita-se a nomeação pelo sujeito daquilo que, para ele, é uma vivência sem sentido e de intenso sofrimento psíquico.

O analista aposta na oferta de escuta e na realização de intervenções que possam resultar em alguma regulação das delicadas relações que se estabelecem entre paciente, família e equipe. Isto traz benefícios ao tratamento.

Em trabalho anterior (Saboya et al., 2014), demonstramos o quanto a experiência de internação tem o potencial de deflagrar urgências subjetivas que revelam desregulação pulsional anterior e que demandam intervenção.

Não é incomum que a perplexidade dos pais frente à ameaça de perda se apresente por meio de atos de agressividade direcionados à equipe. Há também situações em que a dramaticidade dessa experiência de ameaça desperta compaixão de quem cuida, levando a uma identificação maciça e a embaraços do profissional a respeito do lugar que ocupa (Saboya et al., 2014).

Frente a isso, este artigo pretende tratar sobre as urgências subjetivas que irrompem no contexto de adoecimento de um filho e as consequentes repercussões no narcisismo dos pais. Partiremos do reconhecimento da importância acerca da estruturação do psiquismo da criança e sua significação para os pais. A observação de tais aspectos favorece a elaboração de estratégias de abordagem que consideram tanto a estrutura subjetiva quanto o comparecimento do sujeito em atos. Isso será evidenciado na exposição de um caso clínico, no qual buscaremos alinhar a teoria e as intervenções feitas.

Considerando a resposta das crianças e de seus pais ao real traumático do adoecer, podemos evidenciar algumas barreiras impostas ao tratamento. A articulação do real com a constituição sintomática é atualizada na doença e pode ser melhor entendida pelo conceito de narcisismo. Recorreremos à teoria freudiana sobre esse conceito no que diz respeito à estruturação do psiquismo e sua importância no fundamento das intervenções do psicanalista no hospital.

Narcisismo

▶ Conceito e suas implicações teóricas

O conceito de narcisismo é um dos mais relevantes na obra de Freud, sendo um marco na evolução conceitual da psicanálise. Em "Sobre o narcisismo: uma introdução" (1914), ao adquirir o valor de conceito, o narcisismo passa a ocupar um lugar primordial na teoria do desenvolvimento libidinal. Nesse texto, Freud discorre sobre as implicações teóricas decorrentes da introdução desse conceito na psicanálise, tais como: a constituição do eu, a formulação da segunda teoria das pulsões, a distinção entre eu ideal e ideal do eu, assim como entre narcisismo primário e narcisismo secundário.

Inicialmente, em "Três ensaios sobre a teoria da sexualidade" (1905), Freud caracteriza o advento da sexualidade infantil como condição essencial da sexualidade humana. O autoerotismo era visto como um estado originário da sexualidade, anterior ao narcisismo, e no qual a pulsão sexual encontraria satisfação parcial sem recorrer a um objeto externo. Já em 1914, Freud procura estabelecer uma relação entre o narcisismo e o autoerotismo. Para isso, aborda pela primeira vez de forma precisa a questão que envolve a constituição do eu. Ressalta que o eu não está formado desde o início, devendo ser desenvolvido. Para se dar forma ao narcisismo, algo precisa ser acrescentado ao autoerotismo, uma nova ação psíquica. Ou seja, o narcisismo é condição para a constituição subjetiva.

Em princípio, o eu é dotado de um investimento libidinal, constituindo-se como aquele que armazena toda a libido disponível. Freud (1914) denominou esse momento inicial de narcisismo primário. Mais tarde, esse investimento libidinal voltou-se sobre os objetos, determinando uma mudança da libido narcísica para libido objetal. Todavia, após o investimento libidinal nos objetos externos, há um retorno desse investimento ao eu, configurando o que Freud denominou narcisismo secundário.

Com a introdução do conceito de narcisismo aconteceu o primeiro abalo na distinção entre pulsões sexuais e pulsões do eu, visto que se verificou a possibilidade de a libido investida nos objetos externos retornar sobre o eu, tomando-o como objeto e transformando-se em libido narcísica. Daí surgiu a necessidade de revisão da primeira teoria pulsional e consequente formulação de uma nova teoria das pulsões.

▶ Eu ideal e ideal do eu | Uma distinção conceitual

Freud também introduz nesse mesmo texto sobre o narcisismo (1914) uma importante distinção entre dois termos – eu ideal e ideal do eu.

Inicialmente, evidencia o conceito de eu ideal. Afirma ser este a imagem do eu dotada de todas as perfeições e sobre a qual incide o amor de si mesmo, gozado na infância pelo eu real. O eu ideal consiste em uma imagem idealizada do eu, concebida em grande parte como consequência do discurso apaixonado dos pais. Estes projetam nos filhos suas expectativas, reatualizando o narcisismo que eles próprios tiveram que abandonar por exigências críticas.

Essa relação baseada no amor dos pais pelos filhos revela uma forma narcísica de vínculo com o objeto: atribui aos filhos toda a perfeição de valor e acoberta todos os seus defeitos. Por meio desse investimento externo sobre o psiquismo das crianças, o narcisismo primário é instaurado. Neste, a criança é herdeira dos sonhos e desejos não realizados dos pais, revivendo e reproduzindo o narcisismo deles. "A criança terá mais divertimentos que seus pais; ela não ficará sujeita às necessidades que eles reconheceram como supremas na vida. A doença, a morte, a renúncia ao prazer, as restrições à sua vontade própria não a atingirão; as leis da natureza e da sociedade serão ab-rogadas em seu favor; ela será mais uma vez realmente o centro e o âmago da criação – *Sua majestade o bebê*, como outrora nós mesmos nos imaginávamos" (Freud, 1914. p. 98).

A constituição do eu estabelece simultaneamente um afastamento do narcisismo primário e uma tentativa de recuperação de tal estado. "Esse afastamento é ocasionado pelo deslocamento da libido em direção a um ideal imposto de fora, sendo a satisfação provocada pela realização desse ideal" (Freud, 1914, p. 106). Concomitantemente a isso, o eu investe libidinalmente os objetos. Ele mostra-se empobrecido em benefício desses investimentos, porém se enriquece uma vez mais, a partir de suas satisfações e ao realizar o ideal. Trata-se, então, da formação de um ideal substituto do narcisismo perdido na infância, caracterizado como um desenvolvimento na esfera do narcisismo secundário.

A criança precisa aprender a lidar com a imperfeição e a falta. Daí surgem os investimentos objetais em que parte da libido, antes voltada para o próprio eu, agora se direciona para os objetos externos. Dessa forma, em um primeiro momento, a criança representaria a idealização das figuras parentais, na medida em que realizaria tudo aquilo que não foi possível para os pais. Essa idealização e esse lugar precisam perder espaço para que seja possível um deslocamento do amor de si mesmo para um amor do outro, ou seja, do eu ideal para o ideal do eu. No entanto, há uma tentativa de não renunciar à perfeição narcisista da sua infância. Quando, ao crescer, o eu for ameaçado pelo surgimento de seu próprio julgamento crítico e de terceiros, deixará de reter toda aquela perfeição, buscando recuperá-la sob a nova forma do ideal do eu.

Nesse texto de 1914, a descrição que Freud faz do deslocamento da libido para essa nova forma de ideal do eu é seguida por uma distinção sumária entre a sublimação e a idealização. A sublimação é o processo referente ao destino da libido objetal em que a pulsão encontra satisfação em um alvo não sexual. Ou seja, é afastada da finalidade da satisfação sexual. Já a idealização é o processo que diz respeito ao objeto. Por meio desta, o objeto é exaltado e engrandecido, contribuindo para um julgamento inexato diante da valorização de um objeto livre de qualquer crítica. Ambas as formas equivalem aos modos de funcionamento libidinal.

O ideal do eu impõe severas condições à satisfação pulsional. A partir da formação deste ideal, o eu está com as exigências aumentadas, fator condicionante e a favor do recalque.

A sublimação é uma alternativa para essas exigências serem atendidas sem envolver o recalque das pulsões. A capacidade de sublimação favorece a recuperação de grande parte do que foi renunciado, sob a nova forma de satisfação substitutiva simbólica.

Freud (1914) ressalta a existência de um agente psíquico especial capaz de assegurar a satisfação narcísica proveniente do ideal do eu, responsável por observar o eu real para medir e comparar com o ideal.

A libido de natureza homossexual, ou seja, derivada do narcisismo primário, é introduzida na formação do ideal do eu narcísico, encontrando assim um escoadouro e certa possibilidade de satisfação substituta. Essa instância crítica nasce primeiro da consciência crítica dos pais, da sociedade, processo que se repete como uma tendência ao recalque, a partir de uma proibição ou obstáculo de fora.

Posteriormente, em "Psicologia de grupo e a análise do ego" (1921), Freud introduz o conceito de supereu, a partir da relação entre esse agente psíquico e o ideal do eu. A consciência crítica pode ocasionar um combate interno entre o que resta do narcisismo primário e o que não se abrigou no ideal do eu. Esse resíduo da criança idealizada entra em conflito com essas forças externas, mas que encontram apoio em uma forma de autocrítica primária que existe desde o início.

Precisamos tomar as coordenadas desse texto a partir dos conceitos de eu ideal, ideal do eu e, mais tarde, supereu para pensar o lugar do analista na prática clínica.

O psicanalista deve ocupar o lugar entre o ideal do eu e o supereu, desempenhando a função de constituir e solidificar os valores do ideal do eu. Assim como deve retificar as insuficiências ou exageros da instância crítica, contribuindo com o equilíbrio das relações do sujeito com a sociedade.

O advento da sexualidade, o traumatismo, a angústia e o encontro com a morte são aspectos inerentes à constituição subjetiva. A partir disso, o sujeito lidará com questões relativas ao processo de adoecimento e à morte. A consideração da estruturação do psiquismo e do desenvolvimento libidinal determinará o sucesso ou não das intervenções do analista no hospital.

Caso clínico

G. é uma menina de 5 anos, filha única de pais separados e pertencente à classe média. Internou-se na UTI pediátrica para tratamento quimioterápico após um diagnóstico de osteossarcoma de fêmur (perna esquerda). O aspecto mais insuportável neste caso consistia no risco de uma resposta insatisfatória ao tratamento e, com isso, a amputação do membro afetado seria indicada. O serviço de psicologia foi acionado pela equipe médica com o objetivo de abordar uma mãe que estava muito fragilizada, andando pelos corredores.

A mãe, M., demonstrava-se desesperada ao falar sobre o adoecimento de G. e, tomada por uma forte angústia, associava o diagnóstico de câncer à ameaça de perdê-la. O laço entre as duas era forte e, como seria esperado, M. tinha dificuldade de se distanciar da filha.

No entanto, em alguns momentos, M. recusava-se a sair do quarto de G. para a realização de alguns procedimentos, chegando a atrapalhar sua rotina de cuidados.

Foi possível constatar que tal dificuldade dizia respeito aos motivos inconscientes – os sentimentos de culpabilidade relacionados com as causas do adoecimento. Tais sentimentos ficaram mais evidentes após um acidente ocorrido em casa durante o intervalo da quimioterapia.

G. pôde ir para casa com a condição de que a mãe seguisse as recomendações médicas e assegurasse os cuidados com a perna doente. Como o câncer no fêmur causava fraqueza óssea importante, o risco de o membro afetado se quebrar era grande. Se G. quebrasse a perna, a amputação seria inevitável. Por isso, M. foi orientada a manter G. a maior parte do tempo em repouso e com a perna esticada, pois não poderia ocorrer fratura.

Contrariando ordens médicas e por negligência da mãe, essa criança ficou de pé por mais tempo do que o permitido. Ao fazer um esforço excessivo sobre a perna doente, houve a fratura. M. mostrou-se incapaz de seguir as orientações médicas e preservar as possibilidades de tratamento na tentativa de evitar uma amputação.

A equipe médica concluiu que a amputação seria necessária. A mãe da menina reagiu com perplexidade ao receber essa notícia. Aquilo que M. não foi capaz de simbolizar compareceria no real com a perda da perna da filha.

Procurei não ocupar o lugar de alguém que iria consolá-la, uma vez que entendi que M. era responsável pelo acidente. Era preciso implicá-la no que aconteceu, para se responsabilizar por sua negligência. Como interpretar essa atitude negligente em flagrante contraste com o apego indiscutível dessa mãe pela filha? Por que o amor da mãe não foi capaz de proteger essa criança?

Parti da constatação de que o adoecimento de G. deflagrou a discrepância entre a filha idealizada como perfeitamente saudável, fruto do narcisismo parental, e a realidade da doença grave que pode levar à morte. M. não era capaz de entrar em contato com o real da doença e com os cuidados que teria que dispensar à filha.

M. estava muito angustiada diante do contraste entre a filha perfeita e saudável e a filha sem a perna, agora deficiente, e "imperfeita". Seria M. capaz de consentir inscrever psiquicamente este real traumático impossível de minimizar? Passo a questionar a forma como M. enfrentou o real traumático do adoecer, que pareceu determinada por um padrão sintomático que eu precisava situar e esclarecer.

Ao analisar o modo como o acidente aconteceu, pude entender melhor a situação. G. apresentava problemas de constipação intestinal. Em alguns momentos, resistia em evacuar, alegando sentir muita dor. Então, ao tentar reter as fezes, colocou sobre sua perna doente um peso excessivo. Isso se deu em casa, sob os olhos da mãe, que não conseguia "enxergar" as limitações da filha e parecia não levar em conta que tal comportamento traria um risco maior de quebrar a perna. Ao narrar o acidente, M. tentava se justificar pelo fato de não ter sido capaz de preveni-lo. Ela desacreditou na possibilidade de a perna vir a se quebrar. Por que ela não levou suficientemente a sério este risco?

Encontrei mais indícios referentes ao padrão sintomático de M. a partir do relato sobre a separação de seu marido, pai de G. M. demonstrou sempre negar acontecimentos que a desagradavam, revelando-se de acordo com a bela indiferença histérica. M. foi incapaz de perceber os motivos e a iminência da separação, referindo grande surpresa com a decisão do marido de sair de casa. Vitimizava-se ao afirmar que foi abandonada pelo pai de G.

Ao compreender que M. utilizava a negação como um padrão defensivo e como uma marca da sua posição em relação ao real, sabia que não seria capaz de responder de forma satisfatória às exigências de cuidados de G. Realizei intervenções no sentido de responsabilizá-la por garantir a segurança da filha. Foi preciso dizer a essa mãe que era urgente viabilizar as adaptações necessárias no ambiente físico da casa para receber G. após a cirurgia de amputação. Solicitei que comprasse barras de segurança para o banheiro da menina.

Portanto, a exposição desse caso pretendeu esclarecer a relação enigmática entre o medo de M. perder a filha e sua estranha negligência frente à incapacidade de cuidar e preservar a perna dela. Era evidente a dificuldade de M. cumprir o dever de cuidar de G. e responsabilizar-se pela integridade de seu corpo. Com a identificação do padrão defensivo de M., passei a desenvolver uma atitude mais ativa para suprir a deficiência dessa mãe e garantir os cuidados de G. em casa. Dessa forma, foi possível evitar que o quadro se agravasse ainda mais. G. apresentou boa evolução no pós-operatório e respondeu de maneira positiva ao tratamento oncológico.

Considerações finais

Vimos que é necessária a formalização de uma intervenção para além do acolhimento e da escuta do sofrimento para garantir a presença do psicanalista em setores como a UTI pediátrica. Acreditamos que, caso a caso, ao considerar a forma como cada sujeito enfrenta o real e o adoecer de um filho, poderemos construir uma intervenção que alinhe teoria e prática.

A partir disso, podemos concluir que a situação de adoecimento de um filho e sua consequente repercussão no narcisismo dos pais podem deflagrar situações de urgências subjetivas que causam obstáculos no campo do tratamento médico e ruídos no âmbito institucional.

Somos convocados a intervir para localizar o impasse subjetivo em jogo e os pontos não simbolizados diante do real traumático do adoecer. Para isso, recorremos a dispositivos que permitem incidir no ponto em que o sujeito não quer saber, nas suas defesas diante do real. Ao levar o sujeito a desarmar as barreiras defensivas que dificultam o reconhecimento do adoecimento, promovemos uma melhora significativa na elaboração dessa condição e, assim, o sujeito pode passar a consentir com o tratamento.

Referências bibliográficas

Cottet S. Efeitos terapêuticos na clínica psicanalítica hoje. In: Santos TC. (Org.). Efeitos terapêuticos na psicanálise aplicada, Rio de Janeiro: Contracapa, 2005, p. 11-40.

Françoso L, Valle E. A criança com câncer: estudo preliminar. Ribeirão Preto: USP, 1999.

Freud S. Psicologia de grupo e a análise do ego. E.S.B., VXIII, 1921.

Freud S. Três ensaios sobre a teoria da sexualidade. E.S.B., VII, 1905.

Freud S. Sobre o narcisismo uma introdução. E.S.B., XIV, 1914.

Romano WB. Princípios para a prática da psicologia clínica em hospitais. São Paulo: Casa do Psicólogo, 1999.

Saboya F, Medrado M, Costa F et al. O papel do psicólogo junto aos familiares. In: Kitajima K (Org.). Psicologia em unidade de terapia intensiva: critérios e rotinas de atendimento. Rio de Janeiro: Revinter, 2014, p. 23-38.

Santos TC. Sinthoma: corpo e laço social. Transcrição do seminário ministrado por Tania Coelho dos Santos no PPGT/IP/UFRJ e na seção Rio da Escola Brasileira de Psicanálise, no primeiro semestre de 2005. Rio de Janeiro: Sephora/UFRJ, 2006.

Santos TC (Org.). Inovações no ensino e na pesquisa em psicanálise aplicada. Rio de janeiro: 7 Letras, 2009.

Simonetti A. Manual de psicologia hospitalar: o mapa da doença. São Paulo: Casa do Psicólogo, 2004.

CAPÍTULO 3

Transplante de Fígado em Unidade de Terapia Intensiva Pediátrica

Michèlle Salgado Coelho Ávila

Introdução

O diagnóstico de uma doença crônica na infância, especialmente aquelas potencialmente fatais, é extremamente doloroso e traz profundas consequências emocionais para toda a família. Para algumas dessas doenças graves, progressivas, irreversíveis e não responsivas a nenhum outro tipo de tratamento, o transplante surge como uma terapêutica que pode aumentar a sobrevida e melhorar a qualidade de vida – e é desta forma que acontece com as doenças do fígado. No entanto, o transplante é um procedimento complexo, que não inicia e nem termina na cirurgia. Ele envolve conhecimentos teórico-técnicos, cirurgias inovadoras, avançada tecnologia, intensa dedicação de inúmeros profissionais de várias especialidades e, mesmo após sua execução, um tratamento contínuo que inclui uso ininterrupto de medicações, realização de consultas e exames invasivos. Portanto, não se pode considerar que o transplante leve à cura, visto que a criança e a família continuam tendo de conviver com as limitações e privações impostas pela doença crônica e pela cirurgia, havendo consequências para todos os envolvidos em cada fase do processo.

Tanto o ato invasivo quanto a multiplicidade de funções exercidas pelo fígado tornam o transplante e os períodos pré, intra e pós-operatórios momentos delicados e conturbados, fazendo-se necessária a presença do psicólogo para suporte ao paciente, à família e à equipe.

Transplante hepático infantil

O transplante hepático infantil é considerado, atualmente, um procedimento multidisciplinar, sendo que a indicação depende prioritariamente das condições clínicas do paciente, mas também inclui variáveis psicossociais.

Tal procedimento caracteriza-se como uma terapêutica efetiva para doenças graves, progressivas e não responsivas a nenhum outro tipo de tratamento.

Desta forma, cabe ressaltar que, no transplante hepático, existem dois princípios básicos. O primeiro é de natureza social: não há transplante sem doador; o segundo é de natureza médica: o transplante não inicia nem termina no processo cirúrgico. Transplantar não é apenas operar (Ferreira et al., 2000). O transplante de órgãos é um sistema interativo paciente-família-equipe; é um processo complexo, que requer comportamentos de adesão por parte do paciente e da família.

Bunzel (1992, apud Tavares, 2004) refere que o transplante não é um acontecimento – trata-se de um processo que continua ao longo de toda a vida do receptor. Apesar da ênfase que se coloca no ato cirúrgico, o que o precede e o que lhe segue são, para os pacientes e para aqueles que o rodeiam, o permanente foco de atenção.

Antes dos transplantes, muitas crianças morriam pela falta de alternativas efetivas de tratamento. A atresia de vias biliares é a causa mais frequente de transplante de fígado na infância. Outras doenças hepáticas para as quais o transplante é indicado são: cirrose, colestase familiar, hepatite fulminante, erros metabólicos inatos – deficiência alfa-1-antitripsina, doença de Wilson, tirosinemia, dentre outras (Silveira, 1997).

A realização de transplante hepático em crianças e adolescentes tem sido cada vez mais frequente no Brasil e no mundo. Atualmente, há evidências de que o prognóstico é bom, com o aumento na sobrevida e melhora na qualidade de vida. Silveira (1997) considera que crianças que se submetem precocemente ao transplante tendem a crescer e se desenvolver normalmente do ponto de vista físico, emocional e intelectual. Cabe ressaltar que, se de um lado os transplantes salvam vidas, do outro, existe tristeza e dor, sendo que, na maioria dos casos, uma vida foi perdida para que a outra permanecesse (Ferreira et al., 2000; Silveira, 1997).

Podem ser identificadas cinco diferentes fases nos transplantes. Dentre elas, pontua-se: a fase pré-transplante, o procedimento cirúrgico, o pós-operatório imediato, o pós-operatório tardio e a evolução a longo prazo – cada uma com suas peculiaridades. Neste capítulo, o foco se dá até o pós-transplante tardio.

▶ Pré-transplante

A doença hepática que acomete uma criança impacta não somente no seu desenvolvimento, mas também na rotina da família e nos sonhos em torno de um filho.

O diagnóstico de uma doença crônica em um membro da família e, em particular, em uma criança tende a afetar o comportamento de cada um e do sistema familiar como um todo, pois crianças doentes têm necessidades complexas que devem ser coordenadas pelos cuidadores. A rotina diária de todos muda com visitas constantes ao médico, administração de medicações, exames, internações hospitalares, requerendo disponibilidade adicional de toda a família (Falkenstein, 2004). Todos esses fatores podem acarretar prejuízos com repercussões emocionais para pais e mães e implicações para as relações e dinâmica familiar.

Com relação ao período do diagnóstico, os sentimentos suscitados nos pais são intensos e diversos. Nesse momento, é comum observar o uso de mecanismos de defesa como a negação, ocorrendo também tendência à superproteção. A negação consiste na recusa da família em aceitar a cronicidade da doença, faltando às consultas e negligenciando o tratamento proposto. Já no período de espera da cirurgia, costumam estar presentes sentimentos de ansiedade e impotência frente à progressiva piora clínica do filho. Além disso, podem surgir sentimentos de esperança de que exista melhora clínica súbita e que a cirurgia não seja mais necessária, assim como desamparo, competitividade com os demais pacientes em lista de espera, raiva, dúvida sobre a indicação do transplante e depressão. Apesar do sofrimento e da incerteza inerentes ao período de espera, isso pode ser importante para que o paciente e a família se adaptem e aceitem melhor a necessidade do transplante. Em virtude da possibilidade iminente de morte, a inclusão do paciente em lista de espera pode ser sentida como um alívio, por representar a possibilidade de viver e de mudar de vida. Medos e ansiedade com relação ao futuro e necessidade de lidar com perda da integridade corporal, do conforto, da independência, da autonomia, da privacidade e do controle da sua própria vida estão frequentemente presentes (Engle, 2001).

Os genitores, na função de cuidadores, tendem a se tornar hipervigilantes, o que pode aumentar o sentimento de vulnerabilidade dos mesmos. Como consequência, podem se sentir desamparados e menos capazes de lidar com o filho enfermo.

No caso de doença crônica e transplante, as famílias percebem e reagem a enfermidade, seus efeitos e implicações de várias maneiras (Falkenstein, 2004). Algumas conseguem integrar à rotina diária as novas condições de cuidar impostas pela doença; para outras, isso é algo muito mais difícil. Portanto, cada família tende a desenvolver a sua própria maneira de definir os papéis e responsabilidades de cada membro, no cuidado para com a criança enferma.

O modo como a criança vai se adaptar e enfrentar a enfermidade depende, em grande parte, da dinâmica de funcionamento familiar e dos recursos pessoais disponíveis para enfrentar o problema. O esclarecimento e a consciência das demandas do tratamento do filho têm relevância para que os próprios pais não se tornem pessoas depressivas e/ou estressadas.

O transplante caracteriza-se como alternativa de tratamento para várias doenças crônicas, sem o qual a sobrevida dessas crianças não seria possível. No entanto, este não é um procedimento isento de problemas médicos e psicossociais posteriores (Engle, 2001), de forma que se faz necessário o acompanhamento multiprofissional. As evidências sugerem que, em situação de transplante, o desenvolvimento emocional da criança pode ser afetado, juntamente com a dinâmica familiar.

Avaliação psicológica do receptor (criança/adolescente) e da família

Em virtude de todas as alterações iminentes na vida da criança em fase pré-transplante, é de suma importância o acompanhamento psicológico, visto que a criança passa por um estado de constante ansiedade e medo. O acompanhamento psicológico dado a esses pacientes e familiares na fase pré-transplante tem como objetivo atenuar as preocupações e disponibilizar dados para que compreendam os benefícios e os riscos do transplante na fase do desenvolvimento da criança, além de trabalhar as expectativas em torno do procedimento.

Com a família, esse trabalho é realizado por meio da verbalização das emoções relacionadas ao procedimento, pontuando os receios e o medo da morte, de ter feito a opção errada ao concordar com o transplante, da culpabilização por sentir o desejo da morte de alguém para a sobrevivência do paciente, assim como das preocupações relativas ao tratamento e dos efeitos que este desencadeia (Santos, 1996). Durante esse período, é difícil a família aceitar o quadro clínico da criança – os familiares não acreditam que o transplante seja necessário. Por isso, é fundamental identificar e ajudar a família a tomar consciência dos seus receios e emoções, de modo a evitar a má adesão ao processo terapêutico. Este espaço é também um importante veículo de informação geral sobre o tratamento, assumindo papel fundamental na preparação psicológica e emocional para os problemas previsíveis ao longo do processo terapêutico (Santos, 1996).

A avaliação psicológica com a criança na fase pré-transplante inicia-se com pacientes a partir de 8 anos de idade. Realiza-se uma entrevista semiestruturada junto à elaboração de um desenho contando a história, cujo objetivo é a construção de uma história clínica, identificando problemas de desenvolvimento e emocionais, que poderão influenciar a hospitalização e a recuperação da criança. Essas entrevistas servirão para perceber as estratégias e os mecanismos de defesa utilizados pela criança para lidar com a doença crônica e determinar a vulnerabilidade psicológica pré e pós-transplante. Na prática clínica, tenho observado melhores resultados em crianças mais velhas, acima de 10 anos, tendo em vista seu desenvolvimento cognitivo e emocional.

Ainda na fase pré-transplante, deverão ser avaliados os estilos de adaptação do paciente e da família, não só a resiliência como também a possibilidade de a criança poder ficar dependente fisicamente dos seus cuidadores. Deverá também ser identificada a relação que o paciente tem com o seu corpo, sua imagem corporal, assim como as atitudes, as motivações e as expectativas com relação ao transplante, principalmente em adolescentes. É também de suma importância verificar se existe dificuldade de adesão ao tratamento ou a recomendações médicas gerais anteriores, uma vez que esses fatos poderão ser indicadores da reação do paciente ao transplante e de possíveis complicações.

O transplante hepático em pediatria é vivenciado em caráter de urgência como uma nova esperança, um viver de novo, um recuperar da saúde perdida. O fato de haver possibilidade do agravamento progressivo ou súbito do estado clínico antes da disponibilidade do novo órgão provoca ansiedade nos pacientes, capaz de alimentar permanentemente pensamentos de morte (Küchler et al., 1991; Santos, 1996).

Transplante intervivos | Avaliação do doador

Segundo Pascher et al. (2002), apenas pessoas absolutamente sadias poderão submeter-se à cirurgia de doação de parte do fígado para transplante.

Como a doença crônica é uma ameaça à homeostase de qualquer indivíduo, sendo a família vista como um grupo de pessoas relacionadas entre si, facilmente se percebe como as limitações do paciente, como parte integrante da família, influenciam o comportamento deste grupo. Assim, nesse contexto, envolvendo uma interação complexa da dinâmica psicossocial e familiar, o processo de doença-transplante-doação se desenvolve (Lazzaretti, 2005).

O melhor momento para realizar as avaliações psicológicas para cirurgia é entre as consultas médicas, enquanto a equipe aguarda a realização e o resultado dos exames. Assim, os encontros com a psicologia passam a ter a mesma relevância.

O transplante intervivos é uma alternativa de tratamento médico que desencadeia inúmeras implicações psicológicas tanto no doador quanto no receptor. A avaliação psicológica destes para um transplante intervivos identifica ocasionalmente conflitos intrapsíquicos que são reconhecidos e trabalhados, visando à melhor recuperação pós-transplante (Bonomini, 1991).

A entrevista de avaliação psicológica com o doador considera, além dos componentes básicos da história pregressa e atual de saúde mental, o uso de drogas, o estado emocional e a compreensão do procedimento do transplante. Além disso, a entrevista é de suma importância para que se redija o parecer exigido pelo Ministério Público ao hospital transplantador. A identificação da intenção da doação, do ato de se submeter ao risco de uma cirurgia com a finalidade de ajudar a saúde de um outro indivíduo, com todas as implicações imaginárias e reais decorrentes, precisa ser livre do ganho material ou da troca de favores e registrada no laudo a ser emitido. É condição prévia principal para doar parte do órgão de uma pessoa com saúde que esta decisão seja completamente consciente e responsável.

A primeira tarefa, talvez a mais difícil para o psicólogo, é responder à pergunta sobre o caráter da motivação para o transplante do potencial doador, pois cria um espaço propício para diversas reações psicológicas. Aqui, observa-se, na maioria dos casos, o primeiro momento com um desejo intenso em ser o doador. Com o decorrer das etapas do processo de preparação clínica do doador, espera-se que, junto às informações mais claras sobre a cirurgia e a recuperação, o candidato a doador tenha ideias mais elaboradas a respeito da sua decisão. Por último, ao realizar uma conferência familiar com a equipe multidisciplinar, para mais um esclarecimento dos pontos positivos e das possíveis consequências em torno dessa escolha, é identificado o nível de motivação do candidato e finalizada, assim, a avaliação.

Ao longo dessas etapas descritas, é importante ressaltar a necessidade da investigação do motivo de alguém sacrificar parte de seu órgão vital, expondo a si mesmo a um procedimento e a uma cirurgia arriscada. As respostas para essa inquietação requerem a avaliação das características psicológicas do doador e do receptor, os vínculos emocionais ou a existência de outro tipo de relação entre eles, sua posição na família e as características básicas da rede de relações familiares.

Os costumes e os sistemas de valores familiares estão incorporados às características socioeconômicas e socioculturais do ambiente ao qual a família pertence e, dependendo das especificidades da cultura e tradição, as atitudes para doar um órgão com o doador ainda vivo serão diferentes (Jones et al., 1993).

Para entender a relação atual estabelecida no ambiente familiar, é necessário saber sua dinâmica interna, suas características e os modelos de funcionamento. Os membros da família do paciente estão em um estado ansioso específico, carregado com dilemas e frustrações que são constituídos em ambos os níveis, consciente e inconsciente, e são manifestados por vários comportamentos. No entanto, nesse momento, muito pouco pode ser elaborado, pois a grande preocupação e a motivação estão em salvar a vida da criança/adolescente. É constante a ocorrência de sentimento de culpa, pretensão sobre a responsabilidade moral em salvar uma vida e comportamentos agressivos.

Dentro da família, os conflitos são muito frequentes, enfatizando o desequilíbrio entre o desejo voluntário de um dos membros em ser o doador e os motivos racionais que o fizeram se candidatar.

O altruísmo do potencial doador é, a princípio, levado em conta para outorgar, sem uma análise mais profunda dos impulsos inconscientes que o estimulam ou o desestimulam a doar o órgão voluntariamente.

Os doadores muito raramente estão prontos para expressar suas dúvidas e sentimentos íntimos. A maioria dos doadores tende a tomar a decisão sobre doação de um órgão impulsivamente, sem consideração racional e sob influência de um forte afeto (frequentemente, até mesmo sem adquirir algum conhecimento preliminar sobre as sutilezas do procedimento).

O ato do transplante estabelece uma relação muito íntima e delicada entre o doador e o receptor para os quais o órgão transplantado se torna o símbolo de um laço íntimo e específico.

▶ Pós-operatório imediato

A hospitalização é uma situação crítica e delicada na vida de qualquer ser humano, e tem contornos especiais quando se trata de um acontecimento na vida de uma criança, pois implica mudança de rotina de toda a família.

A UTI pode ser considerada uma comunidade, constituída por diferentes subsistemas: paciente e família, equipe multidisciplinar e direção hospitalar (Bennun, 1999). É um espaço privilegiado pelo avanço tecnológico e possibilidades terapêuticas; entretanto, a constante existência de doenças graves e o risco à vida e de sequelas que caracterizam os pacientes dessa unidade exigem ajustamentos mentais e emocionais de todas as pessoas envolvidas na sua rotina.

O maior impacto da admissão na UTI, segundo Bennun (1999), está na identidade familiar, pois a família e o paciente perdem o poder, a autonomia e a competência, passando a ser mais passivos e dependentes. Isso pode gerar grandes dificuldades, como a incerteza e o desespero diante da possibilidade de morte.

Na UTI pediátrica (UTIP), a característica diferencial é a permanência de um membro acompanhante durante a internação da criança. Os primeiros estudos sobre UTIP foram datados em 1980, nos Estados Unidos, e relatavam sintomas de estresse, ansiedade e depressão apresentados pelos familiares em função da internação da criança (Board e Ryan-Wenger, 2002). A partir disso, instala-se um momento de crise e, "nessas situações, a família precisa reorganizar-se rápida e eficientemente, modificando sua organização habitual para uma estrutura de crise" (Rolland, 2001, p. 382). Nesses momentos, Bousso e Angelo (2003) apontam que o essencial para os membros das famílias é a vida da criança, além da preservação da unidade familiar.

O pós-transplante imediato consiste na admissão de crianças/adolescentes na UTIP. Lá, são monitoradas com auxílio de toda tecnologia disponível e sob o cuidado técnico especializado da equipe que compõe esse setor. Ficam por períodos distintos nessa unidade até receberem alta para o andar de internação.

A UTIP também pode gerar nos familiares sentimentos de perda, ansiedade, depressão, incertezas e ruptura familiar (Bousso, 1999), vivendo a experiência em um estado permanente de expectativa, desespero e dor (Bousso e Angelo, 2003).

Apesar de todo o trabalho de preparação e informação no período pré-operatório sobre a rotina da unidade, o acompanhante (em geral, a mãe) considera que a primeira imagem do filho junto a todos os recursos tecnológicos disponíveis na unidade, e principalmente ao ventilador mecânico e aos ruídos, causa impacto emocional e costuma ser vivenciada e relatada como um trauma.

A família apresenta com frequência receio a respeito da rejeição do enxerto, nesse período, após entrar na UTI. Para lidar com esse momento delicado emocionalmente, após os exames diários, a equipe realiza reuniões com a família para que possa atualizar as informações sobre a evolução do paciente.

Estabilizada a crise inicial, Noyes (1998) aponta que os estressores continuam a afetar os pais, e as respostas habituais a uma situação estressante costumam não funcionar mais, causando disfunção no comportamento. Os pais devem enfrentar a crise, modificando sua representação dos eventos e utilizando novas estratégias de adaptação. Spear et al. (2002), no entanto, afirmam que a forma de enfrentamento é bastante influenciada pelo nível de estresse e a presença de sintomas depressivos. Se tais estratégias não forem efetivas, poderão afetar e/ou exacerbar problemas relativos à qualidade de vida (Spear et al., 2002). Mitchell, Courtney e Coyer (2003) verificaram que a principal característica dessas famílias é a incerteza, a qual acaba por reduzir a habilidade no enfrentamento dos estressores. A ameaça de perda da criança também é um aspecto que pode dificultar a ação das famílias no enfrentamento da situação de crise. Os pais, no entanto, não costumam falar abertamente sobre a possibilidade de morte da criança; este acontecimento na família infringe o ciclo vital de vida, sendo considerada uma perda prematura, fora de hora. "A morte de um filho, frustrando as expectativas geracionais, é talvez a perda mais dolorosa para uma família, uma vez que ela reverte a ordem natural" (McGoldrick e Walsh, 1998).

À medida que existe a ameaça de perda da criança, McDaniel, Hepworth e Doherty (1994, p. 234) apontam que "[...] os membros da família, com frequência, concordam veladamente em evitar discussões sobre a morte. Isso pode ser útil para manter a esperança e o otimismo, mas evita o planejamento e a comunicação franca". Portanto, as famílias que possuem um membro em UTIP, além de estarem expostas a diversos estressores, são constantemente provocadas a refletir sobre a morte.

É comum notar entre os familiares as mais diversas reações emocionais frente ao período de internação em UTI. Segundo Fonseca (2004), além de a família sofrer um impacto pela doença de um dos seus entes queridos, ela necessita manter o equilíbrio para poder assegurar o cumprimento das tarefas e das necessidades do membro doente. Trata-se da percepção da importância da redistribuição dos papéis e responsabilidades e, a partir daí, a adaptação à ausência futura e às perdas a serem enfrentadas. Para o autor, é o que configura o luto antecipatório, ou seja, um fenômeno adaptativo no qual é possível tanto o paciente como os familiares se prepararem cognitiva e emocionalmente para o acontecimento próximo – a morte. Isso causa um desequilíbrio tanto no sistema familiar como em cada pessoa individualmente.

No acompanhamento psicológico verifica-se a importância ao dar suporte para amenizar os conflitos emocionais que possam surgir ao longo do período em que a família e a criança/adolescente permanecem na UTIP, disponibilizando espaços de escuta e acolhimento para que estes não sintam que estão perdendo o controle das suas emoções.

Na prática clínica, é possível observar que, enquanto estão internadas na UTIP, as crianças em geral ficam mais sonolentas frente a alta dosagem de analgesia para dor, interagindo pouco com o meio e priorizando os momentos em que conseguem ficar acordadas para serem divididos com seu acompanhante.

No período pós-transplante, o paciente passa por uma grande instabilidade emocional, estando muito tempo sozinho. Nesse momento, é fundamental o apoio psicológico no sentido de o isolamento não dar lugar à depressão e à ansiedade (Santos, 1996).

▶ Pós-operatório tardio

Em crianças transplantadas a partir de 10 anos é comum observar uma mistura de sintomas de natureza orgânica e psicológica nos períodos pós-operatórios imediato e tardio. No período pós-cirúrgico imediato, o medo da rejeição do órgão paira sobre toda ação que ele faz e determina o seu comportamento e o seu humor, além de restringir suas atividades. Livre do tratamento e do contato intensivo com a equipe médica, o paciente, em sua "nova liberdade", sente-se inseguro e desprotegido, inundado pela relação ambivalente frente as suas novas habilidades, como a participação em atividades físicas anteriormente impossibilitadas pela doença, por exemplo, e seus velhos desejos, como a reinserção nos grupos e atividades escolares. Com o tempo, o medo é diluído gradualmente e deixa de estar focalizado na possibilidade da morte.

O funcionamento do órgão transplantado traz melhora global em qualidade de vida em nível físico e psicológico. A vida pode voltar a ser organizada com mais liberdade e autonomia, e planos para o futuro podem voltar a ser feitos.

A alta hospitalar mobiliza muita ansiedade pela (re)apropriação dos cuidados da criança pelos pais que, até então, estavam mais dependentes da equipe médica e de enfermagem. Não é incomum o aparecimento de sintomas físicos neste momento, sinalizando as dificuldades para o rearranjo da vida familiar.

Um transplante acontece em alguém que transporta consigo uma história pessoal preenchida com memórias, sentimentos, pensamentos, gostos, aromas – enfim, com uma identidade. Assim, esse procedimento também traz uma parte de alguém que, não sendo o outro propriamente dito, tem vida e vai dar vida. Viver com um órgão de outra pessoa incorporado exige poder perder-se um pouco de si próprio para mais tarde se reencontrar. O transplante implica, no nível do esquema corporal, duplicidade de perda de um órgão e adição de um novo. Quando uma nova parte é adicionada à pessoa transplantada, a imagem corporal expande-se e um novo lugar psicológico tem de ser encontrado para essa nova entidade que o corpo antigo agora contém (Tavares, 2004).

A vida após o transplante apresenta muitos desafios. Há rotina diária de medicação, monitoramento do procedimento cirúrgico realizado e visitas ao hospital, que interferem em algumas das rotinas familiares e contribuem para o aumento da ansiedade nos pais. A medicação leva, quase sempre, a uma alteração física dos pacientes, o que pode contribuir para que se sintam ainda mais diferentes dos seus pares. Além disso, os pais dos transplantados, na tentativa de protegê-los, tendem a limitar algumas atividades aos seus filhos (Alonso, 2009).

A mudança, frequente e imprevisível, das rotinas diárias na vida da criança tem sido identificada como uma variável que compromete e afeta o bem-estar de todos os membros da família. Tais rotinas constituem um foco importante para a criança/adolescente, pois implicam não só o ensinamento de padrões familiares e individuais, mas também de comportamentos que estabelecem o seu desenvolvimento pessoal e social, muito importantes nessa etapa (Bernheimer e Weisner, 2007, *apud* Denny, 2012).

A ocorrência da doença hepática na fase da adolescência pode ser mais prejudicial e tende a ser o período mais complicado para esse tipo de vivência. Algumas das tarefas primordiais no período da adolescência são a descoberta do corpo, as suas potencialidades e os limites e a construção da sua identidade pessoal. Os comportamentos que colocam a vida em risco e o abandono das condutas médicas são prevalentes nessa fase e podem influenciar a sua saúde e o bem-estar. Os adolescentes com doenças crônicas apresentam mais problemas de ajustamento que seus pares sem doenças, e tendem a sofrer mais transtornos de comportamento, depressão e ansiedade, segundo Stam et al. (2006). Estudos comprovam que mais de um terço dos adolescentes não adere ao tratamento (Bell et al., 2008). A tendência normal ao questionamento e o desafio à autoridade podem predispor esses pacientes a aceitar com desdém as orientações médicas e o tratamento. Além disso, devem ser considerados os efeitos adversos da terapia imunossupressora e da preocupação com a imagem corporal, da impulsividade e do comportamento de risco. A adolescência está associada a significativos crescimentos físicos e intelectuais próprios da faixa etária, que são interrompidos pelo processo do transplante (Pedro, 2009).

Os resultados após o transplante hepático pediátrico representam mais do que as taxas de sobrevivência, mas principalmente indicadores de qualidade de vida, como retorno à rotina escolar, atividades físicas e convívio em grupos sociais. Para esse período, o acompanhamento deve ser médico e psicológico (Squires et al., 2006; Calinescu et al., 2012).

O papel do psicólogo é intervir, atuando junto à equipe médica, com o intuito de contribuir com a sua experiência no acompanhamento psicológico dos pacientes e de suas famílias, criando um canal para as angústias e ansiedades que venham a aflorar, a fim de que sejam devidamente identificadas e abordadas, proporcionando-lhes um espaço de informação geral sobre o tratamento (Kuczynski, 2002). A psicologia atua, então, na preparação emocional e psicológica para identificar/prevenir possíveis problemas provenientes do processo de tratamento durante a fase de pré e pós-transplante hepático.

O acompanhamento específico de cada caso pode auxiliar a criança/adolescente e a respectiva família a lidar com a situação do transplante de forma mais adaptativa, procurando diminuir o intenso investimento na doença e aumentar o investimento na vida, no crescimento, na procura de maior independência e autonomia, levando, consecutivamente, a melhor qualidade de vida (Morana, 2009). Assim, a integridade psicológica do paciente deve ser vista, tendo em conta a qualidade de vida, analisando várias interações complexas entre saúde, elementos psicossociais e emocionais, de modo a obter informações clinicamente úteis (Nobili et al., 2009).

Considerações finais

O transplante hepático bem-sucedido em uma criança é, muitas vezes, uma vitória duramente conquistada, exigindo todos os conhecimentos combinados de uma equipe multidisciplinar dedicada. Como método terapêutico não tradicional, traz à luz uma série de questões psicológicas, sociais, legais e filosóficas.

As situações da doença crônica e do transplante têm importante impacto nas relações familiares. Nas diferentes fases da doença, a criança e a família enfrentam situações muito difíceis, que causam sofrimento e ansiedade intensa, principalmente relacionadas ao risco de morte.

Do ponto de vista psicológico, cabe destacar a relevância de intervenções precoces e de um acompanhamento psicoterapêutico sistemático à criança e à família que visem diminuir o sofrimento psíquico dos envolvidos, principalmente em momentos de maior impacto como no pós-operatório na UTIP. Nesse sentido, o atendimento psicológico pode auxiliar essas crianças e suas famílias a lidarem com a situação de doença e transplante da forma mais adaptativa possível, ao propiciar que as inevitáveis ansiedades parentais e infantis venham à tona em um contexto terapêutico no qual possam ser trabalhadas tecnicamente, a fim de prevenir eventuais conflitos.

A ação preventiva pode auxiliar os pais a não centralizarem tanto as suas vidas e as de seus filhos em torno da doença e do risco de morte, mas nos aspectos saudáveis, de vida e crescimento.

A atuação da psicologia torna-se fundamental nesse contexto, pois propicia acompanhamento para esses pais, auxiliando-os na compreensão da real situação de saúde do filho, proporcionando uma escuta terapêutica.

Referências bibliográficas

Abrunheiro L, Perdigoto R, Sendas S. Avaliação e acompanhamento psicológico pré e pós-transplante hepático. Psicologia, Saúde & Doenças. 2005; 6(2):139-43.

Alonso E. Quality of life for pediatric liver recipients. Liver Transplantation. 2009; 15(11):S57-S62.

Bell LE, Bartosh SM, Davis CL et al. Adolescent transition to adult care in solid organ transplantation: a consensus conference report. Am J Transplant. 2008; 8:2230-42.

Bennun I. Intensive care units: a systemic perspective. Journal of Family Therapy. 1999; 21:96-112.

Board R, Ryan-Wenger N. Long-term effects of pediatric intensive care unit hospitalization on family with young children. Heart & Lung. 2002; 31(1):53-66.

Bonomini V. Ethical aspects of living donation. Transplant Proc. 1991; (23):2497-9.

Bousso RS. Buscando preservar a integridade da unidade familiar: a família vivendo a experiência de ter um filho na UTI Pediátrica. Tese de doutorado não publicada, Escola de Enfermagem, Universidade de São Paulo. 1999.

Bousso RS, Angelo M. The family in the intensive care unit: living the possibility of losing a child. Journal of Family Nursing. 2003; 9(2):212-21.

Bucuvalas J. Long-term outcomes in pediatric liver transplantation. Liver Transplantation. 2009; 15(11). doi: 10.1002/lt.21915.

Calinescu A, McLin V, Belli D et al. Psychosocial outcome in liver transplanted children: beware of emotional self-assessment! Italian Journal of Pediatrics. 2012; 38(37).

Denny B et al. New insights into family functioning and quality of life after pediatric liver transplantation. Pediatric Transplantation. 2012; 16:711-5.

Engle D. Psychosocial aspects of the organ transplant exerience: what has been establisched and what we need fot the future. Journal of Clinical Psychology. 2001; 57(4):521-49.

Falkenstein K. Proactive psychosocial managemente of children and their families with chronic liver diease awaiting transplant. Pediatric Transplantation. 2004; 8:20-207.

Ferreira CT, Vieira SMG, Silveira TR. Transplante hepático. Jornal de Pediatria. 2000; 76(2):198-208.

Fonseca JP. Luto antecipatório. Campinas: Livro Pleno. 2004.

Jones J, Payne W, Matas A. The living donors: risks, benefits and related concerns. Transplant Rev. 1993; (7):115-28.

Küchler T, Kober B, Brölsch C et al. Quality of life after transplantation: can a psychosocial support program contribute? Transplantation Proceedings. 1991; 23:1541-44.

Kuczynski E. Avaliação da qualidade de vida em crianças e adolescentes sadios portadores de doenças crônicas e/ou incapacitantes. Dissertação de Doutouramento em Medicina. Faculdade de Medicina da Universidade de São Paulo. São Paulo. 2002.

Lazzaretti CT. Insuficiência renal crônica: da diálise ao transplante renal, uma reconstrução subjetiva. In: Scortegna S, Bernincá C (Org.). Interfaces da psicologia com a saúde. Passo Fundo: UPF. 2004.

Lazzaretti CT. Considerações éticas no transplante hepático com doador vivo. Rev SBPH Rio de Janeiro. Jun 2005; 8(1).

McDaniel SH, Hepworth J, Doherty WJ. Terapia familiar médica: um enfoque biopsicossocial às famílias com problemas de saúde. Porto Alegre: Artes Médicas. 1994.

McGoldrick M, Walsh F. Um tempo para chorar: a morte e o ciclo de vida familiar. In: Walsh F, McGoldrick M. Morte na família: sobrevivendo às perdas. Porto Alegre: Artes Médicas. 1998; p. 56-75.

Mitchell ML, Courney M, Coyer F. Understanding uncertainty and minimizing families'anxiety at the time of transfer from intensive care. Nursing and Health Sciences. 2003; 5(3):207-17.

Morana J. Psychological evaluation and follow-up in liver transplantation. World J Gastroenterol. 2009; 15(6):694-6.

Nobili V et al. Psychosocial condition after liver transplantation in children: Review of the literature from 2006 to 2008. Transplantation Proceedings. 2009; 41(9):3779-83.

Noyes J. A critique of studies exploring the experiencies and needs of parents of children admitted to paediatric intensive care units. Journal of Advanced Nursing. 1998; 28(1):134-41.

Pascher A, Sauer IM, Walter M et al. Donor evaluation, donor risks, donor outcome, and donor quality of life in adult-to-adult living donor liver transplantation. Liver Transpl. 2002; 8:829-37.

Pedro J. Parceiros no cuidar: a perspectiva do enfermeiro no cuidar com a família, a criança com doença crónica. Dissertação de Mestrado em Ciências de Enfermagem na Universidade do Porto. Portugal. 2009.

Rolland J. Doença crônica e o ciclo de vida familiar. In: Carter B, McGoldrick M. E as mudanças no ciclo de vida familiar: uma estrutura para a terapia familiar. Porto Alegre: Artes Médicas, 2001, p. 373-91.

Sá E. Um estranho coração. Comunicação apresentada no XI Congresso Luso Brasileiro de Transplantação, Hotel Vila Galé, 4 a 6 de outubro de 2012: Coimbra.

Santos Z. Transplantes: aspectos psicológicos e psiquiátricos. Clínica Psiquiatria. 1996; 17(3):239-45.

Silveira TR. O transplante em crianças. In: Ceccin RE Carvalho P (eds.). A criança hospitalizada. Porto Alegre: Editora da Universidade. 1997; p. 141-152.

Spear ML, Leef K, Epps S et al. Family reaction during infants' hospitalization in the neonatal intensive care unit. American Journal of Perinatology. 2002; 19(4):205-13.

Squires R et al. A multicenter study of the outcome of biliary atresia in the United States, 1997 to 2000. J Pediatr. 2006; 148:467-74.

Stam H, Hartmann EE, Deurloo JA et al. Young adult patients with a history of pediatric disease: impact on course of life and transition into adulthood. Journal of Adolescent Health. 2006; 39:4-13.

Tarbell SE, Kosmach B. Parental psychosocial outcomes in pediatric liver and/or intestinal transplantation: Pretransplantation and the early postoperative period. Liver Transplantation and Surgery. 1998; 4(5):378-87.

Tavares E. A vida depois da vida: reabilitação. Análise Psicológica. 2004; 4(22):765-77.

Walter M, Hildebrant J, Ruter J et al. Evidence of psychosocial influences on acute rejection after liver transplantation. Transplantation Proceedings. 2002; (34):3298-301.

Wise BV. In their own words: the lived experience of pediatric liver transplantation. Qualitative Health Research. 2002; 12(1):74-90.

CAPÍTULO 4

Da Urgência Médica à Subjetiva | A Responsabilidade da Instituição e a Responsabilidade de Cada Um

Fernanda Saboya Rodrigues Almendra • Manuella Itapary

Introdução

"Não há clínica do sujeito sem clínica da civilização" (Miller e Milner, 2006). Utilizaremos essa tese lacaniana para fazer uma reflexão acerca da responsabilidade da instituição e da responsabilidade do sujeito quando se trata do campo da prática psicanalítica em hospital.

Sabe-se que as transformações da civilização afetam a maneira de os sujeitos existirem em sociedade, organizarem seus laços sociais, constituírem uma família, trabalharem (Coelho dos Santos, 2006).

Em tempos de predomínio do discurso capitalista, progresso meteórico da ciência e crescente declínio dos fundamentos da tradição, verificamos que a clássica gratidão e confiança que marcavam a relação entre paciente e médico dá lugar à suspeita, ao conflito, às exigências.

É admissível a hipótese de Coelho dos Santos (2006) de que há um efeito de descrença sobre o vínculo médico-paciente a partir do momento em que a relação entre ambos passou a ser intermediada pelo plano de saúde. A confiança no saber médico já não mais parece presidir o vínculo, e isso influencia diretamente a dinâmica das relações institucionais.

Vale considerar que, na civilização contemporânea, é o pensamento estatístico, a quantidade, os protocolos que norteiam a metodologia científica. É importante lembrar que é desta fonte que se nutre o campo da medicina. Isso conduz uma questão inicial ao psicanalista que atua em uma instituição hospitalar: o que fazer com a verdade do sujeito que reside no campo da fantasia, da ficção e, portanto, é da ordem do singular?

Na contramão da tendência padronizante da medicina baseada em evidências, a psicanálise se encarrega: "não do um por um da enumeração, mas sim da restituição do único em sua singularidade, no incomparável. Este é o valor profético, poético, da recomendação técnica de Freud: escutar cada paciente como se fosse a primeira vez, esquecendo a experiência adquirida, ou seja, sem compará-lo e sem pensar que alguma palavra vinda de sua boca tem o mesmo uso que aquela vinda de um outro..." (Miller, 2005).

Um dos fundamentos psicanalíticos do qual não se pode prescindir é a lógica do caso a caso. Em nossa prática como psicólogas de um hospital geral privado, localizado na Zona Sul da cidade do Rio de Janeiro, isso significa que assumimos o compromisso ético de trazer a posição do sujeito à consideração científica.

Essa experiência clínica tem possibilitado interessantes reflexões e, desde 2008, sob orientação da psicanalista Tania Coelho dos Santos[1], tornou-se fonte de pesquisa e passou a ser parte dos projetos de psicanálise aplicada do Instituto Sephora de Ensino e Pesquisa de Orientação Lacaniana[2] (ISEPOL).

Utilizaremos, neste capítulo, alguns fragmentos clínicos a fim de tecer considerações e ilustrar algumas intervenções possíveis na prática que se realiza na interface psicanálise/medicina.

Constatamos que, frente às variadas perdas relacionadas ao adoecimento, alguns sujeitos manifestam comportamentos exorbitantes e completamente inadequados ao contexto institucional. Alguns, não todos. Assim sendo, não é todo sofrimento que requer intervenção do psicanalista.

Na medida do possível, procura-se antecipar a eclosão de conflitos. Assim, nos inserimos na rotina de trabalho da unidade de terapia intensiva (UTI), que é o setor que se dedica ao atendimento do paciente grave, que necessita de tratamento diuturno, dinâmico, com alto grau de complexidade e vigilância.

Verificamos que os significantes "grave", "morte", "instável" afetam diferentemente os sujeitos que por ali passam (Saboya et al., 2014, p. 24) e podem provocar efeitos desorganizadores em alguns. Estar presente durante o *round*[3] multidisciplinar nos confere a oportunidade de avaliar as demandas, identificar o mal-estar que surge do lado da equipe (médicos, enfermeiros, fisioterapeutas etc.), bem como localizar alguns impasses.

Empreendemos um esforço inicial para verificar se o sujeito está aparelhado para enfrentar a ocorrência de perigo e ameaça à integridade decorrente do adoecimento. Assim, elencamos algumas situações que comumente exigem uma boa capacidade de elaboração do sujeito e passamos a utilizá-las como critérios para avaliação. Dedicamos especial atenção às situações que caracterizamos como risco psicológico.

A avaliação de pacientes e familiares considerados em risco psicológico se encaixam nos seguintes critérios: pacientes em cuidados paliativos; pacientes em investigação diagnóstica de morte encefálica; pacientes com indicação de amputação; pacientes muito graves clinicamente (com risco de morte); pacientes com transtorno psiquiátrico descompensado (quadro psicótico, uso abusivo de álcool ou drogas psicoativas, tentativa de suicídio); pacientes cuja doença traz perda que afeta sua autonomia (acidente vascular cerebral, por exemplo); pacientes vítimas de violência urbana ou acidentes graves.

---

[1]Psicanalista, Membro da École de la Cause Freudienne, da Escola Brasileira de Psicanálise e da Associação Mundial de Psicanálise, Presidente do Instituto Sephora de Ensino e Pesquisa de Orientação Lacaniana (ISEPOL), Doutora pela PUC/RJ, Pós-doutora pelo Departamento de Psicanálise de Paris VIII, Professora Associada IV do Programa de Pós-graduação em Teoria Psicanalítica da UFRJ, Membro da Associação Universitária de Pesquisa em Psicopatologia Fundamental, Editora da Revista aSEPHallus de Orientação Lacaniana.

[2]O Instituto Sephora de Ensino e Pesquisa de Orientação Lacaniana é uma instituição sem fins lucrativos que se dedica ao ensino, à transmissão, à pesquisa e à clínica psicanalítica.

[3]O *round* multidisciplinar faz parte da rotina da UTI. Ele consiste na reunião entre os profissionais que participam dos cuidados a fim de discutir os casos clínicos dos pacientes internados e definir condutas.

Ansiedade desmesurada, agressividade, revolta, violência, recusa aos procedimentos, acusações à equipe médica, recusa da alta hospitalar são alguns exemplos de atitudes que promovem confusão e geram grandes conflitos.

A compreensão de que comportamentos exorbitantes aparecem quando a experiência é vivenciada pelo sujeito como um limite do que pode contar ou assumir para si (Rego, 2012) nos leva a interpretá-los como uma demanda oculta de ajuda. Não menos importante é nossa atenção à dimensão institucional. Não se deve furtar-se à responsabilidade de dar algum tratamento à desordem que impede o bom funcionamento da rotina hospitalar.

Em nossa prática observamos que as experiências de angústia podem ser desde leves e formuláveis em palavras até intensas e que se manifestam por meio de comportamentos turbulentos. Intensas ou moderadas, as manifestações de angústia costumam colocar em cheque a ilusão de que o ambiente hospitalar possa ser estéril às manifestações emocionais singulares de cada um. Desse modo, apostamos em um dispositivo de acolhimento que incida sobre a angústia e possa fazer barreira aos efeitos deletérios que nascem de conflitos que não são intermediados.

Vinhetas clínicas

▶ (Im)paciente

O caso a seguir relata a angústia e a inquietação de um paciente vítima de queimaduras e submetido à internação hospitalar.

L. foi internado em decorrência de queimaduras após um acidente de trabalho. O tratamento consistia em realizar procedimentos constantes, por meio de idas ao centro cirúrgico para limpar e fazer curativos nas áreas queimadas. Durante esse processo, o paciente apresentou dificuldades quanto ao ajustamento à situação hospitalar.

Durante a permanência na UTI, L. apresentava uma atitude reativa diante dos procedimentos para sua recuperação. Tamanha ansiedade aparecia através de uma atitude de resistência. Ele questionava constantemente a rotina de cuidados. Tal comportamento se manteve após a alta da UTI. Rejeitava a comida do hospital, as vestimentas e algumas das medicações. Não conseguia dormir durante a noite nem acordar cedo para o banho, a visita clínica e a fisioterapia. Também não conseguia ficar parado, estava sempre agitado pelo quarto. Os limites impostos pela estrutura física eram sentidos como limites à sua própria liberdade. "Me sinto prisioneiro."

A angústia que se instaurava foi também transmitida à equipe de cuidados. Os profissionais responsáveis pelo paciente, como enfermeiros, técnicos de enfermagem e fisioterapeutas, passaram a sofrer com a ansiedade de L., em uma atitude de empatia. A família também ficava aflita, sem saber como ajudar na contenção da ansiedade.

Durante os atendimentos, a ansiedade se manifestava tanto pela maneira automática como repetia a história do acidente como por uma constante inquietação. L. caminhava de forma ininterrupta pelo quarto e corredor do andar em que estava internado. Ele não conseguia ficar sentado na poltrona ou deitado na cama. Vivia aquele momento com grande intensidade. A perda da camada protetora da pele havia deixado suas emoções à flor da pele.

Nos finais de semana, a equipe de enfermagem me ligava, pois viam L. caminhando de um lado para o outro do setor. A dificuldade de compreender esse comportamento gerava um mal-estar do lado da equipe, que não sabia como lidar com um paciente que perambulava pelos corredores.

No início os atendimentos eram realizados caminhando junto ao paciente. Essa disponibilidade inicial foi importante para que ele próprio pudesse formular um pedido de ajuda. Só então pude estabelecer junto a L. que os meus atendimentos seriam realizados dentro do quarto, sentados no sofá e com a porta fechada. A instalação de um espaço apropriado permitiu a contenção da ansiedade inicial e teve como efeito terapêutico a melhor adaptação à situação de internação hospitalar. Foi possível, então, localizar uma perda de ordem psíquica para além da perda no corpo. Além da ferida no corpo, havia outra ferida; esta, de ordem narcísica. L. precisava criar um novo diálogo entre seu corpo queimado e seu psiquismo fragilizado, fato este que instaurou uma demanda de análise após a alta hospitalar.

▶ Más notícias ou notícias difíceis

Destacaremos aqui uma condição para a qual a equipe médica costuma solicitar nossa intervenção. Trata-se de situações que envolvem o que, na literatura médica e de psicologia hospitalar, costuma se chamar comunicação de más notícias ou notícias difíceis.

São consideradas más notícias as informações que se referem a situações nas quais estão presentes o sentimento de desesperança, a ameaça ao bem-estar físico ou mental do indivíduo, o risco de "modificações no estilo de vida ou perspectiva de futuro em um sentido negativo" (Buckman, 1992). Nesse contexto é indispensável estar atento às manifestações que surgem do encontro com as coordenadas de um discurso no qual o sujeito não se reconhece, conforme explicitado posteriormente.

A tarefa de comunicar más notícias ganhou importância na cena médica, e alguns protocolos foram desenvolvidos. Esses protocolos descrevem etapas a serem seguidas e sugerem atitudes que visam facilitar a tarefa e minimizar seus efeitos negativos. Estas podem ser valiosas ferramentas para direcionar quem não sabe qual caminho seguir. Um exemplo de protocolo para comunicação de más notícias é o Protocolo SPIKES[4].

É interessante destacar que estudos apontam para um elevado grau de incompreensão das informações transmitidas sobre diagnóstico, prognóstico ou tratamento após conversa com o médico (Azoulay et al., 2000; Tulsky et al., 1998; Young et al., 2000). Nossa experiência não mostra o contrário. A dificuldade de compreensão geralmente apoia-se no fato de a comunicação médica partir do pressuposto de uma posição igual para todos. Não se leva em consideração que os laços sociais não são regulados por um único discurso. Esse desconhecimento fomenta o mal-entendido e dá margem a conflitos.

---

[4] Este protocolo foi desenvolvido por Baile e colaboradores (Baile et al., 2000) com o objetivo de orientar o clínico na tarefa de transmitir informações médicas desfavoráveis. SPIKES é um acrônimo e cada letra representa uma fase de uma sequência de seis etapas a serem consideradas durante uma entrevista para a comunicação de más notícias.

Embora existam diversos tipos de más notícias, utilizaremos como exemplo casos em que a doença atinge um ponto em que não pode mais ser combatida e a morte ou uma importante perda funcional torna-se inevitável.

É fundamental a identificação das defesas psíquicas de que o sujeito dispõe para enfrentar o encontro com a morte, bem como a lógica discursiva que o orienta. Isso auxilia na oferta do acolhimento necessário e na intermediação de conflitos que venham a surgir.

Para dar início a uma reflexão acerca de distintas posições discursivas, apresenta-se a seguir mais um fragmento clínico.

C. é uma adolescente que convive desde o nascimento com uma rara doença que afeta tanto seu sistema cardiovascular quanto o digestivo. Foram constantes as internações e inúmeras as cirurgias a que precisou se submeter.

O arsenal terapêutico utilizado para o controle da doença estava cada vez mais limitado. A resposta ao tratamento era mínima e não havia qualquer perspectiva de restabelecer o funcionamento do organismo de C. A doença estava em fase avançada e terminal.

Nova piora clínica se impôs, e os pais foram informados sobre os limites do tratamento. Acompanho a conversa com o médico da UTI pediátrica e verifico que os pais estão referidos ao que chamamos de posição religiosa. Isso significa dizer que é a Deus que supõem saber. Acreditam em um milagre, mas aceitarão o que Deus decidir.

Neste caso, a fé inabalável funcionava como elemento organizador frente ao encontro com a ameaça de morte. Era preciso acolher essa crença. Evitar uma atitude de defesa por uma verdade que, por não ser a daqueles sujeitos, seria ouvida de maneira agressiva e correria o risco de causar discórdia e hostilidade. Isso prejudicaria o luto dos pais. Não esperávamos que aceitassem a morte da filha. Esse reconhecimento permitiu um acolhimento mais afetivo e efetivo por parte da equipe multiprofissional.

A propósito da equipe multiprofissional pôde-se observar que, frente à posição discursiva religiosa de alguns familiares, comumente surgem duas atitudes que manifestam resistência ao discurso religioso: atitude cognitivista ou obstinação terapêutica.

Há aqueles que assumem uma atitude cognitivista, ou seja, reduzem o diálogo ao campo do conhecimento, excluindo a dimensão da crença. Essa atitude parece enraizada na ideia da possibilidade de uma comunicação unívoca e sem mal-entendidos. Trata-se de uma crença no bem-dizer e que se manifesta na insistência em explicar. A crença no milagre da posição religiosa é tomada por uma falha cognitiva. Quer dizer, concluem que, se a pessoa acredita que seu familiar ficará curado, é porque não compreendeu as informações que lhe foram transmitidas. O conflito surge justamente da dissonância entre a posição científica do médico e a posição religiosa do familiar.

Elabora-se a seguir uma exemplificação a partir de outro fragmento clínico.

Havia uma senhora da qual o médico queixava-se de estar muito agressiva. Era a esposa de um paciente que sofrera um acidente vascular cerebral (AVC) que acarretou moderado déficit motor e cognitivo. Durante a entrevista, ela logo me pediu para avisar ao médico que não seria necessário torturá-la diariamente com a notícia de que era improvável que seu marido tivesse uma recuperação plena. Ela havia entendido aquele ponto de vista, mas simplesmente não acreditava. Era a Deus, e não aos médicos, a quem ela atribuía o poder de curar. Ela iria levá-lo para casa, e ele ficaria curado.

Foi necessário esclarecer ao médico que aquela senhora precisava acreditar na possibilidade de recuperação para continuar cuidando do marido e necessitava de mais tempo para elaborar as perdas que estava enfrentando. A agressividade nada mais era do que uma defesa da familiar que se via acossada por um discurso cujas coordenadas não reconhecia.

Outro dito contrapõe a racionalidade do discurso médico à posição discursiva religiosa de algumas famílias de pacientes. Pode ser representado pela frase "enquanto há vida há esperança".

Pode-se encontrar essa crença em familiares de pacientes que sofreram um grave insulto à saúde e passaram a apresentar sequelas que comprometem suas funções cognitivas e até orgânicas básicas. Contrariando a expectativa de cura, de restabelecimento da saúde, a realidade que se apresenta é a de corpos que dependem, em variados graus, de aparelhos ou procedimentos que substituem as funções de órgãos ou sistemas arruinados.

Nesses casos, vê-se que a fonte de conflitos, dilemas morais e discussões éticas é o próprio sucesso da medicina evidenciado na sua capacidade de manter corpos doentes funcionando quando a saúde está irremediavelmente perdida (Pessini, 2001).

Nota-se que a realização de intervenções e a utilização de mais e mais tecnologia consistem em uma resposta ao apelo da família, angustiada pelo encontro com a perda. Essa resposta está de acordo com a lógica do mercado comum: direito ao consumo de tecnologia adquirido pelo pagamento do plano de saúde.

Interessa uma reflexão acerca das consequências deletérias que podem advir do emprego ilimitado de intervenções e tecnologia. Transformar o que é da ordem de um impasse subjetivo frente ao limite da vida em uma questão de direito traz o risco de que a fantasia de imortalidade se converta em um direito de imortalidade. Quando a fantasia se transforma em direito e reina um discurso em que nada é impossível, observa-se surgir reivindicações incessantes, e, em situações extremas, a morte é considerada um erro médico.

Ariès (2003) apresenta uma cuidadosa análise acerca das atitudes frente à morte na cultura ocidental e demonstra que se trata de um processo construído socialmente. Na época clássica, momento em que predominava uma mentalidade apoiada na religião, a morte era vista como evento natural, cercado de rituais públicos, e esse era um assunto que costumava ser discutido dentro das famílias. A partir do século XX, entretanto, a morte começou a ser compreendida como um evento vergonhoso, que necessitava ser escondido de todos. A evolução da medicina também foi determinante para uma mudança na representação coletiva da morte. "O homem de hoje morre cada vez mais no hospital e menos em sua própria casa" (Ariès, 2003), e a morte adquiriu o estatuto de inimiga, devendo ser evitada a qualquer custo.

▶ *Home care? Home* não quero!

No âmbito do hospital, a batalha contra esta "inimiga", a morte, revela outras facetas. O que frequentemente surge como impasse é o fato de que no curso, geralmente prolongado, do tratamento de pacientes que sobreviveram chega um momento em que os cuidados a serem dispensados já não dependem de uma estrutura hospitalar de alta complexidade. Com o planejamento de alta hospitalar anunciado, decorrem as mais variadas justificativas e impeditivos que visam procrastinar a saída da instituição.

M. é uma mulher de 50 anos. Até a internação era saudável e economicamente produtiva. Chegou ao hospital com rebaixamento do nível de consciência após uma fortíssima dor de cabeça. Os exames de admissão identificaram o rompimento de um aneurisma, e a paciente foi imediatamente submetida a uma neurocirurgia. Apesar de a cirurgia ter obtido sucesso no controle da doença, um primeiro insulto cerebral já havia se instalado devido ao sangramento ocorrido com o rompimento do aneurisma. Em decorrência desse insulto inicial, a paciente apresentava um quadro de afasia e também de plegia do lado esquerdo. Ela não conseguia se comunicar e necessitava de auxílio para realizar atividades como alimentação, higiene e se movimentar no leito.

Passada a fase aguda, a demanda que se impunha era a de reabilitação, tratamento que não depende da estrutura de um hospital de alta complexidade. A partir daquele momento, sua reabilitação deveria seguir em casa, com o suporte de fisioterapia e fonoaudiologia domiciliar. À família caberia organizar-se para auxiliar M. nas atividades de higiene e alimentação ou contratar um cuidador para realização de tais tarefas.

J. (marido de M.) recusava aquele plano. Dizia que só levaria a esposa para casa quando ela estivesse falando e andando. Para a equipe médica, aquele não consistia em um plano factível, pois a manutenção da internação não se justificava do ponto de vista clínico.

Havia um impasse. De um lado, a equipe médica que indicava a alta, e de outro, o marido que a recusava. Como ferramenta para administrar o conflito, propusemos a realização de uma conferência entre alguns membros da equipe multiprofissional (médico, enfermeira, fisioterapeuta, fonoaudióloga, psicóloga) e o marido.

Inicio o encontro relembrando o motivo de estarmos reunidos: falar sobre o plano de tratamento e alta. Noto que J. está desconfortável, na defensiva. Peço que me fale de M. "Quero conhecê-la melhor." Então, J. conta como se conheceram e fala do casamento. Ouvir a história do casal permitiu que eu compreendesse algo do papel de cada um. Nas questões relacionadas à saúde "era ela quem sabia o que fazer". M. desempenhava papel ativo no cuidado da saúde de J., tendo sido grande incentivadora para que ele perdesse mais de 10 quilos. Ele estava se sentindo perdido, pois ela era sua bússola.

Era preciso localizar o ponto do impossível naquela situação. M. não voltaria para casa da mesma maneira que chegou ao hospital.

Digo que imaginava ser difícil para ele reconhecer a M. de quem ele falava na M. doente e hospitalizada, mas era essa última quem precisava dele agora. Uma perda se impôs. O trabalho agora era o de descobrir e investir nas potencialidades *atuais* de M.

Para J., era necessário subjetivar a perda com a qual se defrontava.

Ele saiu muito agradecido da reunião, e uma mudança em sua atitude nos demonstrou que estava aparelhado para elaborar aquela perda e apostar na reabilitação de sua esposa.

A hipótese aqui demonstrada é a de que o ponto de impasse reside na dificuldade de subjetivar a castração que está em jogo nessas situações. Reside aí uma possibilidade de intervenção do psicanalista. Identificar, sempre no caso a caso, o impasse que advém do impacto do encontro com a perda de uma função. Por meio da introdução de coordenadas simbólicas, o psicanalista buscar fazer furo no excesso pulsional, a fim de minimizar seus efeitos destruidores sobre o sujeito e a engrenagem institucional.

Nem todas as situações, entretanto, têm esse desfecho. Há aquelas em que as famílias recorrem à justiça para obterem o direito de manter seu parente internado, mesmo quando não há justificativa clínica para tal.

"*Home care*? *Home* não quero!", bradava a esposa de um paciente, indignada com a notícia de que o tratamento do marido já prescindia da estrutura hospitalar. A partir daquele momento, sua reabilitação deveria seguir em casa, e para isso, o plano de saúde oferecia o serviço de assistência domiciliar ou *home care*.

Uma pergunta se apresenta: por que o paciente que está em condições de ser desospitalizado encontra o apoio da justiça e tem o direito de se recusar a receber alta? O direito de permanecer internado, ocupando um leito, não colide com o direito de outras pessoas se internarem quando há escassez de vagas? Essa atitude representa um certo modo de agir no qual os interesses de uns prevalecem sobre os de todos. Que moral orienta esses comportamentos?

Se na modernidade predominavam os princípios racionais e universais, sendo sua base filosófica e moral formalizada pelo enunciado "somos todos livres e iguais", no mundo contemporâneo, o que se experimenta é que não há mais uma ordem comum às pessoas, de modo que as situações que requerem escolhas individuais se multiplicam. O que era antes denominado moral individual, dos deveres em relação a si mesmo, é revestido de uma nova interpretação, como direitos individuais e opções que a sociedade precisa acolher. Nesse momento, cada vez mais aspectos da vida da pessoa perderam sua regulação tradicional, passando a depender de decisões singulares. Passa-se de uma ética da razão para uma ética do gozo.

No campo social, a repercussão desse fundamento é a de que todas as particularidades de gozo reivindicam ser contempladas. Fica a interrogação: qual o efeito dessa lógica na relação com o direito, tendo-se em conta a noção de usufruto, "que determina que podemos gozar de nossos meios, mas com a condição de não abusar deles"? (Forbes, 2012).

▶ Cuidar da saúde | Direito ou dever?

Quanto ao cuidado do corpo de que se usufrui, qual a responsabilidade de cada um? Afinal, a saúde é um direito ou um dever de cuidado com o próprio corpo?

Há uma responsabilidade do sujeito para com o seu corpo e sua mente, já que o cuidado de si é uma resposta subjetiva ao real sem lei do desamparo. Há uma relação precoce do homem com alguma coisa, um objeto, um bem que não pode ser compartilhado, pois é sua vida, seu sexo e sua morte (Coelho dos Santos, 2015).

Temos um corpo que nos exige cuidado. "Nossa responsabilidade por ele é inalienável, intransferível e não delegável. Na saúde ou na doença cabe a cada um o cuidado de si" (Coelho dos Santos, 2015).

Com Freud aprende-se, entretanto, que no curso dos eventos mentais há um princípio "mais além do princípio do prazer". Este não diz respeito aos deveres de obediência à lei e à sujeição às sanções que ela prescreve ou a uma ética do bem-viver. Interessa levantar a seguinte questão: e quando nos deparamos com pessoas que não agem em conformidade com seu próprio bem-estar?

A., um homem na faixa dos 60 anos, foi internado no hospital para realizar uma cirurgia eletiva a fim de corrigir o trânsito intestinal.

O paciente procurou cerca de três médicos que contraindicaram a cirurgia. Procedimentos de um tratamento prévio haviam tornado os tecidos da região muito aderidos, e isso aumentava a chance de insucesso da cirurgia. Na opinião daqueles profissionais, a possibilidade de fracasso era alta, assim como a de complicações posteriores. Mesmo assim, ele persistiu com seu intuito de realizar o procedimento, até que finalmente encontrou um cirurgião disposto a realizar a cirurgia.

O pós-operatório na UTI foi turbulento. O quadro de saúde era preocupante, devido à abertura de fístulas intestinais e consequente infecção. A dificuldade emergia diante da rotina hospitalar. O paciente apresentava intensa ansiedade, era grosseiro com a equipe e exigia ansiolíticos em doses e frequência incompatíveis com a prescrição médica. A. dizia não entender a necessidade de procedimentos como exames de sangue, de imagens e restrições na alimentação. Desenvolveu a estranha crença de que havia motivos escusos para ser mantido internado, manifestando um comportamento paranoide. Ele acreditava piamente no restabelecimento total do seu quadro de saúde. Ao desmentir o adoecimento e os riscos do procedimento cirúrgico (dos quais, como dito anteriormente, fora advertido), culpava a equipe médica do hospital pelo seu infortúnio. Se não obtinha a cura, isso nada tinha a ver com seu organismo, mas com a falta de competência da equipe hospitalar.

A hospitalização se prolongava, e o paciente continuava agindo em discordância com os seus cuidados, desautorizando a ordem médica e exigindo a alta hospitalar.

Apesar dos esforços da equipe com relação ao tratamento, havia algo próprio daquele sujeito que impedia sua realização: a impossibilidade de subjetivar seu grave estado de saúde. Nossa hipótese é de que isso consistia em uma defesa tão cristalizada que qualquer tentativa de intervenção fracassaria ou desestabilizaria ainda mais o paciente.

Na prática da psicanálise aplicada ao campo da medicina não há, a princípio, uma demanda endereçada a um psicoterapeuta; dessa forma, é necessário levar em consideração que há situações-limite.

Considerações finais

Em "Escritos sobre a medicina", Canguilhem (2005) ressalta a existência de uma tendência geral e constante de conceber a cura como final de uma perturbação, implicando a crença de reversibilidade dos fenômenos. Ainda segundo Canguilhem, as doenças são um preço a ser pago, por homens feitos, vivos, e que desde seu primeiro dia, tendem para um final a um só tempo previsível e inelutável. Verificamos que, algumas vezes, a fonte do mal-estar está enraizada justamente no engodo da ideia de cura como retorno a um estado anterior.

Se aos médicos cabe a função de informar sobre a doença e eliminá-la, ao psicanalista cabe buscar criar dispositivos que permitam a inclusão da dor e da infelicidade de cada um, do *pathos*, enquanto aquilo que afeta o sujeito. Trata-se de ligar o adoecer com a experiência da perda de lugar. Isso implica um processo do qual o sujeito participa e que, ao final, algo se acrescenta, apontando para o reconhecimento de um novo lugar possível.

Pretendemos, com as vinhetas clínicas apresentadas neste capítulo, trazer à luz a discussão do caso a caso e do aparelhamento psíquico de cada um, que permite (ou não) a apropriação subjetiva à situação de adoecimento. O encontro com a perda da saúde requer o estabelecimento de um novo diálogo, construído ao longo do tratamento e facilitado pela mediação psicológica entre a subjetividade do paciente e a ordenação médica. Quando o sujeito pode se implicar no tratamento de seu corpo, ali se impõe uma nova forma de relação consigo mesmo e com o mundo.

O dispositivo de trabalho aqui disposto visa, por meio da inserção na rotina da UTI, antecipar a eclosão de alguns comportamentos exorbitantes e também auxiliar no manejo da angústia por parte da equipe de cuidados, do paciente ou de familiares.

Mediante a inclusão das particularidades de cada um, a aposta na possibilidade de mediação dos diferentes discursos e a criação de dispositivos de regulação, o desafio quando se trabalha com a psicanálise aplicada ao campo da medicina é o de nos posicionar em relação à lógica vigente.

Do colóquio entre médico, paciente e doença, a escuta atenta do psicanalista privilegia as lógicas discursivas em jogo, bem como os não ditos e os mal-entendidos. Escutar o que diz o *Outro institucional* e o *Outro de cada sujeito*, ou seja, a quais lógicas discursivas estão referenciados possibilitará a criação de dispositivos a fim de prevenir e intervir em conflitos que, quando não intermediados, podem prejudicar os procedimentos terapêuticos hospitalares e a própria recuperação do paciente.

Referências bibliográficas

Ariès P. A história da morte no ocidente. Tradução: Priscila Viana de Siqueira. Rio de Janeiro: Ediouro, 2003.
Azoulay E, Chevret S, Leleu G et al. Half the families of intensive care unit patients experience inadequate communication with physicians. Crit Care Med. 2000;28:3044-9.
Baile W, Buckman R, Lenzi R, Glober G, Beale E, Kudelka A. SPIKES – a six-step protocol for delivering bad news: Application to the patient with cancer. The Oncologist. August 2000;5(4):302-11.
Buckman R. How to break bad news: A guide for health care professionals. Baltimore: Johns Hopkins University Press, 1992. p.15.

Canguilhem G. Escritos sobre a medicina. Rio de Janeiro: Forense Universitária, 2005.

Coelho dos Santos TC. Sinthoma: Corpo e laço social. Rio de Janeiro: Sephora UFRJ, 2006.

Coelho dos Santos TC. O lugar certo onde colocar o desejo do analista na era dos direitos. Rio de Janeiro: Asephallus, maio a out 2012;VII(14). [Acesso em abril 2017]. Disponível em: http://www.isepol.com/asephallus/numero_14/artigo_01.html.

Coelho dos Santos TC. Responsabilidade coletiva e responsabilidade subjetiva: Saúde é um direito ou um dever? In: Barros RMM, Darriba VA (Orgs.). Psicanálise e saúde: entre o estado e o sujeito. Rio de Janeiro: FAPERJ – Companhia de Freud, 2015.

Coelho dos Santos TC, Antunes MCC. Se todo gordo é feliz, a obesidade é um sintoma ou uma solução? In: Bastos A (ed.). Psicanalizar hoje. Rio de Janeiro: Contra Capa Livraria, 2006.

Forbes J. Inconsciente e responsabilidade: Psicanálise do século XXI. Barueri: Manole, 2102.

Miller JA. A era do homem sem qualidades. Rio de Janeiro: Asephallus, nov 2005 a abril 2006;1. [Acesso em abril 2017]. Disponível em: http://www.isepol.com/asephallus/numero_01/traducao.htm.

Miller JA, Milner JC. Você quer (mesmo) ser avaliado? Entrevistas sobre uma máquina de impostura. Tradução Vera Lopes Besset. Barueri: Manole, 2006.

Pessini L. Distanásia: Até quando prolongar a vida? São Paulo: São Camilo Loyola, 2001.

Rego RB. Urgência, um novo tempo. In: Maron G, Borsoi P (Orgs.). Urgência sem emergência. Rio de Janeiro: Subversos, 2012.

Saboya F, Medrado M, Costa F, Rieffel E. O papel do psicólogo junto aos familiares. In Kitajima K. (Org.) Psicologia em unidade de terapia intensiva: critérios e rotinas de atendimento. Rio de Janeiro: Revinter, 2014, p. 23-38.

Tulsky JA, Fischer GS, Rose MR, Arnold R. Opening the black box: How do physicians communicate about advance directives? Ann Intern Med. 1998;129:441-9.

Young GB, MD, Plotkin DR. MSW. ICU: Ineffective communication unit. Critical Care Medicine. August 2000;28(8):3116-7.

CAPÍTULO 5

Considerações sobre o Atendimento da Psicologia no Instituto Nacional de Traumatologia e Ortopedia

Layla Mandelbaum Amendoeira • Bianca da Silva Ribeiro Soares • Patricia Maria Gonzaga Mussoi

Introdução

Este capítulo apresenta algumas reflexões sobre a prática clínica e a inserção do psicólogo na unidade de terapia intensiva (UTI) do Instituto Nacional de Traumatologia e Ortopedia Jamil Haddad (INTO), órgão do Ministério da Saúde e centro de referência nacional no tratamento de doenças e de traumas ortopédicos de média e alta complexidades. O INTO é uma unidade hospitalar de excelência assistencial na área de ortopedia, traumatologia e reabilitação, exercendo atividades também na área de ensino e pesquisa. O atendimento abrange pacientes com patologias ortopédicas diversas, desde traumas relativamente recentes a situações crônicas envolvendo sequelas de doenças diversas (tanto congênitas quanto degenerativas), que exigem intervenções cirúrgicas, por vezes, aguardadas por longo tempo em função da fila de espera.

A organização assistencial do INTO está pautada nas equipes multidisciplinares, constituídas, em sua maioria, por médicos, enfermeiros, psicólogos, assistentes sociais, farmacêuticos, nutricionistas, fisioterapeutas, terapeutas ocupacionais e fonoaudiólogos; e definidas em função da crescente especialização das cirurgias ortopédicas (mão, quadril, joelho, ombro, pé, craniomaxilofacial, infantil, coluna, microcirurgia, deformidade torácica, tumor, trauma adulto e trauma idoso). Essas equipes, denominadas de Centros de Atenção Especializada (CAEs), são o destaque e o diferencial do atendimento no INTO, tendo sido definidas também de acordo com o preconizado pelo conceito de clínica ampliada do SUS[1]. Os CAEs têm como objetivo a melhora dos resultados no atendimento, por meio da humanização da assistência e do aperfeiçoamento dos recursos técnicos, cuidando do paciente de forma integral.

A criação dos CAEs está de acordo com o estabelecido na missão/visão do INTO: "promover ações como instituto de referência do Sistema Único de Saúde (SUS) na assistência, no ensino,

---

[1] A clínica ampliada é uma ferramenta teórica e prática cuja finalidade é contribuir para uma abordagem clínica do adoecimento e do sofrimento, que considere a singularidade do sujeito e a complexidade do processo saúde/doença. Permite o enfrentamento da fragmentação do conhecimento e das ações de saúde e seus respectivos danos e ineficácia. (Política Nacional de Humanização – Diretrizes. Disponível em: www.portalsaude.saude.gov.br. Acesso em 09/maio/2017.)

na pesquisa, na prevenção e formulação de políticas públicas em traumatologia, ortopedia e reabilitação. Ser reconhecido nacional e internacionalmente como centro de excelência em assistência, ensino, pesquisa e gestão nas áreas de traumatologia, ortopedia e reabilitação" (Carta de Serviços ao Cidadão disponível em www.into.saude.gov.br, acessado em 03/09/2017).

A inserção do psicólogo na UTI do INTO se pauta tanto na dinâmica de estruturação do Instituto quanto no preconizado para o atendimento dentro das UTIs (Kitajima et al., 2014; Sebastiani, 2003).

Unidade de terapia intensiva do Instituto Nacional de Traumatologia e Ortopedia Jamil Haddad

A UTI do INTO é composta por UTI pediátrica, UTI adulto, unidade semi-intensiva (USI) e unidade pós-operatória (UPO). Os pacientes internados na UTI pediátrica são oriundos da enfermaria pediátrica, do centro cirúrgico (pós-operatório imediato), do ambulatório do INTO ou de transferências de outros hospitais (casos excepcionais). Na UTI adulto, os pacientes são procedentes da UPO (por complicações pós-cirúrgicas que demandam permanência mais prolongada na unidade e monitoramento contínuo), das enfermarias e do Trauma Referenciado (pacientes transferidos de outros hospitais para o INTO, vítimas de fraturas por traumas recentes).

Nos casos em que o paciente é transferido para a UTI proveniente do próprio Instituto, ele e sua família podem vivenciar uma situação de medo e de angústia, potencializados pela ideia de que não havia antes uma circunstância clínica que justificasse a hospitalização, e sim um ato cirúrgico eletivo com grande expectativa de melhora ortopédica e ganho de qualidade de vida. São comuns sentimentos de frustração, arrependimento, culpa, raiva, revolta, ansiedade, medo, vivências de impotência, fragilidade e desamparo. São falas frequentes: "ele estaria bem se não tivesse operado", "estava bem em casa", "me arrependo de ter operado", "se eu soubesse que era assim, não teria vindo", "ninguém me disse que seria assim". Paciente e família se beneficiam do acompanhamento psicológico ao falar sobre esses sentimentos. Por meio de um espaço de escuta, de acolhimento e de intervenção passam a ter condição de iniciar a elaboração da situação. Esse suporte oferecido às famílias, em um momento de desmoronamento subjetivo (Maia, 2014), pode proporcionar algum contorno e enquadramento que permita melhorar a qualidade da permanência na unidade.

Já os pacientes oriundos do Trauma Referenciado apresentam outro perfil: sofreram acidente ou queda recente que ocasionou a hospitalização abrupta e não programada. Muitas vezes, são acidentes automobilísticos que envolveram também a internação ou óbito de outro familiar. São vivências em que a angústia é intensa e surge uma "emergência psíquica" (Saboya et al., 2014) a partir da emergência clínica.

Como o caso de uma jovem[2] muito angustiada, oriunda de hospital de outro município, vítima de um acidente de carro, em que um tio morreu na hora da colisão. Ela ficou internada na UTI, com dor intensa, apesar do forte esquema de analgesia, com gesso na região pélvica, fraturas que impediam qualquer mobilização no leito, vivendo a perda do tio e, pela primeira

---

[2] Os dados pessoais dos pacientes que pudessem de alguma forma possibilitar sua identificação foram alterados para preservar sua identidade e garantir o sigilo profissional.

vez, o afastamento de sua bebê de meses que ainda amamentava. Ou o caso de uma senhora que, ao sofrer um acidente vascular cerebral (AVC) em casa, caiu, rolou as escadas e fraturou a coluna. Veio transferida de outro hospital com muitas complicações clínicas, admitida diretamente na UTI, intubada já na primeira hora, grave, correndo risco de morte. A filha foi atendida pelo psicólogo na sala de espera da UTI, enquanto eram realizados os vários procedimentos necessários. Coube ao psicólogo, neste caso, preparar a familiar para a cena que encontraria na visita: mãe sedada, com tubo orotraqueal conectado ao suporte ventilatório. A filha, em absoluto desespero, insistia em entrar, chorava com medo de perder a mãe e falava sobre a importância da mesma em sua vida e na de sua filha menor (que estava com a avó no dia do acidente e assistiu a todo o evento). Relatou os dias de espera no hospital de origem quando a paciente piorou, parando de urinar e de comer e passou a apresentar vômitos. Sentia-se impotente e desamparada ao assistir à piora clínica de sua mãe. Esse atendimento à filha na UTI foi o primeiro contato da família com a psicologia, quando foi realizada também a "entrevista psicológica inicial" (Figura 5.1), com o levantamento de informações sobre a dinâmica da família, a história de vida da paciente, entre outros dados. Essa entrevista é o instrumento utilizado pelo setor de Psicologia para o registro do primeiro atendimento ao paciente e para a avaliação da demanda de acompanhamento psicológico durante a internação.

A inserção do psicólogo se dá no atendimento ao paciente, aos familiares e junto à equipe multidisciplinar. O trabalho inclui o acolhimento e o atendimento a pacientes e familiares em "situações de intenso sofrimento psíquico e gravidade clínica [...] e que se configura muitas vezes como uma clínica das emergências" (Maia, 2014), em que há a predominância de situações-limite, dentre elas complicações clínicas, decorrentes ou não de cirurgia, sequelas permanentes (tetraplegias e paraplegias), amputações, dor intensa (com analgesia que requer monitoramento contínuo), situações relacionadas à morte e comunicações de notícias difíceis, incluindo diagnósticos e procedimentos invasivos (intubação, traqueostomia).

É nessa cena de extrema vulnerabilidade (do paciente e da família) que os profissionais atuam junto ao paciente, à família e à equipe e, por meio da escuta clínica, promovem o acolhimento e o manejo da angústia (Facó, 2014) diante de situações de grande sofrimento psíquico.

Estruturação da rotina de atendimento

▶ Atendimento aos pacientes

Na rotina diária, o psicólogo se apresenta a todos os pacientes novos internados na UTI e na USI e faz um primeiro atendimento, quando há alguma condição de interação, verificando quem estava ou não sendo acompanhado pela equipe de psicologia na enfermaria. Realiza uma breve entrevista com foco nos aspectos relevantes de sua história de vida e de sua doença, na dinâmica familiar, no conhecimento ou não do motivo de sua transferência para a unidade e em sua adaptação à hospitalização e ao adoecimento. Nesse primeiro contato, já se estabelece uma oferta, uma escuta, e um espaço diferenciado em relação ao que o restante da equipe oferece: um lugar para o sujeito, que não é só um corpo orgânico, mas que tem fantasias, expectativas que, neste momento de ruptura da vida, adquirem novas tonalidades.

A transferência para a UTI geralmente desencadeia sentimentos de impotência, medo e insegurança, uma vez que é o lugar dentro do hospital que mais carrega o estigma da morte, que nos confronta com o imponderável, com o que escapa à simbolização. É um lugar frio, cheio de bipes, de aparelhos, em que o paciente fica restrito ao leito, em alguns casos longe da janela, sem saber se é dia ou noite, desacompanhado de familiar, com fios pelo corpo, sondas, invadido. É um lugar que remete ao desamparo. É nesse contexto, onde a urgência orgânica faz emergir a dor psíquica, em que não só os cuidados são intensivos, mas a angústia também é intensa (Saboya et al., 2014), que o trabalho de escuta do psicólogo deverá ser realizado, e tal profissional seguirá como referência aos pacientes, por meio da realização de visitas frequentes e do acompanhamento regular àqueles que apresentem demanda.

▶ Atendimento aos familiares

Os psicólogos estão presentes de forma ativa e empática nos horários de visita dos familiares, restritos a duas visitas diárias de uma hora cada (exceto nos finais de semana e feriados, quando a visita é de três horas seguidas). Colocam-se disponíveis durante esse período, habitualmente indo de leito em leito, se apresentando e abordando familiares e amigos que compareçam, prestando informações sobre a rotina da unidade, levantando dados da história de vida do paciente, da dinâmica familiar, da compreensão da família acerca da doença e hospitalização e do relacionamento familiar. Como já mencionado, caso seja o primeiro contato do paciente e familiar com o psicólogo na instituição, um formulário específico do setor (entrevista psicológica inicial) será preenchido com esses dados. Caso contrário, essas informações são registradas de maneira cuidadosa e ética no prontuário, dando à equipe elementos para o entendimento do perfil daquela família e uma noção do diagnóstico situacional, o que minimiza a chance de conflitos entre a família e os profissionais de saúde, visto ser intenso o convívio entre paciente, a família e a equipe (Saboya et al., 2014).

Apesar de ficar registrado desde a entrevista psicológica inicial qual membro da família será o principal suporte durante a internação, somente nos atendimentos subsequentes aos familiares é que o psicólogo vai percebendo quem, de fato, está mais presente e assumindo o papel de familiar de referência, ou "familiar âncora" para a equipe (Saboya et al., 2014). Entretanto, muitas vezes, as famílias são extensas e com suas idiossincrasias, e a situação inicial de gravidade não permite que tal definição se dê gradual e naturalmente. É solicitado, então, que a família defina quem terá o papel de centralizar o recebimento dos boletins médicos, de fazer a interlocução com a equipe de saúde, como também ser o responsável por decisões e autorizações de procedimentos quando o paciente não se encontrar em condições para tal.

Acolher os familiares nesse primeiro momento após a chegada na UTI tem efeitos importantes, uma vez que a admissão no setor gera muita angústia. A rotina de atendimento da psicologia, presente em pelo menos um dos horários de visita, propicia que o familiar possa endereçar a este profissional sua angústia diante daquela situação de ruptura, em que conflitos psíquicos ali se atualizam. É possível também, nesses atendimentos à família e, a partir de discussões em equipe multidisciplinar, avaliar a possibilidade de flexibilização dos horários de visita e até a liberação da permanência de acompanhante.

▶ Reuniões com a equipe multidisciplinar

Como estratégia de trabalho, o psicólogo procura participar das reuniões diárias (*rounds*) com a equipe multidisciplinar, em que não somente os aspectos orgânicos são levados em consideração, mas onde há espaço para se considerarem os aspectos emocionais do paciente diante da situação-limite em que este se encontra, assim como instrumentalizar a equipe para lidar com os pacientes e suas famílias, com suas particularidades e respectivas nuances (Saboya et al., 2014).

A partir da construção gradual de um lugar dentro da equipe, o psicólogo tem espaço para participar ativamente de algumas situações e decisões. Por exemplo, tem-se o caso de um paciente de meia-idade, profissional da área da saúde, que havia realizado uma cirurgia eletiva para a colocação de uma prótese de joelho (artroplastia total de joelho – ATJ) e evoluiu para um quadro grave de sepse. Foi sedado, intubado, e a equipe cirúrgica indicou uma amputação de urgência. Um caso de situação-limite, uma vez que este paciente residia sozinho, era separado e tinha apenas uma irmã com quem não tinha bom relacionamento. Não havia outros parentes. Entre a ex-esposa e a irmã, não havia ninguém que se autorizasse a assinar o termo para a realização da amputação sem o consentimento prévio do paciente. O mesmo, antes da cirurgia, para a qual se internou sozinho, tinha total autonomia e planejava melhorar sua qualidade de vida e retornar ao seu trabalho. Acordar após um período sedado e se ver já amputado, sem ter anteriormente recebido qualquer notícia de que o quadro de infecção poderia incorrer nessa possibilidade, nos pareceu também demasiadamente violento. O psicólogo verificou junto à equipe a possibilidade de o paciente acordar e participar dessa decisão ainda que fosse de forma precária. A equipe concordou, já que não havia nenhum comprometimento neurológico, e a sedação poderia ser reduzida sem problemas. Isso foi feito, sem nenhuma garantia de que era o "certo a fazer" (Cardoso, 2014), mas sim como aposta no sujeito que lá se encontrava e poderia, com essa atitude, ter alguma condição de elaborar algo de sua perda e vivenciar o luto posteriormente, investido em alguma possibilidade de vida para além do membro perdido. O paciente conseguiu, dessa forma, participar da decisão, consentiu o procedimento, e a irmã assinou o termo de autorização para a amputação. O atendimento foi realizado pelo psicólogo da UTI, juntamente à médica intensivista da rotina, na presença da irmã. Atualmente, esse paciente é atendido pela equipe de reabilitação do Instituto.

Esse caso ilustra a importância da construção do vínculo de confiança da equipe com o psicólogo, o que torna possível uma participação efetiva do paciente no seu tratamento, inclusive na UTI, diante de situações-limite.

Desafios do atendimento na unidade de terapia intensiva

Os desafios que se apresentam diariamente em nossa prática profissional são inúmeros e é impossível descrever todos eles. A seguir, por intermédio de fragmentos clínicos, relataremos alguns deles para possibilitar a reflexão sobre a atuação do psicólogo na UTI.

▶ Fragmentos clínicos

Internação prolongada

H., idoso, sexo masculino, completando junto a seu aniversário natalício, dois anos de internação hospitalar. Foi internado após fratura e precisou realizar cirurgia ortopédica. Entretanto, devido a comorbidades prévias (portador de doença coronariana, de insuficiência renal e de diabetes), apresentou severas complicações clínicas. Ficou um período sedado, em ventilação mecânica, depois foi traqueostomizado, porém, em virtude de questões clínicas, não conseguiu evoluir no "desmame" da ventilação mecânica, necessitando de suporte ventilatório contínuo, impossibilitando a alta da UTI.

Nos primeiros quatro meses de internação na unidade, a filha com quem morava não conseguia comparecer às visitas. Quando passou a visitá-lo, tinha dificuldade em permanecer mais que alguns minutos, chorando durante todo o tempo. A filha mais velha, com quem a relação aparentemente não era tão próxima (dizia ter sido preterida pelo pai), comparecia com maior frequência, bastante investida no paciente. Havia dois filhos homens vivos, um deles "especial" e até então totalmente dependente do paciente e que passou a ser responsabilidade dos irmãos. Entre eles, havia um clima de desconfiança e de desavenças, além de história de perdas pessoais recentes (a filha mais nova havia perdido o marido e um filho e a mais velha também estava em luto pela morte de um filho). H. ficava longos períodos sem visita, e demandava muita atenção da equipe, que o considerava "solicitante" e, inadequadamente, "muito ansioso". Como estava traqueostomizado, não podia verbalizar vocalizando, mas desenvolveu uma estratégia para chamar a equipe com sons provocados por um estalar da língua no céu da boca. O mesmo mostrava-se deprimido e apático.

Ao longo de dois anos, a equipe de psicologia, em conjunto com a equipe multidisciplinar, foi desenvolvendo a possibilidade de o paciente se expressar e acolhendo as solicitações incessantes do mesmo, que apareciam por meio dos seus estalidos de língua. Nessa escuta, emergiu o desejo do paciente de viver, mesmo que dentro de uma UTI, dependente de aparelhos. O paciente, investido pelos cuidados da equipe, foi se colocando de outro modo. Passou a produzir pinturas em papel e depois em quadros e tecido, colocando-se de forma ativa, demonstrando estar orgulhoso de si ao mostrar a todos sua produção. Com um trabalho desenvolvido junto à família, foi autorizado um horário estendido de visitas aos três filhos. A filha, que antes não conseguia permanecer na UTI, passou a ficar uma hora inteira a cada visita, em média três vezes por semana. A filha mais velha passou a permanecer por horas seguidas de duas a três vezes por semana. A equipe constantemente discutia o caso, permanecendo atenta para não se desmotivar e parar de investir em possibilidades para o mesmo. O psicólogo se encarregou de reverberar o pedido do paciente de querer viver, mesmo que para muitos "isso não seja vida".

Desmame difícil da ventilação mecânica

M., jovem, realizou cirurgia para a correção de uma severa escoliose, programada para dois tempos cirúrgicos: o primeiro, a colocação do halo encefálico com tração, e o segundo, a fixação da coluna. Paciente com doença pulmonar obstrutiva crônica (DPOC), com grande prejuízo na vida em decorrência da escoliose que se iniciou em torno dos 12 anos de idade. Envergonhava-se de seu corpo, se encobria-se usando casacos para "esconder o calombo". Tinha dificuldade de se inserir socialmente, não estava estudando nem trabalhando, apenas aguardando a cirurgia sobre a qual não pensava como seria, nem como lidaria no pós-cirúrgico – apenas a tinha como destino e a esperava. Com segundo grau completo, filha caçula, residia com a mãe e o padrasto, com quem convivia desde a primeira infância. Foi para a UTI logo após a primeira cirurgia, quando o psicólogo da unidade passou a atendê-la.

Era vista pela equipe como uma paciente muito ansiosa, que solicitava muito a ventilação não invasiva (VNI) e pedia constantemente que fosse realizado contato telefônico com a mãe, como recurso para lidar com seus sentimentos de fragilidade e vulnerabilidade no pós-operatório. Tratou uma pneumonia que atrasou tanto a colocação da tração quanto a segunda cirurgia, esta última em aproximadamente um mês. A mãe, a princípio, foi liberada a permanecer como visita estendida e depois, com o prolongamento da internação na unidade, autorizada a permanecer como acompanhante. No segundo tempo cirúrgico, a paciente retornou à UTI já sem o halo encefálico, sedada, com o tubo orotraqueal acoplado à ventilação mecânica e evoluiu com extubação um dia depois. Entretanto, continuava com desconforto respiratório e precisava permanecer vários períodos em VNI. Só dormia bem com esse suporte (insone fora da VNI, dormia imediatamente assim que a mesma era colocada). A mãe revezava com o padrasto e estava sempre acompanhada dos familiares. A equipe, que já a via como uma paciente muito ansiosa, passou a vê-la também como "dependente da VNI", convocando constantemente o psicólogo para que trabalhasse com ela essa questão.

Durante o longo período de internação, entre idas e vindas na tentativa de retirada da VNI, a mesma apresentou um novo episódio de carbonarcose (estado de confusão mental e sonolência causado por pressões parciais altas de gás carbônico no sangue arterial) e perda da consciência. Dessa vez, mais grave, foi intubada de urgência e traqueostomizada na mesma data.

Neste dia, o psicólogo atendeu a mãe da paciente logo após a mesma ter presenciado o acontecido. Enquanto a equipe realizava os procedimentos de urgência na paciente, a mãe, em um momento de extrema angústia, chorando, verbalizou seu medo de perder a filha e perguntou se isso iria acontecer. Relatou também sobre o medo que tinha da cirurgia e do quanto a filha havia insistido em fazer o procedimento. Assustada com a notícia da traqueostomia, mostrou-se muito apreensiva, já que a sua vivência era de que, a cada vez que achava que estavam progredindo, algo acontecia e as perspectivas de melhora e alta se tornavam mais distantes. Estava, neste momento, tomada por sentimentos de desespero e desesperança, embora fosse uma pessoa com grande fé, que se mantinha firme diante das adversidades da vida. O psicólogo, durante o atendimento, além de oferecer um espaço onde a mesma pudesse ser escutada em sua dor, também auxiliou a mãe no entendimento do que significava esse procedimento da traqueostomia. A mesma solicitou que o psicólogo estivesse presente no momento em que a filha acordasse para que ela pudesse "aceitar" o acontecido. Temia que ela ficasse muito mal e "não aceitasse a traqueostomia".

A paciente ficou sedada e, no dia seguinte, o psicólogo estava presente quando começou a retornar à consciência. Estava muito assustada, chorando bastante, perguntando se ia morrer e pedindo pela mãe. Iniciou-se aí um outro momento da internação na UTI. A partir desse episódio, começou também uma nova fase do acompanhamento psicológico a M., pois foi justamente quando ficou sem voz (traqueostomizada) que ela pôde começar a falar (por mímica labial) o que estava vivenciando e que sentido podia dar àquela experiência, algo que, até então, em decorrência do "cansaço respiratório", não conseguia fazer. M., que antes da realização da cirurgia não refletia sobre a mesma, apenas a esperava como destino, passou, a partir da presença constante do psicólogo, com quem estabeleceu um laço, a ter demanda de elaborar todo aquele processo, falando como nunca diante do convite e da disposição de alguém em escutá-la quando para a maioria era difícil ou "impossível" investir em uma comunicação sem voz. E assim, aconteciam os longos atendimentos em que a ventilação mecânica podia auxiliá-la quando se sentia cansada, porque agora era acoplada à traqueostomia, sem impossibilitar a verbalização por mímica labial.

Ao longo desse lento processo do "desmame" da ventilação mecânica, M. foi falando mais de si, de seus planos e projetos, da sua infância, de como tudo surgiu e de como enxergava a cirurgia antes e, agora, como via todo o processo. À medida que ia trazendo algo de sua história, foi elaborando suas vivências dentro do hospital e construindo um sentido. Seu desejo diante da cirurgia e da vida também foi aparecendo em suas falas, bem como o interesse em voltar a desenhar, em querer fazer um curso profissionalizante, de namorar, e seu desejo mais urgente de voltar a se alimentar por via oral, mostrando uma lista do que queria comer. Muito ligada aos jogos de computador, fazia também analogias entre sua vida e as fases do jogo, dizendo o quanto se sentia frustrada quando "perdia" e não conseguia evoluir para a "fase seguinte do jogo", até atingir o nível máximo que corresponderia à alta e ao retorno para casa.

Foi um longo percurso, com intercorrências que atrasaram muito o "desmame". O psicólogo seguiu acompanhando-a durante todo esse período, junto à equipe multidisciplinar, já que as dificuldades que se colocavam desafiavam a todos com muito trabalho e manejo. Por vezes, alguns membros da equipe levantavam a preocupação de a paciente ter se tornado dependente, também emocionalmente, dos aparelhos de suporte ventilatório, e temiam que a alta fosse inviabilizada. O psicólogo estava sempre nas discussões de caso com a equipe e acompanhando sistematicamente a paciente, que tinha cada vez mais bem delineado seu desejo de experimentar seu "novo corpo lá fora", de estudar, de trabalhar e de "conhecer alguém". Havia, sim, ambivalências entre querer ter alta e ter medo de "sentir falta de ar", "passar mal em casa e morrer", receios de como seria voltar ao mundo desprotegido fora do hospital. Porém M. tinha já claro para si que, apesar disso tudo, não queria "viver para sempre no hospital", e isso era um motor transformador.

Após muitos meses de internação, e com a traqueostomia fechada, a alta foi possível a partir do empenho de todos da equipe multidisciplinar e, fundamentalmente, da paciente e de sua família que apostaram na reabilitação e conseguiram junto à prefeitura um aparelho portátil concentrador de oxigênio que pudesse ser utilizado em domicílio.

Manejo do paciente, da família e da equipe da unidade de terapia intensiva pediátrica

A., em idade pré-escolar, proveniente de outro estado brasileiro, chegou ao INTO acompanhada da mãe para avaliação e possível cirurgia por causa de uma patologia de quadril. A paciente encontrava-se em tratamento para síndrome genética ainda sem diagnóstico definitivo em sua cidade. Apresentava diferentes comprometimentos físicos. Cadeirante e, devido ao quadro de dificuldade respiratória crônica, apresentava prejuízo na comunicação, o que tornava difícil a compreensão de sua fala. Após uma semana de internação na pediatria, ainda antes da cirurgia, foi transferida à UTI, devido à complicação respiratória, com quadro de pneumonia. A paciente ficou internada na UTI tendo a mãe como acompanhante.

O quadro respiratório grave a tornou dependente da máscara de oxigênio, e a cirurgia precisou ser suspensa, uma vez que a anestesia, aliada ao comprometimento respiratório crônico da paciente, poderiam exigir uma traqueostomia no centro cirúrgico, impossibilitando o futuro "desmame" do respirador.

Diante de tal situação, o psicólogo trabalhou junto à mãe o pavor de perder a filha na cirurgia, o que configurava seu maior medo. Sempre que apontava que sua filha era "especial", também dizia: "ela é normal, esperta" e que já sabia lidar com ela. De fato, apesar de uma grande dificuldade de fala (o que podia confundir o profissional menos atento sobre um possível comprometimento cognitivo), A. apresentava cognição, memória e volição totalmente compatíveis com sua idade.

A equipe da UTI pediátrica reagia à paciente com muita preocupação, visto que, com o passar dos dias, a mesma mantinha quadro grave de pneumonia e de dependência da máscara de oxigênio, sem condições de deglutição e se alimentava por sonda nasogástrica. Nesse caso, sendo a paciente de fora do estado e dependente dos cuidados de uma UTI, sem um diagnóstico definitivo a respeito de sua síndrome (porém com suspeita de distrofia muscular), a equipe médica temia estar diante da progressão desta doença, o que inviabilizaria a regressão da gravidade do quadro clínico, que era o objetivo da equipe naquele momento.

A mãe da paciente, apesar de preocupada, não se desesperava, mas percebia a enorme preocupação da equipe, o que não compreendia, visto que, para ela, esse era o padrão da sua filha, que já havia passado por essa situação muitas vezes e sempre ficara bem. Por outro lado, a equipe começou a reagir negativamente a esse comportamento da mãe, acreditando que ela não compreendia a gravidade da situação da filha e que eles (equipe) tinham a obrigação ética de explicar que talvez ela não melhorasse, que talvez precisasse de gastrostomia (possibilidade que a mãe não aceitava) e que não havia como prever o tempo de permanência na UTI. Instalou-se, assim, um impasse entre equipe e família, neste momento já com a presença também do padrasto, que exercia o papel de pai da criança. Este, desde o início, se manteve presente por meio de contato telefônico e, finalmente conseguiu se organizar para vir para o Rio de Janeiro.

O psicólogo trabalhou neste "entre": na interlocução que começava a ficar difícil e conflitante, ajudando a equipe a compreender a mãe (que conhecia sua filha) e, por outro lado, ajudando-a a compreender essa equipe (profissionais especializados em situações graves, com dever ético de informar o quadro clínico da paciente a seus pais). O padrasto mostrava-se mais ríspido com a equipe e assumia uma postura de "culpabilização" da mesma. Junto à mãe, o trabalho do psicólogo consistiu em "autorizá-la" a falar sobre sua filha, como alguém que, de fato, a conhecia profundamente, uma vez que, na UTI, sentia-se muitas vezes "furtada" desse lugar, já que toda a equipe, principalmente médica, tinha um saber sobre sua filha.

Assim a mãe revelou ao psicólogo que sua filha não comia durante o atendimento da fonoaudióloga porque ficava nervosa, mas que tinha comido uma ou outra colher da comida que viera para ela no jantar. Ela direcionou ao psicólogo o desejo de contar para a equipe médica esse fato, a fim de que percebessem a melhora da filha, mas não se sentia confortável para tal, sendo necessário mais uma vez que o psicólogo atuasse nesse "entre", junto às duas partes.

Surgiu então uma dúvida para a equipe: a criança estaria melhorando ou a mãe estaria "distorcendo a realidade"? Foi feita, então, uma reunião com todo o corpo técnico para conversar com a mãe e com o padrasto sobre a gravidade da situação, sobre a contraindicação da cirurgia nesse momento, sobre o risco de alimentá-la sem a supervisão da equipe e sobre a possibilidade de que o retorno à sua cidade ocorresse via UTI aérea. Nessa reunião, cada especialista falou um pouco sobre A. Neste momento, ela já era muito querida pelos profissionais, visto que interagia bem, era engraçada e ganhava muitos presentes da equipe. Era nítido o envolvimento afetivo de todos com a situação. Após os demais profissionais se pronunciarem, o psicólogo abriu um espaço para os pais se expressarem, e eles se resumiram a agradecer a preocupação de todos, dizendo que se sentiam felizes por tantos profissionais "pararem seu dia" para falar sobre sua filha, mas diziam que acreditavam que nada disso seria preciso, pois conheciam sua filha e sabiam que ela sairia bem da UTI.

Durante as semanas seguintes, a relação entre família e equipe tornou-se mais próxima e mais tranquila. A. começou a melhorar, passou a conseguir comer, tornando-se menos dependente da máscara de oxigênio. O quadro de pneumonia cedeu, e a paciente pôde ser transferida novamente para a enfermaria pediátrica. Confirmou-se, então, a decisão de não operar a paciente, e a mesmo retornou para seu estado sem auxílio de UTI aérea.

Considerações finais

Este capítulo sinaliza e exemplifica que o trabalho do psicólogo dentro da UTI demanda a construção de um grande vínculo de confiança com a equipe multidisciplinar, assim como com o paciente e sua família. O atendimento é prestado ao paciente, à sua família e à equipe de saúde, cada um com suas necessidades dentro de todo o processo. O psicólogo, muitas vezes, tem o papel de interlocutor entre esses três "clientes".

O paciente precisa ser avaliado levando-se em consideração seu sofrimento físico e emocional. A família estará presente com suas idiossincrasias, seus conflitos, suas ambivalências e suas confusões. E a equipe tem sobre si a expectativa de cura e salvação, depositada tanto pelo paciente quanto pela família, o que a coloca em uma situação de grande pressão.

Diante de todos esses fatores e aspectos é que se dará a atuação do psicólogo, que deverá considerar e reconhecer o paciente com seus desejos, sua inserção social e familiar, facilitando a comunicação e o entendimento entre todos os envolvidos no processo de internação da UTI.

ENTREVISTA PSICOLÓGICA INICIAL

INSTITUTO NACIONAL DE
TRAUMATOLOGIA E ORTOPEDIA

NOME: _____ IDADE: _____ PRONTUÁRIO: _____

DATA DA INTERNAÇÃO: _____/_____/_____ CENTRO: _____

I – ASPECTOS GERAIS

1. Enfermidade: ☐ Aguda ☐ Crônica ☐ Pós-operatório
   ☐ Ambulatório ☐ Pré-operatório
   ☐ UTI/UPO ☐ Pediatria
2. Informações sobre a patologia e internação ☐ Boa ☐ Regular ☐ Sem dados
3. Reação frente ao examinador: ☐ Receptivo ☐ Resistente ☐ Agressivo
4. Sono: ☐ Sem alteração ☐ Com alteração _____
5. Alimentação: ☐ Sem alteração ☐ Com alteração _____
6. Dor: ☐ Ausente ☐ Leve ☐ Moderada ☐ Intensa ☐ Insuportável

II – HÁBITOS DE VIDA

☐ Tabagismo ☐ Etilismo ☐ Drogadição

III – DINÂMICA FAMILIAR

1. Reside com: ☐ Pais ☐ Cônjuge ☐ Filhos ☐ Sozinho ☐ Outros: _____
2. Acompanhante: ☐ Sim, integral ☐ Sim, parcial ☐ Não ☐ Quem: _____
3. Suporte familiar: ☐ Sim ☐ Não ☐ Quem:

IV – ASPECTOS PSICOLÓGICOS/COMPORTAMENTAIS/COGNITIVOS

1. Estado emocional: ☐ Tranquilo ☐ Ansioso ☐ Triste ☐ Deprimido ☐ Apático ☐ Com medo
2. Alterações psicopatológicas no momento:
   a. Desorientação: ☐ Sim ☐ Não
   b. Memória: ☐ Sem alteração ☐ Déficit
   c. Senso-percepção: ☐ Sem alteração ☐ Com alteração _____
   d. Pensamento: ☐ Sem alteração ☐ Lento ☐ Acelerado ☐ Confuso ☐ Delírio
   e. Outras: _____
3. Já esteve internado: ☐ Não ☐ Sim ☐ INTO ☐ Outra unidade de saúde
4. Experiência com a internação anterior: ☐ Tranquila/Satisfatória ☐ Difícil ☐ Prolongada: _____
5. Motivação para o tratamento: ☐ Otimista ☐ Pessimista ☐ Regular
6. Reação frente à doença/hospitalização: ☐ Negação ☐ Revolta ☐ Tristeza ☐ Depressão
   ☐ Barganha ☐ Aceitação ☐ Ganho secundário
7. Tratamento psiquiátrico anterior: ☐ Sim ☐ Não ☐ Motivo: _____
8. Tratamento psicológico anterior: ☐ Sim ☐ Não ☐ Motivo: _____
9. Medicação psicotrópica ☐ Sim ☐ Não ☐ Qual: _____

MOD. INTO – 316 PÁG. 1/2
Alterado em 17/06/2015

■ **Figura 5.1** Formulário para entrevista psicológica inicial (*continua*).

ENTREVISTA PSICOLÓGICA INICIAL

V – INTERNAÇÃO NA PEDIATRIA ☐ Não se aplica

1. Criança/adolescente compreende a doença/internação: ☐ Sim ☐ Não _____

2. Reação dos pais/familiares frente à doença: ☐ Aceita/consegue lidar no momento
☐ Dificuldade de compreender/aceitar/lidar com a situação

3. Frequenta a escola: ☐ Sim ☐ Não

4. Apresenta dificuldades na socialização em decorrência da doença: ☐ Não ☐ Sim

5. Apresenta outras dificuldades emocionais relacionadas à doença: ☐ Não ☐ Sim

VI – INTERNAÇÃO NA UTI ☐ Não se aplica

1. Data de admissão na UTI: _____

2. Motivo da transferência: ☐ Pós-operatório ☐ Complicação clínica

3. Nível de transferência: ☐ Vígil ☐ Rebaixado ☐ Sonolento ☐ Sedado ☐ Coma

4. Orientação: ☐ Sim ☐ Não

5. Paciente ciente do motivo de transferência para UTI: ☐ Sim ☐ Não

6. Reação emocional frente à hospitalização na UTI: ☐ Ansioso ☐ Tranquilo ☐ Outros

7. Dor: ☐ Ausente ☐ Leve ☐ Moderada ☐ Intensa ☐ Insuportável

8. Familiar de referência: _____

9. Reação da família frente à doença e à hospitalização na UTI: _____

10. Telefone de contato: _____

11. Disponibilidade para visitas: _____

Data: _____ Assinatura: _____

VII – OBSERVAÇÕES/PLANO DE AÇÃO/PLANEJAMENTO

_____
_____
_____

Data: _____ Assinattura: _____

MOD. INTO – 316 PÁG. 2/2
Alterado em 17/06/2015

■ **Figura 5.1** Formulário para entrevista psicológica inicial.

Referências bibliográficas

Cardoso ARS. Esse nosso estranho lugar. In: Cardoso AR, Silveira DB (Orgs.). Que lugar? O psicanalista no hospital. Niterói: Parthenon Centro de Arte e Cultura, 2014.

Facó ML. O que o conceito de angústia nos ensina sobre seu manejo. In: Cardoso AR, Silveira DB (orgs). Que lugar? O psicanalista no hospital. Niterói: Parthenon Centro de Arte e Cultura, 2014.

Kitajima K et al. Psicologia em unidade de terapia intensiva: Critérios e rotinas de atendimento. Rio de Janeiro: Revinter, 2014.

Maia G. Pensando bem... In: Cardoso AR, Silveira DB (Orgs.). Que lugar? O psicanalista no hospital. Niterói: Parthenon Centro de Arte e Cultura, 2014.

Saboya F et al. O papel do psicólogo junto aos familiares. In: Kitajima K (Org.). Psicologia em unidade de terapia intensiva. Rio de Janeiro: Revinter, 2014.

Sebastiani RW. Atendimento psicológico no centro de terapia intensiva. In: Angerami-Camon V (Org.). Psicologia hospitalar: Teoria e prática. São Paulo: Pioneira, 2003.

CAPÍTULO 6

Um Caso de Síndrome de Encarceramento | Desafios e Possibilidades

Joyce Vieira da Fonseca de Marca •
Maria Cristina Marques da Silva Pinho •
Juliana Venancio Impieri • Pedro Augusto Legnani Rosaes

Introdução

Profissionais de saúde lidam sempre com situações limite que os desafiam na busca da melhor forma de ajudar o paciente e a sua família. Mas o que fazer quando o possível parece tão pouco?

O trabalho do psicólogo hospitalar ocorre no encontro entre o sujeito que se dispõe a falar de si e este profissional que se oferece para escutá-lo. Quando apenas o olhar se faz presente, o que fazer para resgatar esse encontro?

Abordaremos, neste capítulo, o caso clínico de uma paciente atendida em uma unidade de terapia intensiva (UTI) do Hospital Municipal Miguel Couto[1], com diagnóstico de síndrome de encarceramento (*locked-in syndrome* – LIS).

Essa síndrome é uma doença neurológica rara, caracterizada por preservação do nível de consciência e da cognição, tetraplegia e incapacidade de articular palavras e de deglutir. Apenas os músculos que controlam o movimento dos olhos funcionam. O paciente fica preso dentro de seu próprio corpo, sem conseguir falar nem se movimentar. Geralmente, ocorre após um acidente vascular cerebral (AVC), quando a parte superior do tronco cerebral é afetada. Ocasionalmente, pacientes podem recuperar funções e até se tornarem independentes (Farage Filho e Gomes, 1982).

No percurso em busca do possível, descreveremos os desafios e as possibilidades do atendimento psicológico a uma paciente com essa síndrome.

Caso clínico

M., 60 anos, do lar, separada, mãe de dois filhos adultos, chegou à emergência do hospital trazida por familiares, que a encontraram em casa, desacordada, tendo sofrido queda da própria altura. Chegou torporosa, com quadro de rebaixamento do nível de consciência,

---
[1]Hospital de emergência localizado na Zona Sul da cidade do Rio de Janeiro.

sem comorbidades, respirando em ar ambiente. Pouco tempo depois, apresentou quadro de insuficiência respiratória e foi intubada. O diagnóstico inicial foi de AVC hemorrágico, com suspeita de síndrome do encarceramento, sendo, então, transferida para internação em unidade fechada. Como não havia leito vago na UTI, foi levada para a unidade coronariana (UCO). Posteriormente, o diagnóstico de síndrome de encarceramento se confirmou.

O atendimento foi solicitado pela médica de plantão à psicóloga referenciada ao serviço de cardiologia. A plantonista informou, também, que o médico assistente havia sugerido o acompanhamento psicológico, pois, naquele momento, este seria de grande ajuda.

Ao saber da realidade da paciente, a psicóloga foi tomada pelo pensamento de que deveria ser enlouquecedor estar nessa situação. A perspectiva de perceber, conscientemente, o mundo à sua volta e poder interagir apenas pelo piscar de olhos deveria ser um pesadelo.

Na UCO o ambiente estava diferente. A equipe ficou muito mobilizada com o quadro daquela paciente consciente e imóvel. Buscava-se formas de oferecer todo tipo de conforto. Mohallem (2003, p. 29) se refere a esse efeito ao afirmar que "na clínica da urgência, nesses momentos de crise, nessas situações adversas, o que acontece é da ordem do imprevisível, não só para o paciente, mas também para o profissional".

A hospitalização em uma UTI, em geral, acontece de forma inesperada e abrupta, por aparecimento de doença aguda ou agravamento de alguma enfermidade preexistente, acabando por gerar a instauração de uma nova e sofrida realidade (Kitajima, 2014).

A UTI é classificada como um local para internação de pacientes graves, que necessitam de monitoramento constante, de assistência médica e de enfermagem ininterrupta. Esses e os demais profissionais que lá atuam devem ter conhecimentos relacionados às especificidades e necessidades desses doentes.

Esse ambiente impõe, dentre outras, algumas particularidades, tais como: perda da privacidade, quebra do ciclo sono-vigília, alarmes e sons emitidos pelos mais diversos aparelhos, afastamento da família, exposição do corpo, submissão a regras e condutas e grande rotatividade de profissionais. Diante de todos esses aspectos, uma urgência psíquica pode surgir a qualquer momento. Esta ocorre quando "o sujeito é inundado pela angústia vinda de seu encontro com o inesperado, onde não há possibilidades de enfrentamento, sucumbindo em desamparo" (Moura, 2003, p. 19, *apud* Petrilli, 2015, p. 77). A doença deflagra, assim, o fim da homeostase e obriga o paciente a se defrontar com a incerteza quanto à recuperação e com a possibilidade de morte. O modo como enfrentará essa situação dependerá de vários fatores tais como: sua estrutura psíquica, suas crenças, apoio de familiares, idade, história de vida e relação com a equipe de saúde.

Primeiro atendimento

A paciente havia acabado de despertar. A psicóloga se apresentou e lhe comunicou sobre a situação presente. Informou que ela havia desmaiado em casa, sendo trazida para o hospital por sua família e que passou um tempo dormindo sob o efeito de medicação. Estava dependente, provisoriamente, de uma prótese ventilatória, para que pudesse respirar melhor.

Disse-lhe, também, que a equipe havia retirado a sedação porque iria iniciar o processo de desmame[2], pois seu quadro respiratório apresentava melhora e talvez tivesse condições de prescindir do aparelho. Foi pedido que piscasse duas vezes seguidas se estivesse compreendendo, e ela o fez.

Enquanto a psicóloga falava, a paciente olhava fixamente para a mesma. Suas lágrimas escorriam, ininterruptamente, em um choro silencioso. Nesse momento, as lágrimas eram a única forma de dar vazão ao que sentia. Ali estava um sujeito que tinha uma vida mental ativa, aprisionado em um corpo sem movimento, tendo perdido a ferramenta mais importante para poder se comunicar com o mundo.

Como libertar o grito sufocado de quem pede para ser ouvido? A angústia transbordava de seu olhar, transmitindo algo da ordem do insuportável. A psicóloga emprestou sua voz à paciente, tentando traduzir alguns sentimentos expressados através do seu olhar. Disse-lhe que, sem poder se comunicar e se mexer, provavelmente, ela estaria assustada e confusa, sem entender bem o que estava acontecendo.

Informou, também, que os médicos afirmavam que ela apresentava melhora clínica. Ao final do atendimento, M. havia parado de chorar, prestando atenção ao que lhe era falado, dando à psicóloga a sensação de que havia sido compreendida.

Esta comunicou que retornaria no dia seguinte e que toda a equipe estava lá para ajudá-la no que fosse preciso.

Mas... o que era preciso? Como expressar suas necessidades se o corpo não obedecia a seus mais simples comandos? Será que compreendia a relação de causa e efeito desse terrível acontecimento? Na verdade, ela estava totalmente assujeitada e à mercê de um outro que poderia aleatoriamente atender ou não às suas demandas, mesmo as mais básicas.

No cotidiano hospitalar, a psicóloga e seus colegas se deparavam com inúmeros casos graves. Situações em que, por vezes, o trabalho da psicologia era ajudar pacientes terminais e família a organizarem-se para o fim. Aparentemente, nada podia ser tão extremo quanto a morte.

No entanto, esse caso era diferente. Tratava-se de uma espécie de confinamento em vida. Seria possível viver assim?

A psicóloga deparou-se com um sujeito vivendo as consequências de um trauma. Não nos referimos ao acontecimento em si, mas à ideia apresentada por Rudge (2009, p. 8) sobre trauma psíquico. Para a referida autora, este se caracteriza pelos "[...] acontecimentos que rompem radicalmente com um estado de coisas do psiquismo, provocando um desarranjo em nossas formas habituais de funcionar e compreender as coisas e impondo o árduo trabalho de construção de uma nova ordenação do mundo". Como M. poderia colocar em cena esse trauma?

Após o primeiro atendimento, a psicóloga conversou brevemente com um de seus colegas de equipe. Dividiu suas angústias, questionando se valia a pena viver dessa forma. O colega, também impactado pelas circunstâncias, expressou a mesma dúvida.

No atendimento seguinte, a psicóloga encontrou a paciente sedada. Sentiu um certo alívio, pois ainda não tinha clareza de como poderia efetivamente ajudá-la. Como estabelecer uma comunicação? Que recursos e técnicas poderiam ser utilizados nessa situação?

---

[2] Segundo Goldwasser et al. (2007, p. 128), "o termo desmame refere-se ao processo de transição da ventilação artificial para a espontânea nos pacientes que permanecem em ventilação mecânica invasiva por tempo superior a 24h".

Tanto nesse caso, como em diversas outras situações no ambiente de terapia intensiva, o psicólogo se depara muitas vezes com a dúvida do que fazer. Antes de tudo, como diz Moretto (2002, p. 24): "é preciso que tentemos sempre saber o que estamos fazendo, para que não façamos 'qualquer coisa'".

Torna-se fundamental não termos respostas prontas, prestarmos atenção ao contexto, sermos criativos no trabalho, e, fundamentalmente, estarmos atentos aos nossos sentimentos frente às histórias de vida que se colocam diante de nós.

No mesmo dia, no horário de visita, a psicóloga atendeu a um dos filhos de M., que se mostrava extremamente angustiado. Disse que não queria aquilo para sua mãe. A psicóloga sentiu nele a dúvida que encontrou em si mesma. Afinal, qual o sentido de viver nessas condições? Ainda assim, respondeu ao jovem:

– Eu te entendo. Mas cada um sabe o que quer para si. O que será que M. quer para ela?

Reunião de equipe

O caso foi levado à discussão na reunião de sua equipe, composta por psicólogos e psiquiatras. Este é um espaço rico de reflexão e trocas, no qual, semanalmente, tendo como base a psicanálise como referencial teórico, experiências são partilhadas e casos estudados, considerando-se as dificuldades vividas no dia a dia do cotidiano hospitalar.

Durante a discussão, um dos psiquiatras lembrou que a medicina não é exata. Limitações apresentadas pela paciente e previstas como irreversíveis pelos médicos talvez pudessem ser minimizadas, tanto em função dos recursos de tratamento oferecidos à mesma, como também do seu grau de investimento pessoal e aderência ao tratamento.

A equipe acolheu a angústia, conteve-a e a organizou, mostrando o quão fundamental é o seu suporte no trabalho de cada profissional. O sentimento foi contextualizado e integrado à realidade. Um novo olhar pôde ser lançado em direção à paciente. Havia, sim, trabalho a ser realizado, apesar da situação crítica em que se encontrava. Era preciso oferecer um espaço organizador, terapêutico, para que ela, enquanto sujeito por vir, pudesse se situar nesse novo mundo que se apresentava.

Trabalhar em equipe vai muito além de resolver problemas em conjunto. Essa atividade caracteriza-se pelo enfrentamento dos conflitos e dificuldades e pelo cumprimento de metas e objetivos comuns, em que cada membro se preocupa não só com o bem-estar do outro, mas também em escutar, acolher diferenças, dúvidas e novas ideias (Gomes, Anselmo e Lunardi Filho, 2000).

Percebe-se que a difícil perspectiva clínica da paciente levou a psicóloga, em um primeiro momento, a sentir-se paralisada, de certa forma encarcerada em relação às possibilidades de ajuda, identificando-se com as impossibilidades da paciente. Tal fato poderia impedir uma atitude terapêutica favorável.

Isso nos levou a pensar no conceito de contratransferência. O termo foi empregado, pela primeira vez, por Freud (1996, vol. XI), ao debater as perspectivas futuras da psicanálise. Segundo ele, esse processo surge como resultado da influência do paciente sobre os sentimentos inconscientes do psicólogo. Sendo assim nenhum profissional vai além de seus próprios complexos e resistências internas.

Assim, todo o apoio dado pela equipe foi fundamental para que a psicóloga pudesse dividir suas dúvidas, angústia e inquietação, sentindo-se amparada pelo grupo. Isso a fortaleceu, possibilitando que fosse além de seus pontos-cegos e limitações.

Outro conceito importante é o da transferência. Sobre ele, Laplanche e Pontalis (2011, p. 514) dizem que é "o processo pelo qual os desejos inconscientes se atualizam sobre determinados objetos no quadro de um certo tipo de relação estabelecida com eles e, eminentemente, no quadro da relação analítica".

A transferência, para Freud (1996, vol. XVI, p. 444), se encontra "presente num paciente desde o começo do tratamento e, por algum tempo, é o mais poderoso móvel de seu progresso", sendo um importante componente da aliança terapêutica.

Estando conscientes e atentos, transformamos esse jogo de forças em uma ferramenta poderosa. É por meio dela que podemos realizar nosso trabalho, oferecendo um espaço para a fala do paciente. Com uma escuta atenta, para além do que é dito, o psicólogo o ajuda a compreender e elaborar suas fantasias, seus sentimentos, estimulando-o a refletir e pensar sobre si mesmo, buscando uma melhor organização psíquica.

A compreensão da transferência e da contratransferência nos permite não apenas entender o que ocorre em um atendimento clínico, mas trabalhar com o paciente. Na verdade, a possibilidade de clinicar passa pelo sentir. Para tanto, além de supervisão, análise pessoal e estudo, é preciso uma disponibilidade corajosa em permitir e facilitar que o paciente apresente seu mundo.

Após as reflexões, de volta à paciente

No segundo atendimento, ela já havia conseguido, com sucesso, o desmame da prótese respiratória. Mostrava-se mais tranquila. A psicóloga pediu ao plantonista que fossem juntos atualizar M. sobre seu quadro clínico. A paciente ouviu atentamente tudo o que lhe foi dito.

A psicóloga percebeu que estavam sendo utilizadas diferentes formas de comunicação pelos diversos profissionais que a atendiam. Notando a necessidade de criar um padrão, definiu que uma piscada de olhos significava não, e duas, sim. Um cartaz foi colocado ao lado do leito, orientando equipe e familiares a usar o novo código.

Ainda assim, a paciente só podia se comunicar quando lhe eram dirigidas perguntas diretas. Para que M. pudesse construir ativamente sua comunicação, a psicóloga passou a utilizar um quadro alfabético, o qual foi disponibilizado para todos os envolvidos no seu cuidar. Este é composto por vogais e consoantes que vão sendo apontadas pelo interlocutor até que a paciente pisque, indicando uma letra. Dessa forma, o interlocutor vai registrando cada letra, construindo palavras e posteriormente frases cujo conteúdo o paciente deseja comunicar.

O dispositivo revelou-se uma estratégia potente, ao ampliar os recursos para uma comunicação mais efetiva. Naquele momento, poder expressar e ter seus desejos e necessidades, mesmo sendo as mais básicas, atendidas e respeitadas, significava qualidade de vida. A recuperação de M. poderia ser lenta, mas muito havia a ser feito com sua ajuda.

Listamos, a seguir, alguns fragmentos dessas comunicações. Eles servem para nos revelar quais eram suas preocupações e/ou necessidades naquele momento e quais foram as intervenções da psicóloga.

À beira do leito, cumprimentou-a, perguntando se ela havia dormido bem. Em resposta M. piscou duas vezes. Em seguida, mostrou-lhe um quadro alfabético, enfatizando que seria uma forma de melhor comunicação. Após explicar-lhe como funcionaria, perguntou se ela gostaria de tentar usar o quadro. A paciente voltou a piscar duas vezes. Depois, com grande esforço, formou sua primeira palavra: F-U-G-I-R.

– Fugir de quê? Indagou a psicóloga. M-E-D-O, respondeu M.
– Do que tem medo? Insistiu a profissional.

Ela não respondeu, demonstrando cansaço.

Essas duas palavras permitiram levantar uma hipótese de compreensão:

– Tudo deve parecer muito assustador. Com as dificuldades de se comunicar, sem poder se movimentar, longe de casa, das suas coisas. Por isso, a vontade de fugir dessa situação, do hospital, dessa realidade que lhe dá tanto medo. Mas lembre-se que você já pode respirar espontaneamente, sem ajuda da prótese ventilatória, o que aponta para uma conquista importante.

Nos atendimentos subsequentes, a psicóloga sempre a consultava sobre o desejo de utilizar o quadro alfabético. Em um deles, M. formou a palavra I-P-O-D., o que levou a dizer-lhe que parecia que ela queria voltar a se conectar com o mundo lá fora através da música e, com isso, também se desligar um pouco daquele ambiente.

A psicóloga, então, solicitou a um dos filhos que trouxesse o ipod. Mas, curiosamente, o filho sempre esquecia de trazê-lo. Quando o encontrou novamente, falou sobre o fato de coisas simples, como ouvir música, fazerem toda a diferença para quem está internado. E, mais ainda, no caso da mãe dele. O filho, então, explicou seu receio: disse que tinha medo de que esquecessem os fones nos ouvidos dela.

Na rotina agitada da equipe, não era difícil imaginar essa situação. A psicóloga assegurou ao filho o cuidado dos profissionais com M. No dia seguinte, ele trouxe o aparelho.

As construções, que inicialmente se restringiam a palavras, com o passar do tempo, viraram frases:

– Quero falar.

Foi-lhe explicado que suas limitações físicas ainda impediam a sonorização de sua voz, mesmo com a oclusão digital da cânula de traqueostomia[3]. A psicóloga sugeriu à equipe que a paciente fosse avaliada pela fonoaudióloga, que passou a acompanhá-la.

Uma sequência de frases se sucedeu:

– Dor na bunda. Mudar de posição. Frio. Trança do cabelo muito apertada.

---

[3] Abertura de um orifício na traqueia, no qual é introduzida uma cânula que favorece a entrada do ar nos pulmões.

A cada pedido da paciente, a equipe de enfermagem era informada. Foi reforçada, junto a esses profissionais, a importância de sempre perguntar à paciente se estava bem posicionada, se sentia algum incômodo, e o quanto tal fato colaborava para que M. se sentisse uma pessoa, e não um corpo inerte.

– Casa já. Não aguento hospital, continuava a paciente a se comunicar.

A psicóloga reconheceu e ressaltou ser legítimo o desejo de ir embora, ir para casa. Mencionou que deveria estar se sentindo cansada da hospitalização, submetida a tantos exames, procedimentos invasivos, longe da família. Argumentou, porém, que naquele momento ali ainda era o melhor lugar para sua recuperação, com todo o tratamento e suporte necessários. Ao ser indagada se aquilo fazia sentido, M. piscou duas vezes.

Outras perguntas surgiram:

– Estou com cânula, por quê? Alta depende de quê? Hoje fiz duas tomografias, por quê? Alta quando?

A possibilidade de se comunicar lhe conferia esse fundamental direito ao questionamento. E, além dos esclarecimentos, a redução da ansiedade.

Gradativamente, M. parecia se empoderar novamente de sua vida. Após 47 dias de internação, no dia da alta, estava especialmente emocionada, ansiosa e agradecida à equipe:

– Saio hoje. Ansiosa para ir para casa. Saio a que horas? Obrigada por tudo.

No momento de sua alta, ainda sem fazer uso da fala, conseguia mover os olhos, levemente a cabeça e um dedo do pé. Embora não se sustentasse sentada, já o fazia com a ajuda do fisioterapeuta. Sua alimentação se dava através de gastrostomia[4].

Chorou bastante na despedida, agora não mais um choro silencioso e angustiado, mas sim de alegria pelas pequenas/grandes conquistas alcançadas, as esperanças renovadas por poder retornar à sua casa, estando junto à família para continuar sua recuperação. Apesar de toda essa vivência, M. não perdeu a capacidade de desejar, de acreditar, de se emocionar.

Lançando mão de alguns conceitos da teoria de Winnicott, pôde-se observar que a psicóloga exerceu a função de *holding* (sustentação) e *handling* (manejo – estabilização de necessidades físicas e emocionais), oferecendo suporte e apoio egoico, facilitando sua integração no tempo e no espaço. Ao fazer isso, criou condições para as manifestações de seus sentimentos, que eram nomeados e trabalhados.

Naquele momento, M. era incapaz de continuar existindo sozinha, como o bebê nos primórdios de sua vida, pois se encontrava em um estado de dependência absoluta.

Segundo Winnicott (1956, p. 497) "[...] uma provisão ambiental suficientemente boa, na fase mais inicial, permite que o bebê comece a existir". Pode-se dizer, então, que um ambiente suficientemente bom, continente, capaz de suprir suas necessidades fisiológicas e emocionais permitiu que ela recuperasse o que Winnicott chama de "experiência de continuidade

---

[4] Abertura cirúrgica feita entre o estômago e a parede abdominal, com o objetivo de administrar alimentação e líquidos.

do ser". Isso só foi possível pela construção consistente de um vínculo de confiança, traduzido na qualidade encontrada na interação com a equipe multidisciplinar.

"Na doença, é preciso respeitar o corpo. Os profissionais que acompanham os doentes podem ser formados para cuidar do conforto desses corpos e, ao oferecer esses cuidados, estabelecer uma relação, algumas vezes não verbal, mas que instale o humano e a vida. Aquele que já não domina seus movimentos e percebe que alguém ajeita o seu travesseiro ou arruma a sua coberta sente-se respeitado e acolhido. A mão que alivia mostra ao outro que ele é uma pessoa. O sujeito está doente, não é a doença" (Mercer, 2011, p. 39).

O profissional necessita ter uma disponibilidade interna frente à enfermidade e ao contexto inusitado onde é realizado o seu trabalho.

Vale ressaltar que a família também foi atendida pela psicóloga, sendo acolhida, e os sentimentos trazidos, clarificados, com o objetivo de fortalecimento e reorganização desse núcleo familiar. Concomitantemente a esse trabalho, foram realizadas interconsultas com a equipe de saúde, tendo a psicóloga funcionado como mediadora entre paciente/equipe de saúde/família no auxílio de uma comunicação mais efetiva.

Pós-alta

Normalmente, quando nossos pacientes têm alta, não os vemos mais. Voltam à sua rotina de vida e sua hospitalização passa a fazer parte de um passado que muitos preferem esquecer. Porém, não foi o que ocorreu nesse caso.

Nos últimos quatro anos, a psicóloga tinha notícias da evolução de M. pelo fisioterapeuta que a acompanhava e que também trabalhava no hospital. Ligou para ela quando soube que estava recuperando a fala. Foi no final do ano seguinte, no período de festas. Disse-lhe o quanto estava feliz pelo seu progresso. Falaram-se outras duas vezes por telefone. Na última, combinaram o reencontro. A intenção era colher seu relato sobre o período no hospital e o momento de vida atual, além da permissão para a publicação do caso. Como estaria ela?

M., hoje recuperada, e o olhar de dentro do encarceramento

M. tinha um sorriso enorme no rosto quando abriu a porta da casa, visivelmente feliz de ver a psicóloga. Movimentava-se e falava com alguma dificuldade. O seu progresso, fruto de árduo trabalho nos anos que se passaram, foi surpreendente.

Acomodaram-se na sala e conversaram um pouco. Foi então lhe perguntado se a gravação de seu relato lhe traria algum desconforto. Após ter permitido, M. começou a descrever as suas recordações sobre o período em que esteve internada.

Relembrar momentos de sofrimento e dor é difícil, mas foi possível perceber nela um apego muito forte à vida, apego esse que, certamente, ajudou-a durante seu adoecer. Disse que em sua vida sempre se guiou por três F: fé, fibra e força. E que pensar neles a fez alcançar conquistas. Seu funcionamento psíquico conseguiu transformar sentimentos como o medo, o desespero e a desesperança em sede de viver. Ao recordar sua impossibilidade física, diz ter pensado:

– Agora eu tenho que ir à luta. E fui. Nos atendimentos do fisioterapeuta eu sentia a necessidade de me esforçar mais.

Destacou o quanto foi importante sentir vida através do olhar dos profissionais. Percebia que queriam lhe dar conforto, saúde e melhorias.

A perda da fala, que tanto a fez sofrer durante a hospitalização, hoje já não é mais um problema. M. fala de forma clara e ininterrupta, como que compensando o tempo em que teve de ficar em silêncio. Parece até que desejava mostrar que agora podia se comunicar de maneira rápida, sem a necessidade da interferência de outra pessoa.

Mencionou que, ao ser unificada a comunicação, pensou:

– Ainda bem que eu posso dizer sim ou não.

E, referindo-se ao uso do quadro alfabético:

– Foi um alívio, sensação ótima, porque sempre fui muito falante e, por isso, foi muito ruim não poder falar. Conseguir, mal ou bem, aquela minicomunicação com os olhos, foi tudo de bom. Era mais uma conquista, uma maneira de me comunicar, porque eu estava ali dura, não podia fazer nada, né?

Afirmou que a marca maior que traz dos atendimentos realizados pela psicóloga é a lembrança de como esta foi importante naquele período de sua vida, pois:

– Era o momento em que saía da posição de morta-viva para me sentir viva novamente [...] toda vez que a porta se abria, olhava imediatamente para ver se era você chegando. Quando a via, o dia se iluminava, sentia um alívio e um bem-estar e até começava a respirar melhor. Eu pensava: vou falar com ela, vou ser compreendida. Tinha carinho, atenção, eu sentia você preocupada comigo, não sentia pressa.

Era a voz que a situava no tempo e no espaço, que a fazia sentir-se viva. Na presença da psicóloga, percebia que o tempo cronológico não marcava esse encontro. Ele se pautava por seu tempo psíquico, favorecendo o resgate dela enquanto sujeito.

Para a psicóloga, rever M. foi uma enorme emoção, daquelas que fazem o nosso ofício valer a pena. É sempre uma grande satisfação nos depararmos com recuperações tão extraordinárias como a dela.

Encontrá-la pessoalmente, tão inteira, tendo recuperado sua autonomia, com a vida novamente sob seu comando, não mais assujeitada, mas sim sujeito de si, foi realmente um momento muito especial, de intensa alegria. Também de admiração por uma pessoa que mostrou uma grande força interior e perseverança no desejo de viver, apesar da situação tão trágica. Assim procedeu, por acreditar que poderia ser possível se reinventar e se apropriar de sua vida novamente. O que o fez com coragem e esforço, tendo a ajuda de uma equipe interdisciplinar e efetivo apoio de sua família.

Na despedida, ficou evidente a gratidão mútua: de M., por poder falar da importância da atuação da psicóloga na travessia daqueles dias, e para esta, de poder ter o reconhecimento de seu trabalho e constatar a recuperação da paciente, diante de um quadro clínico tão difícil.

Torna-se claro, no seu discurso, a ênfase que quis dar à superação do que viveu no período de sua internação. Ao ser perguntada, ao final do encontro, se gostaria de dizer mais alguma coisa sobre a hospitalização, respondeu:

– Não, quero esquecer. Está no passado, né? Aliás, passado e futuro para mim não existem. O aqui e agora é hoje.

No dia seguinte, pensando nos possíveis efeitos suscitados pelas lembranças da internação, a psicóloga lhe telefonou. M. estava bem.

Considerações finais

Este capítulo nasceu do desejo de falar da prática clínica, do seu alcance e dos nossos recursos como psicólogos. A partir da análise do caso em questão, procuramos mostrar uma prática, longe dos rótulos, regras fixas, na qual impera a relação verdadeira com o outro que está à nossa frente. Um atendimento criativo, sem padrão, em que se inventa a cada dia, com surpresas constantes e incertezas. Devemos ter saídas e condutas diversas para lidarmos com situações inesperadas fora do contexto predeterminado sem, contudo, nos afastarmos das questões teórica, técnica e ética.

Ao dar voz à M., a psicóloga auxiliou-a na reorganização de sua estrutura psíquica, fazendo com que ela utilizasse defesas mais adaptativas para lidar com aquele momento de tanto sofrimento. Facilitou, assim, o processo de recuperação e de seu resgate enquanto sujeito, do encarceramento em que se encontrava. Cremos que isso pôde ocorrer porque a psicóloga soube acolher não só a situação trágica que se apresentava, mas também a sua própria perplexidade diante dela.

Estando ao lado de M. com uma atitude empática, atenta e cuidadosa, se ofereceu como continente às suas angústias e medos, surgidos diante de um mundo até então desconhecido.

A revelação desta história de vida espelha uma história de superação na qual, de repente, M. se encontrou em uma estrada que parecia não ter volta. Ao apostar na vida e desejá-la, abriu caminho para a possibilidade de resgatá-la, construindo um novo começo.

Referências bibliográficas

Caprara A. Médicos feridos: Omolu nos labirintos da doença. In: Alves P, Rabelo M. Antropologia da saúde. Traçando identidade e explorando fronteiras. Rio de Janeiro: Fiocruz. Relume Dumaré, 1998.

Farage Filho M, Gomes MP. Síndrome do encarceramento (locked-in syndrome): Registro de um caso e revisão de literatura. Arq Neuro-Psiquiatr. Set 1982;40(3):296-300. ISSN0004-282X.

Freud S. Cinco lições de psicanálise. In: Freud S. Obras psicológicas completas de Sigmund Freud. Coleção: Edição Standart Brasileira. Rio de Janeiro: Imago, 1996; vol. XI. (Trabalho original publicado em 1910.)

Freud S. Conferências introdutórias sobre psicanálise (parte III). In: Freud S. Obras psicológicas completas de Sigmund Freud. Coleção: Edição Standart Brasileira. Rio de Janeiro: Imago, 1996; vol. XVI. (Trabalho original publicado em 1916/17.)

Goldwasser R et al. Desmame e interrupção da ventilação mecânica. J Bras Pneumol. Julho 2007;33(supl. 2):128-36. Acesso em 10 de julho 2016. Disponível em: http://www.scielo.br/scielo.php?script=sci_arttext&pid=S1806-37132007000800008&lng=en&nrm=iso.

Gomes ES, Anselmo MEO, Lunardi Filho WD. As reuniões de equipe como elemento fundamental na organização do trabalho. R Bras Enferm Brasília. Jul-Set 2000;53(3):472-80.

Kitajima K (Org.). Psicologia em unidade de terapia intensiva: Critérios e rotinas de atendimento. Rio de Janeiro: Revinter, 2014. p.1.

Laplanche J, Pontalis J-B. Vocabulário da psicanálise. 4 ed. São Paulo: Martins Fontes, 2011.

Mercer VR. Silêncio... Hospital – Hospital: silêncio. In: Mercer VR, Wanderbroocke AC (orgs). Hospital, saúde e subjetividade. São Paulo: Casa do Psicólogo, 2011.

Mohallem LN. Psicanálise e hospital: Um espaço de criação. In: Moura MD (org). Psicanálise e hospital 3. Tempo e morte: Da urgência ao ato analítico. Rio de Janeiro: Revinter, 2003. p. 19.

Moretto MLT. O que pode um analista no hospital? São Paulo: Casa do Psicólogo, 2002.

Petrilli RT. Intervenções psicológicas em pacientes submetidos a procedimentos invasivos em um serviço de oncologia pediátrica. Rev SBPH Rio de Janeiro. Dez 2015;18(2):74-88. Acesso em 25 de outubro de 2016. Disponível em: http://pepsic.bvsalud.org/scielo.php?script=sci_arttext&pid=S1516-08582015000200006&lng=pt&nrm=iso.

Rudge AM. Trauma. Rio de Janeiro: Zahar, 2009.

Silva MVL. A escuta analítica: a diferença entre ouvir e escutar. Acesso em 24 de julho de 2016. Disponível em: http://www.redepsi.com.br.

Winnicott DW. Preocupação materna primária. In: Winnicott DW (ed). Textos selecionados: Da pediatria à psicanálise. Rio de Janeiro: Francisco Alves, 1978. (Trabalho original publicado em 1956.)

CAPÍTULO 7

Subjetividade Humana diante da Indicação de Cirurgia Cerebral

Rosane Vasco

Introdução

O objetivo do presente capítulo é aproximar os leitores de atendimentos psicológicos em unidade de terapia intensiva (UTI) aos pacientes neurocríticos e a seus familiares. Este trabalho tem como base a experiência profissional exercida há alguns anos no Instituto Estadual do Cérebro Paulo Niemeyer (IECPN). Criado para ser um centro de referência, com perfil epidemiológico único, especializado em neurocirurgia de alta complexidade, o IECPN é o primeiro hospital dedicado exclusivamente ao tratamento de doenças neurocirúrgicas, com encaminhamento da Central Estadual de Regulação para atender a Rede de Saúde Pública do Estado do Rio de Janeiro. Possui leitos distribuídos em três UTIs de adulto e uma de pediatria e, até o momento, não conta com enfermaria.

Assim, contando com a participação efetiva em muitos projetos desenvolvidos ao longo dos últimos anos, será feita uma explanação que possa oferecer uma visão ampla da atuação da Psicologia no referido hospital, sendo utilizado o relato de situações clínicas. Esperamos, com isso, estimular a participação do leitor nessa experiência, ao se visualizar o contexto em que tais situações ocorreram. Em respeito ao sigilo profissional preconizado pelo Código de Ética dos psicólogos, alguns dados da identidade dos pacientes referidos serão omitidos, sem prejuízo ao entendimento do conteúdo.

O serviço de psicologia do IECPN participa ativamente de outros projetos, entre eles: na comissão intra-hospitalar de doação de órgãos e tecidos para transplante (CIHDOTT); na comissão de cuidados paliativos (CCP); na comissão grupo de trabalho humanizado e no projeto "IEC contra Zika" – avaliação/atendimento, por meio de dinâmica de grupo com os responsáveis dos bebês microcefálicos por sequela do vírus da Zika. Mas, devido à necessidade de um recorte, optou-se por escrever, neste capítulo, sobre a atuação do psicólogo nas UTIs de neurocirurgia.

Observação e construção

O projeto de estruturação e de atuação do serviço de psicologia mantém a característica de ser um processo em permanente reflexão e avaliação, seguindo os critérios de uma *gestão de qualidade*, que leva em consideração a subjetividade no processo psíquico do ser humano e o atendimento às demandas conforme estas se apresentam.

Consideramos, portanto, imprescindível manter a premissa de que o psicólogo deve estar junto aos pacientes, aos familiares e à equipe no ambiente hospitalar, observando como as pessoas se apresentam, como demonstram estar ou, mesmo, como as percebemos. Esse, então, trata-se de um período em que a família também adoece, portanto, também deverá ser acompanhada pelo psicólogo. Assim, procuramos ajudá-los na elaboração dos momentos que estejam sendo vividos com expectativas, incertezas, esperanças, medos, sofrimento, ansiedade e angústias. E com relação à equipe de saúde multiprofissional, o psicólogo poderá buscar envolver todos os colaboradores que se disponibilizam a sensibilizar seu olhar, para assim integrá-los nesse processo emocionalmente difícil de internação pelo qual todos (paciente, família e equipe) estão vivenciando.

Ser observadora sempre foi uma característica pessoal e estimulada desde o início da prática clínica pelo psicanalista Dr. José Barbosa Vasco (*in memoriam*), pai e eterno supervisor, e por todos que se seguiram ao longo da minha formação profissional. Priorizar tal comportamento é um constante exercício empático. Estar atenta à subjetividade implícita nas relações e nas reações torna-se essencial para facilitar o fluxo de emoções e de reflexões de todos os envolvidos, que poderá se apresentar das mais diversas formas, até mesmo quando, aos nossos olhos, tais reações possam parecer incoerentes. Essa facilitação é necessária para que eles (paciente, família e equipe) suportem os sentimentos ali experimentados.

É possível, assim, observar o que nossos pacientes nos transmitem, pela expressão do olhar, desde o delicado momento de tensão pela internação, ao se verem despidos de todos seus pertences e tomados pela expectativa de se distanciarem do convívio familiar, experimentando sentimento de impotência pela autonomia perdida, agora restrita às normas de funcionamento e de segurança da UTI. Por vezes, alguns pacientes se encontram em pleno conflito familiar, potencializado a partir da investigação de diagnóstico, repercutindo em vários outros atritos, gerando uma sofrida busca de solução, muitas vezes "mágica", por meio de um movimento de barganha[1] (Kübler-Ross, 2000).

No momento da internação, o paciente adulto é levado à UTI em cadeira de rodas e, a criança, no colo do responsável, visando à segurança dos pacientes. Este procedimento pode deixá-los sensibilizados, incomodados ao se depararem com sua fragilidade exposta aos olhares durante o trajeto. Mesmo quando esse sentimento não corresponde ao que está acontecendo, o que importa é como estão vivendo o momento ao desenvolvermos o atendimento psicológico. Já no dia da alta, observamos que o mesmo trajeto em cadeira de rodas até a saída do hospital é feito em clima de comemoração. E a cadeira de rodas passa a ser

---

[1] Elisabeth Kübler-Ross descreveu em cinco estágios a experiência emocional dolorosa que o ser humano percorre diante da iminência de morte. Barganha é o terceiro estágio, uma tentativa de adiamento e de negociação com a doença, com os médicos e com Deus, por exemplo.

incorporada ao momento. No trajeto, procuram se integrar ao ambiente, olham tudo ao redor, e agradecem ao encontrar quem deles cuidou.

Outra situação significativa é a experiência de separação do paciente de sua família, uma vivência única e potencialmente dolorosa para ambas as partes. Surge, então, a expectativa de construir novas relações na rotina com a equipe multiprofissional da UTI. O início de uma entrega necessária, imprescindível em todo o processo, para se deixar cuidar e, assim, aderir ao tratamento. Não sabemos como será vivido esse momento. Ficar sem seus pertences (p. ex. relógio, celular, carteira, prótese dentária, por exemplo), despir-se literalmente e colocar a camisola que o deixa exposto aos olhares de todos aparentemente pode não ter importância. Será? Qual o significado da relação que suscita esse simples ato?

A partir de então, o paciente iniciará uma maratona de consultas, exames, avaliações por diversos profissionais, responderá a inúmeros questionários e terá de repetir sobre o processo de adoecimento e de investigação do diagnóstico. Muitos expressam em palavras e/ou em gestos significativos o quanto se sentem mobilizados e assustados com todo esse ritual. No caso de pacientes da pediatria, tudo poderá ser dificultado diante da fragilidade de incompreensão própria da idade. Encontram-se assustados, atentos às reações de seus pais e/ou responsáveis, os quais estão ali também para se sentirem seguros com as mudanças que a vida está impondo. Pais com seus filhos adolescentes, crianças, bebês tão pequenos a enfrentar tamanho sofrimento (Souza, 2012; Ferreira et al., 2013; Traiber et al., 2012).

Muitos, e aqui se incluem os adultos, expressam tristeza ao se verem limitados ao espaço da cama de hospital, cheios de fios, alarmes constantes, luzes sempre acesas, pessoas desconhecidas, odores diversos, "sendo furados" e levados para diversos exames. Outros, cujo comportamento poderíamos qualificar de submisso, oferecem pouca ou quase nenhuma reação, a não ser por um olhar distanciado que chama a atenção por sua profundidade. E há os que demonstram possuir recursos internos, vindos ou não de experiências anteriores, e que conseguem se vincular à equipe, de modo a superar os momentos difíceis que estão vivenciando.

Na prática, observamos o quanto as crianças que passam pela internação e pelo procedimento cirúrgico amadurecem mais cedo e de forma dura. Quanto mais prolongado for o período de internação, incluindo a necessidade de abordagens cirúrgicas, por exemplo, maior a chance de a criança apresentar mudança do humor e de interesses. Em alguns casos, é impressionante a profundidade e o distanciamento do olhar, a apatia e um crescente desinteresse na troca, no contato com o outro. Diante dessa experiência de extremo sofrimento, a criança, e aqui podemos incluir o paciente adulto, restringe cada vez mais seu foco de interesse naquele que lhe transmite confiança e segurança para cuidar de seu destino. A evolução desse quadro emocional também está associada ao prognóstico.

Alguns procedimentos provocam dor, invadem. E como avaliar se a dor está dentro do esperado? Cada um sentirá conforme suas possibilidades psíquicas. A dor é absolutamente subjetiva, e para avaliá-la segue-se o critério quantitativo para sua mensuração[2]. É uma

---

[2] É utilizado o instrumento Escala de Dor Visual Analógica Numérica, composto por duas réguas: uma com desenhos de carinhas com expressões com diferentes níveis de dor, e outra, numerada de 0 a 10, para também representar os níveis de dor. O paciente irá se identificar nas expressões e classificar o quantitativo de sua dor.

experiência individual e solitária (Vasco, 2009). Nesse contexto, observamos que os tratamentos acompanhados de afeto, de empatia e de compaixão por parte dos profissionais suavizam muito esses momentos. A humanização, no sentido amplo da palavra, deve ser um dos focos permanentes no cuidar.

A equipe de saúde, acostumada à rotina, por vezes, pode "esquecer-se" de procurar saber como eles próprios estão se sentindo diante daquela realidade que se apresenta no momento. Formada por pessoas que também trazem suas histórias de vida, os profissionais podem, sem se dar conta, desenvolver comportamentos reativos ou dissociados de seus próprios conteúdos internos. Como sabemos, as relações se desenvolvem pautadas em conteúdos conscientes e inconsciente, acompanhadas por identificações, projeções, transferências e contratransferências. Conteúdos estes que se direcionam às percepções possíveis de estruturas, por vezes, psicologicamente saudáveis e outras nem tanto. Desse modo, revela o quanto as dificuldades emocionais podem ser vividas projetivamente, levando as pessoas a se afastarem ou se aproximarem do outro. Por essa razão, muitas vezes, é difícil para a equipe multiprofissional observar a necessidade do atendimento psicológico e, até mesmo, perceber uma mudança em seu próprio comportamento; em sua maioria, não por desconhecerem sobre a atuação do psicólogo em ambiente hospitalar, mas pela ansiedade que os fez lançarem mão de alguns dos *mecanismos de defesa* (Freud, 1968; Laplanche et al., 1970; Vasco, 1995; Zambelli et al., 2013).

Por vezes, diante do imenso sofrimento pelo agravamento do quadro clínico neurológico ou mesmo a impossibilidade de cura, notamos na equipe o profissional que reage se defendendo com uma postura distanciada, racionalizando e/ou intelectualizando a situação para lidar com os sentimentos experimentados pela vivência do momento. Outros, pelo estresse diário na rotina da UTI, com reações e atitudes que demonstram irritação deslocadas para as relações pessoais e institucionais. Como também os que adoecem repentinamente, nos levando a pensar tratar-se de quadros psicossomáticos. Há momentos em que a equipe também apresenta demanda de atendimento psicoterápico focal, e o psicólogo deverá acolher o colaborador nesse momento; quando houver indicação, deve-se encaminhá-lo para psicoterapia, para, assim, ajudá-lo a desenvolver condições internas que o possibilitem lidar com as situações difíceis que fazem emergir seus temores pessoais.

Também é importante lembrar que a UTI é um ambiente de permanente tensão e atenção com a evolução do quadro clínico e também neurocirúrgico. O limite entre vida e morte faz com que a qualquer segundo o atendimento possa ser urgente. A subjetividade na relação com a vida, com o adoecer e com a morte, não faz parte só da história vivida pelo paciente e por sua família nessa experiência de internação, mas de todos os que ali trabalham, acompanhados por suas crenças e fantasias (Souza et al., 2012; Stedeford, 1986).

Para muitos pacientes e familiares persiste o estereótipo de que estar internado em UTI significa que seu caso é muito mais grave. Essa questão deve ser esclarecida para, assim, reduzir o estresse.

Em ambiente hospitalar, por vezes, tem-se a ideia comum que ainda persiste para alguns: a de que o psicólogo deve ser chamado para as situações em que as questões emocionais são deflagradas de forma intensa. São os casos que conhecemos como "apagar incêndio".

E assim, passam despercebidas as demandas, por vezes expressas não só pela fala, mas por todas as outras possibilidades de comunicação, seja dos pacientes, dos familiares ou do próprio profissional. Com certeza, os atendimentos de urgência devem ser realizados imediatamente. Mas cabe ressaltar a importância de se esclarecer aos membros da equipe de saúde sobre a atuação do psicólogo de forma mais ampla na assistência hospitalar no campo psíquico: onde, quando e como o psicólogo pode contribuir para o autêntico trabalho em equipe multiprofissional com uma visão interprofissional, e o quanto essa modalidade de parceria será benéfica a todos. Desse modo, os demais profissionais também poderão contribuir, informando aos psicólogos sobre possíveis demandas por eles observadas.

Compartilhamos aqui a importância da compreensão da *psicodinâmica psicanalítica*: para ser minimamente possível elaborar situações que remetem a sentimentos diversos, é preciso nomeá-los. (Ekesterman, 1994; Martins, 1986; Vasco, 1964; Vasco, 1968; Vasco, 1995; Vasco, 1997). É preciso entrar em contato com esses sentimentos, que, mesmo despercebidos, estão sendo vividos ou revividos em um momento tão delicado, como a experiência de internação para submeter-se a uma cirurgia cerebral. A partir dos depoimentos de pacientes e de familiares, por exemplo, observamos que, para eles, o cérebro é o guardião dos pensamentos e do autocontrole: "meus pensamentos são pessoais e secretos", "guarda meus sentimentos mais íntimos", "vai abrir a minha cabeça e é ela que comanda tudo".

O período de internação pode remeter o paciente a lembranças que serão revividas, mesmo que aparentemente as mesmas não tenham relação direta com o procedimento cirúrgico ou mesmo com a internação, mas se apresentam deslocadas em novos formatos de velhas vivências e produzindo outras tantas. Percebemos, nesse contexto, que ninguém sai imune dessa experiência, seja pela própria internação, seja pela de um parente ou amigo querido.

Por mais que saibam que é para se tratar, na expectativa de cura, paciente e família estão assustados, com medo, ansiosos, angustiados, diante da notícia de ser portador de um tumor cerebral maligno ou benigno, de um aneurisma, de um meningioma[3], de um glioblastoma[4] (GBM), entre outros diagnósticos com diferentes evoluções clínicas, neurológicas. Muitos, ao se referirem ao diagnóstico, sentem-no como "uma bomba relógio na cabeça". São diagnósticos de doenças que os remetem a tantos significados, reais ou fantasiados. E aos reais riscos ocasionados pela necessidade de intervenção, quando, por exemplo, se deparam com a difícil tarefa de assinar o Termo de Responsabilidade, momento em que o paciente e seus familiares ouvem sobre os riscos de uma cirurgia e têm que dar seu consentimento. Isso não

---

[3]Meningioma é um tumor benigno que se origina a partir das membranas que recobrem e protegem o cérebro, as meninges. Apresenta crescimento lento e silencioso e causa poucos sintomas. Geralmente só é descoberto quando está relativamente grande e é capaz de comprimir estruturas cerebrais e causar sinais e sintomas. Apesar de serem consideradas lesões benignas, existem também os que apresentam comportamento maligno, com crescimento rápido. Os sinais mais comuns são: cefaleia, vômitos, convulsões, fraqueza ou paralisia parcial ou total de braços e pernas.

[4]Glioblastoma é um tumor maligno agressivo no cérebro, que cresce nas células glias e afeta o sistema nervoso central. Os sintomas físicos são: cefaleia persistente, convulsões, tonteira; afeta a fala e há perda de audição; diminui a coordenação motora. Pode acarretar mudanças de comportamento, episódios impróprios atípicos da personalidade ou comportamento passado, perda de memória, de concentração e confusão mental. A cirurgia é, muitas vezes, o primeiro passo no tratamento para remover o máximo possível do tumor sem comprometer o tecido ligado, mas não remove completamente o tumor. Tratamentos de radioterapia e/ou quimioterapia, por vezes, podem seguir-se à cirurgia para tratar o tumor restante na tentativa de impedir seu crescimento.

significa que os riscos apontados de fato ocorrerão, mas, ao serem lidos, deparam-se todos com a realidade nua e crua dos possíveis perigos do procedimento cirúrgico, acrescidos dos inúmeros sentimentos, pensamentos ameaçadores e dolorosos (Fighera et al., 2005; Monteiro et al., 2015).

Subjetividades

A avaliação psicológica é o momento inicial de contato com o paciente e poderá ocorrer a qualquer momento ao longo do período de internação com aqueles que apresentam condições cognitivas mínimas de interação. Essas avaliações são realizadas à beira do leito, em ambiente que proporcione privacidade. Podem ocorrer por solicitação da equipe assistencial multiprofissional, do próprio paciente ou de seu familiar, ou por busca ativa, nos momentos dedicados à circulação dos psicólogos pelas UTIs.

É aconselhável, por meio de anamnese não estruturada, conduzir a entrevista clínica no sentido de estimular o paciente a se expressar livremente. Ao estabelecer o vínculo de confiança[5] com o psicólogo, é possível introduzir perguntas diretas para esclarecer alguns pontos, sem interferir no processo associativo livre, por exemplo, como o paciente está lidando com a experiência de adoecimento e qual é a intensidade de adesão ao tratamento associada ao significado e à expectativa da cirurgia cerebral. Assim sendo, vamos construindo a história do paciente (Mello, 1979; Perestrello, 1982; Tenenbaum et al., 2014).

Muitos expressam medos relacionados à malignidade, aos tratamentos dolorosos e intermináveis, a possíveis sequelas que os limitem à dependência de cuidados, a morrer durante a cirurgia ("dormir e não acordar"; "não voltar") e à anestesia. Expressam também culpas por ações ao longo da vida e/ou ausência de outras, e impotência diante da situação. Trazem fantasias, por vezes, associadas à entrega e à confiança no outro, bem como aos pensamentos incontroláveis. Outros se apresentam apoiados na fé religiosa, centrando e direcionando os pensamentos ao sucesso e à cura. Há, ainda, os que desenvolveram uma capacidade de resiliência ao longo da vida, que os ajuda a superar os temores, apoiados nos fatos esclarecidos pela equipe. Deixam-se cuidar nos limites de regressão necessária para o sucesso do procedimento cirúrgico e da reabilitação (Sebastiani et al., 2005). Há também aqueles que são mais comunicativos, sensibilizam-se e se aproximam da equipe, e acabam por suavizar o período necessário de permanência no hospital. Em geral, são pessoas que levaram a vida dessa forma até então, sendo esta uma característica de personalidade. E há aqueles que, a partir de comportamentos agitados, poliqueixosos, reativos, irritados, acumulam excessivas solicitações, por vezes sem saber outra maneira de se comunicar. Tais solicitações são o modo que têm de expressar o quanto estão assustados, podendo repercutir na equipe, causando reações de irritação em todos diretamente envolvidos. Estes últimos são os pacientes que mais têm solicitações para serem acompanhados pelo psicólogo. Com isso, mesmo sem que todos se deem conta, eles recebem mais atenção. Em um processo de projeção, o paciente, inconscientemente, ameniza sua dor psíquica (Vasco, 2009).

---

[5] As relações humanas se constituem a partir de vínculos afetivos construídos entre as pessoas ou a partir dos interesses que as unem. (Disponível em: www.medicinapsicossomatica.com.br).

O oposto, e não menos necessitado, refere-se ao paciente que se recolhe em seus sentimentos e pensamentos. São pacientes quietos, cordatos e bem-comportados, o que não significa que estejam bem. Percebemos que, na maioria das situações, estão imersos em seus pensamentos, com medo até de se expressarem, pois temem "chatear o médico e a enfermagem". Usualmente agem assim nas diversas situações de vida. Apresentam posturas com forte componente de submissão aprendidas ao longo da vida e relacionadas, por vezes, a experiências anteriores, por eles relatadas, em outras instituições, de ameaças, de maus-tratos por terem sofrido represálias ao se posicionarem; por isso, se sentem intimidados ou, mesmo, acuados diante da magnitude do procedimento cirúrgico a que serão submetidos. Muitos pacientes e familiares se admiram e expressam opinião sobre o diferencial das instalações e a atenção a eles direcionada, comparando com experiências de internações anteriores.

A partir desse primeiro contato (a avaliação), o paciente e/ou um parente que apresentar demanda deverá receber o atendimento que se fizer indicado. Com o suporte psicoterápico, terão a possibilidade de entrar em contato de forma clara e direta com os questionamentos que invadem os seus pensamentos. Semanalmente, os responsáveis que acompanham o familiar internado são convidados a participarem da Psicodinâmica em Grupo de Pais/Responsáveis/Família. Esse é o momento em que podem ser trabalhadas as questões por eles apresentadas, a partir do interesse do grupo formado no dia.

Outra questão que, por vezes, podemos observadar e acompanhar pelo tempo que demandar é a do paciente que se recusa a submeter-se à cirurgia. Tal comportamento deflagra a dimensão do estresse, resultante da ansiedade pela expectativa do procedimento cirúrgico, ao se deparar com o ambiente e com os esclarecimentos médicos após sua internação. A intensidade de ansiedade deve ser trabalhada para não se tornar paralisante e impeditiva.

Ao estabelecermos o vínculo de confiança paciente-psicólogo, um dos pontos importantes tem sido oferecer, ao paciente que apresente demanda, acompanhamento ao centro cirúrgico até ele ser anestesiado, possibilitando o vínculo de confiança com a equipe que o acolherá no novo espaço e repercutindo uma maior tranquilidade, em uma entrega necessária para se deixar cuidar.

Podemos notar um efeito mais sereno também na equipe que executa seu trabalho sem as possíveis intercorrências que podem elevar o nível de estresse no ambiente. Isso ocorre, por exemplo, ao se sentirem mobilizados a partir da fragilidade expressa pelo paciente, remetendo-os aos vínculos diádicos[6] internalizados em cada um (Esteves et al., 2007). O acompanhamento ao centro cirúrgico é viável somente a partir do preparo *a priori* do psicólogo que se apresente com condições internas de equilíbrio para transitar com segurança e conhecimento nesse ambiente. No IECPN, também a partir do o aval da coordenação do centro cirúrgico, após a proposta de acompanhar o paciente ser sugerida e realizada pela coordenadora de psicologia e a equipe do centro cirúrgico observar os resultados positivos para todos os envolvidos.

Deparamo-nos também com situações como a do paciente que reage à alta por diversos motivos, apresentando sintomas repentinos que apontam piora clínica sem justificativa em um movimento desencadeado inconscientemente. Essa reação pode ser associada

---

[6] É o vínculo básico entre a mãe e seu bebê, estudo desenvolvido por Melaine Klein. E John Bowlby desenvolveu sobre o vínculo de apego. (Disponível em: www.medicinapsicossomatica.com.br).

à realidade socioeconômica, por ser a primeira vez que o paciente se sentiu cuidado e, até mesmo recebeu alimentação balanceada; ou em função de conflitos pessoais e familiares, o acolhimento hospitalar passa a ser um refúgio possível de bem-estar e proteção e a certeza de que será cuidado.

Também é importante a equipe manter-se atenta aos casos em que é indicado que a alta hospitalar seja o mais breve possível. Por vezes, a permanência prolongada em ambiente de UTI poderá desencadear quadros de comprometimento psíquico, acarretando *delirium*, depressão, desorientação, desorganização psíquica – acrescidos ou não de sequelas em relação a dimensão, localização, formação e desenvolvimento do processo tumoral e/ou a sua retirada. Tais quadros indicam acompanhamento psiquiátrico, medicamentoso e psicoterápico.

Sala de espera | Outra modalidade de atendimento

Ao observarmos o movimento próximo ao horário de visita, ao ouvirmos relatos da equipe sobre as dificuldades de lidar com o comportamento de alguns familiares nesse momento de tensão, de ansiedade e de expectativas de como encontrará seu familiar ou amigo, em junho de 2015, decidimos implementar o projeto Sala de Espera, anteriormente por mim confeccionado e apresentado à direção. Para isso, reunimos a equipe com a proposta diferenciada de a dinâmica ser projetada para a realidade e a necessidade do IECPN, considerando um trabalho a ser desenvolvido pela equipe assistencial multiprofissional. Optamos por um encontro semanal em grupo, com duração de uma hora, antes do horário da visita, com familiares e amigos previamente convidados durante a semana e/ou através do manual do paciente, além de com os que se encontram no hospital no dia. Assim, de forma acolhedora, oferecemos explicações sobre as normas de comportamento em UTI, para a segurança de pacientes e visitantes, evitando a comunicação da regra fria de "não pode".

A Sala de Espera também é um espaço para familiares e amigos presentes serem ouvidos, pois sentem-se à vontade para esclarecer dúvidas, apresentar críticas, sugestões e elogios ao trabalho ali desenvolvido. Recebemos as informações de forma construtiva, e as mudanças pertinentes são providenciadas. A família acolhida, respeitada e esclarecida tem a possibilidade de reduzir o nível de ansiedade que, por vezes, encontra-se elevado. Assim, paciente e família podem usufruir desse momento importante que é a visita. A partir da construção do vínculo de confiança, a família torna-se parceira no tratamento. Essa parceria é fundamental para a recuperação dos pacientes.

A seguir, serão apresentados fragmentos de casos clínicos e uma noção do desenvolvimento possível sobre o momento que foi vivido a dois, psicólogo e paciente.

Casos clínicos

▶ Caso clínico 1

Ao circular pela UTI, em busca ativa, observo uma paciente sentada em seu leito, pernas esticadas e cruzadas, com as mãos entre as pernas, como se segurasse algo. Touca, sapatilhas, aguardando a ida para o centro cirúrgico. Seu olhar sugere estar assustada e é de quem pede algo. Aproximo-me, me apresento e pergunto como se sente no momento. Diz estar com vontade de fazer xixi. Pergunto se chamou a enfermagem para ajudá-la. Responde que sim e que já foi várias vezes, mas a vontade não passa e que estava sem graça de pedir novamente à enfermeira.

Pontuo que seu olhar chamou minha atenção, "parece estar assustada". Faço uma pausa. Ela baixa os olhos e fica pensativa... continuo: "E, será que essa vontade de fazer xixi tem alguma relação com a cirurgia?" Ela sorri e diz: "Psicóloga é engraçada, olha para gente e sabe logo o que a gente tá pensando."

Retribuo seu sorriso dizendo que posso imaginar o que ela está sentindo, enquanto espera para ser operada. Faço uma pausa e continuo, dizendo que só ela sabe dela mesma, só ela pode falar dela, de seus sentimentos. E eu posso ouvi-la e juntas podemos procurar uma forma de ajudá-la a passar por esse momento muito difícil.

Seus olhos se enchem de lágrimas, ela sorri sem graça e diz que não adianta fazer xixi porque logo depois quer fazer de novo. E completa: "Mas, se você quiser sentar...", apontando para a poltrona. Aceito seu convite, pego a escadinha e me sento a seu lado, explicando que a poltrona é para ela se sentar, referindo-me aos critérios de segurança para evitar contaminações. O vínculo terapêutico começa a ser construído.

Ela se chama M., tem 60 anos de idade e sua primeira cirurgia foi em dezembro de 2014, em decorrência de um aneurisma cerebral[7] "gigante". Na ocasião, "eu estava apagada", faz uma pausa, "quando acordei já tinha sido operada", fica pensativa por alguns segundos e continua, "não me lembro de nada".

Diz ser o ponto de referência para a família, ser ativa e independente. Sua história de vida é marcada por perdas significativas. Desenvolvemos então os temas por ela apresentados: o medo de morrer, de ficar dependente de cuidados, de possíveis sequelas, da anestesia, de acordar durante a cirurgia e de sentir dor. Da ansiedade pela espera, de se ver sozinha lá dentro e do medo de tremer na hora da anestesia e a agulha quebrar. Pergunto se gostaria que eu a acompanhasse até o centro cirúrgico. Arregala os olhos e pergunta se eu faria isso por ela, se eu ficaria ao seu lado, se a seguraria para não tremer na hora da anestesia. Se ela não estaria me atrapalhando ou ocupando o meu tempo. As colocações vieram quase uma atropelando a outra, refletindo sua ansiedade.

Respondo que se ela quiser, estarei a seu lado e só sairei quando estiver anestesiada. E investigamos mais sobre seus sentimentos de me atrapalhar, em querer atenção, de ocupar meu tempo. Quando a enfermeira comunicou que o centro cirúrgico estava pronto, ela virou-se e admirada disse: "Nossa, até esqueci de fazer xixi... passou a vontade".

Conforme combinado, fiquei a seu lado, de mãos dadas, estimulando a sua comunicação com a equipe, em especial com o anestesista, para que pudesse estabelecer o vínculo de confiança. Aos poucos, demonstrou mais confiança na equipe, parou de tremer, apesar da dificuldade para puncionar o acesso venoso. Por vezes, reafirmava se ficaria até ela dormir, apertava minha mão e agradecia. Quando M. estava anestesiada, tive dificuldade em soltar a mão dela.

---

[7] Aneurisma cerebral é uma dilatação anormal de uma artéria cerebral, em tamanhos diferentes, que pode se romper, provocar hemorragia interna e até levar a óbito. Pode pressionar os nervos do cérebro e causar sinais e sintomas. Quando se rompe, os sintomas podem incluir súbita e forte cefaleia, vômitos, convulsões, rigidez no pescoço e perda de consciência.

Agradeci à equipe por me permitir participar e desejei sucesso na cirurgia. Eles, como sempre, são gentis e agradecem por ajudá-los, um trabalho em equipe, e sugerem que eu fique no centro cirúrgico para acompanhar os pacientes mais difíceis. Sorrio e me coloco disponível para contribuir no que eu puder, quando for necessário.

M. se restabelece bem e em curto tempo. Ao ter alta, mais uma vez agradeceu e disse o quanto foi importante poder contar com o acompanhamento psicológico. "Eu achava que eu não precisava de psicóloga... minha família ficou admirada quando eu contei que você ficou comigo [...]. Acho que vou fazer o que você falou [...], procurar uma psicóloga perto lá de casa. Será que vou conseguir ser mais calma?"

Fiz o encaminhamento imediatamente, reforçando na indicação o desejo da paciente.

▶ Caso clínico 2

Sou solicitada pela equipe de pediatria para atender uma paciente, com cinco anos de idade, diagnosticada com tumor de fossa posterior,[8] com a queixa de que A. se recusava a comer após extubação, sem justificativa clínica, já que o procedimento ocorreu sem causar lesão na traqueia. Houve também a necessidade de avaliação da fonoaudiologia para a retirada da dieta enteral[9], caso não apresentasse mais o risco de broncoaspirar. A equipe estava preocupada que a evolução clínica levasse à indicação de gastrostomia[10]. Desse modo, planejei com a fonoaudióloga o atendimento interdisciplinar.

O contato inicial foi com a mãe, no grupo de pais/responsáveis, durante o tenso período de espera pelo término da cirurgia de sua filha. Ao desenvolver posteriormente, após a solicitação da equipe, o atendimento com A., ela parecia se alimentar com seus pensamentos, planejando, demonstrando desejo pelo churrasco e bolo que o pai faria ao retornar para casa. Seu comportamento chamou minha atenção: demonstrava sentir fome e sugeria ter algo além da relação de filha encantada pelo seu pai; sempre reagia intensamente ao menor afastamento da mãe, demonstrando ser a única que lhe dava sentimento de segurança e proteção. Era inteligente e sempre tinha argumentos para justificar que não comeria.

A urgência da situação levou-me a direcionar o atendimento, e os demais que se seguiram, por esse caminho. Após observar a dinâmica da relação mãe e filha em alguns atendimentos, a mãe permaneceu no quarto e participou ativamente, também expressando seus

---

[8]Tumor da fossa posterior é um tipo de tumor cerebral localizado perto do cerebelo. O cerebelo é vital para o organismo humano porque ajuda a controlar o movimento e a coordenação. Um tumor nesta área pode causar dor e pressão tanto na coluna vertebral como no cérebro. Exibe sintomas intensos de cefaleia crônica, náuseas, vômitos e perda de coordenação motora. Há pacientes que apresentam problemas musculares faciais, pupilas dilatadas e problemas de audição. É diagnosticado como tumor benigno ou canceroso por ressonância e biopsia. São tumores que geralmente causam obstrução da circulação liquórica, ocasionando quadro de hidrocefalia intracraniana.

[9]Dieta enteral: alimentação líquida através de um tubo fino e flexível chamado sonda nasoenteral que é introduzido pelo nariz até o estômago ou intestino. É indicada para pacientes impossibilitados de ingestão oral, seja por patologias do trato gastrointestinal alto, por intubação orotraqueal ou por distúrbios neurológicos com comprometimento do nível de consciência ou dos movimentos mastigatórios. É adequada também para os casos em que o paciente vem com ingestão oral baixa, por anorexia de diversas etiologias. A administração de dieta por sonda nasoenteral não contraindica a alimentação oral, se esta não implicar riscos de o paciente broncoaspirar.

[10]Gastrostromia é um procedimento no qual uma sonda flexível, por onde será administrada a alimentação, é introduzida através da parede do abdômen ao estômago.

pensamentos e sentimentos. A. estava sempre atenta, conversava sobre diversos assuntos, deixando claro que participava das conversas dos adultos na rotina familiar. Atenta, controlava ações e decisões pendentes entre e dos pais e demais familiares. A mãe, interessada no atendimento psicológico, e apavorada com a evolução do quadro clínico, estimulava a filha e, assim, o vínculo terapêutico foi sendo construído. A. pôde falar da angústia que estava vivendo: de que se comesse, a comida iria para o pulmão, e ela morreria. Ao desenvolvermos o tema, A. contou ter ouvido a equipe esclarecendo à mãe sobre o risco de broncoaspirar e também a sua mãe falando ao celular sobre os riscos com os familiares.

De forma lúdica, conversamos sobre o conteúdo das informações que ela ouviu sobre o temido pulmão e sobre suas fantasias, esclarecendo a função dos órgãos e fazendo o trajeto dos alimentos. Ela aceitou a vinda da fonoaudióloga para alimentá-la. Ainda insegura, tensa, antes de aceitar o iogurte escolhido por ela, me olhava sem muita confiança, em dúvida sobre se deveria comer. Encorajava-a a experimentar, sugeria que experimentasse um pouquinho. Perguntava se "a comidinha vai pra barriguinha" e confirmávamos, certificando sua confiança. Direcionei sua mão, fazendo o caminho do alimento e sugeri que ouvisse no estetoscópio o trajeto da comida descendo pela garganta. Admirada, com a mão na barriga, repetia a pergunta, agora em tom de afirmação. Comemoramos o quanto foi corajosa, envolvendo toda a equipe para parabenizá-la. E, assim, a cada dia foi se recuperando. E outros sentimentos vivenciados por A. e sua mãe ao longo do período de internação foram trabalhados em atendimentos individuais somente com A., com a presença da mãe, em conjunto com o grupo familiar (incluindo o pai e o irmão, quando presentes) e no grupo de pais/responsáveis até o dia da alta. Mãe e filha mantêm contato, enviando notícias, fotos por mensagens com palavras de afeto e de agradecimento.

Considerações finais

Ao relatar sobre as observações e as atuações possíveis em UTI neurocirúrgica, em um momento de extrema tensão vivido pelo paciente e família, cabe reforçarmos a importância de eles poderem nomear seus sentimentos, refletir e examiná-los, respeitando os limites internos de cada um. E, assim, com o suporte psicoterápico, eles podem construir novas formas de lidar com a situação e com a diversidade de sentimentos que tal vivência provoca.

Observamos, ao longo desses anos, o quão benéfico tem sido o acompanhamento psicoterápico que se inicia a partir do momento da internação para a recuperação emocional e clínica do paciente e de sua família. Com base nessa análise, acreditamos ser de grande valia, e mesmo, imperioso, que os pacientes possam receber avaliação psicológica não somente antes do procedimento cirúrgico, mas assim que são informados sobre o diagnóstico e a indicação de cirurgia e ficam aguardando o dia da internação; incluindo a família que o acompanha.

Quando possível, o paciente e a família deveriam receber atendimento ambulatorial para finalizar o processo, e, ao apresentar demanda, serem encaminhados para tratamento psicoterápico. Reforçando-se, assim, que quanto mais preparados para os momentos extremamente difíceis e altamente estressantes, mais possibilidades terão para buscar condições internas para ultrapassar tamanho sofrimento.

A situação descrita no segundo caso deixou claro que o paciente observava tudo o que ocorria a seu redor. Assim, é preciso estar atento e ser cauteloso com o que se conversa na presença dos pacientes, sem deixar de respeitar seu direito à informação, de acordo com a possibilidade de compreensão pela limitação da idade. Todos devem ser esclarecidos. Não importa a idade e se dividirá sua angústia conosco ou não. Não se pode também deixar de considerar a possibilidade de conduzir a compreensão dos termos e do conteúdo da informação técnica dos profissionais.

Destacamos, ainda, a importância da formação dos psicólogos que atuam com pacientes portadores de diagnósticos com comprometimento orgânico e, neste caso, neurológicos, em que os limites são tênues e as questões emocionais e orgânicas se entrelaçam e caminham juntas. A atuação psicoterápica inadequada poderá ser um agravante ao quadro clínico com repercussões inesperadas.

Assim, reiteramos a importância de adquirir os conhecimentos necessários para contribuir para o pronto restabelecimento clínico e psicológico do paciente. Ao longo desses anos, constatamos o quanto é necessário para algumas pessoas o auxílio de algo concreto, do objeto transicional, para sentirem-se seguros, apoiados e fortalecidos. Cabe aqui ressaltar a experiência vivenciada na minha prática profissional. Procuro avaliar e, se houver indicação, permitir a alguns pacientes e familiares o acesso ao meu contato telefônico. Alguns familiares fazem contato no fim de semana, quando se sentem angustiados. Outros, pelo simples fato de saberem que se precisarem há um ponto de referência, se sentem acolhidos e não entram em contato. Tais situações nunca me geraram problemas. Ao contrário, observo que esse simples gesto contribui para estabelecer o vínculo de confiança e se reflete na relação do paciente com a equipe que o acompanha. Em diversas situações, após a alta enviam notícias e se mostram agradecidos. Nos casos em que o paciente veio à óbito, a família fez contato extensivo à equipe.

Não restam dúvidas de que o conjunto de situações relatadas na atuação diária como psicóloga coordenadora no IECPN não só evidencia a busca permanente para inovar procedimentos que visem ao bem-estar dos pacientes, como também destaca a relevância do papel do psicólogo como um elo de integração entre os profissionais envolvidos nas diferentes fases de atendimento ao paciente/família e equipe multiprofissional.

Os resultados dessa experiência inovadora no IECPN estão presentes na avaliação diária da evolução de pacientes e/ou familiares que demandam acompanhamento psicoterápico, nos *rounds* junto à equipe multiprofissional, em interconsultas, na análise de indicadores mensais e na apresentação trimestral realizada pelo hospital. A apresentação de análise de indicadores, organizada pelo serviço de qualidade do referido hospital, revela que o acompanhamento psicológico resulta em maior adesão dos pacientes, inclusive os que apresentam dificuldades ou mesmo reagiram a se submeter às cirurgias e/ou aos tratamentos de reabilitação indicados.

A vivência profissional no IECPN nos faz constatar que também no ambiente de UTI de neurocirurgia muito se passa sem palavras, mas nos gestos, no olhar, na postura; cabe ao psicólogo estar sensível a todas essas impressões para avaliar se e quando é indicado e necessário trabalhar no sentido de torná-las conscientes. Entendemos que o foco no momento de internação hospitalar deve ser o de possibilitar ao paciente e/ou aos familiares a compreensão dos sentimentos que possam estar dificultando o tratamento de reabilitação, clínico, neurocirúrgico, neurológico, além da relação com as equipes e a instituição como um todo para sua melhor recuperação. E como o tempo de internação é incerto, e mesmo pela própria vivência do momento, muitas questões psíquicas não devem ser pontuadas pelo psicólogo, mas precisam ser observadas, para auxiliá-lo em como melhor conduzir os atendimentos. Se houver indicação, deve-se prepará-los para serem encaminhados para psicoterapia após a alta.

O processo psicoterápico possibilita abrir os caminhos a serem investigados e somente cada um poderá escolher por qual caminho quer trilhar.

Referências bibliográficas

Centro de Medicina Psicossomática e Psicologia Médica. Glossário. Acesso em junho de 2016. Disponível em: http://www.medicinapsicossomática.com.br.

Eksterman A. Abordagem psicodinâmica dos sintomas somáticos. Revista Brasileira de Psicanálise. 1994;28(1):9-24.

Esteves CM et al. O resgate do vínculo mãe-bebê: Estudo de caso de maus-tratos. Psicologia: Ciência e Profissão. 2007;27(4):760-75.

Ferreira PD et al. Família em UTI: Importância do suporte psicológico diante da iminência de morte. Revista da SBPH. 2013;16(1):88-112.

Fighera J et al. Vivências do paciente com relação ao procedimento cirúrgico: Fantasias e sentimentos mais presentes. Revista da SBPH. 2005;8(2):51-63.

Freud A. O ego e os mecanismos de defesa. Rio de Janeiro: Biblioteca Universal Popular S.A., 1968.

Kovács MJ. Sofrimento da equipe de saúde no contexto hospitalar: Cuidando do cuidador profissional. O Mundo da Saúde. 2010;34(4):420-9.

Kübler-Ross E. Sobre a morte e o morrer. São Paulo: Martins Fontes, 2000.

Laplanche J et al. Vocabulário da psicanálise. sd. Trad. Pedro Tamen. São Paulo: Martins Fontes, 1970.

Martins RB. Contribuições de Freud à psicoterapia de grupo. In: Osório LC et al. Grupoterapia hoje. Porto Alegre: Artes Médicas, 1986, p. 43-56.

Mello SJ. Concepção psicossomática: Visão atual. 2 ed. Rio de Janeiro: Tempo Brasileiro, 1979.

Monteiro MC. No palco da vida, a morte em cena: As repercussões da terminalidade em UTI para a família e para a equipe médica. Tese de doutorado. Rio de Janeiro: PUC, fevereiro 2015.

Monteiro MC et al. A relação médico-família diante da terminalidade em UTI. Psicologia Argumento. 2015;33(81).

Perestrello D. A medicina da pessoa. 4 ed. Rio de Janeiro: Atheneu, 1982.

Sebastiani RW et al. Contribuições da psicologia da saúde-hospitalar na atenção ao paciente cirúrgico. Acta Cirúrgica Brasileira. 2005;20:50-5.

Souza RP. Identidade e abordagem inicial do sofrimento. In: Souza RP. Cuidados paliativos nas unidades de terapia intensiva. São Paulo: Atheneu, 2012, p. 1-4.

Souza RP et al. Especificidades da comunicação em situações críticas. In: Souza RP. Cuidados paliativos nas unidades de terapia intensiva. São Paulo: Atheneu, 2012, p. 5-7.

Stedeford A. Encarando a morte: Uma abordagem ao relacionamento com o paciente terminal. Porto Alegre: Artes Médicas, 1986.

Tenenbaum D et al. Tensões psicológicas no trabalho assistencial: Um estudo sobre a necessidade de intervenções para a educação em saúde. Trieb. 2014;13(2):89-113.

Traiber C et al. Comunicação de más notícias em pediatria. Boletim Científico de Pediatria. 2012;1(1):3-7.

Vasco JB. Emergência do líder no grupo terapêutico. Jornal Brasileiro de Psiquiatria. Clínica Psiquiátrica Nacional de Medicina IPUB. 1964;355-63.

Vasco JB. Ataque à capacidade de pensar no grupo terapêutico. Anais do 1º Congresso Brasileiro de Psicoterapia Analítica de Grupo. Rio Grande do Sul: Congresso Brasileiro de Psicoterapia Analítica de Grupo, 1968, p.188-93.

Vasco R. A participação do psicólogo na equipe multidisciplinar: Psicoprofilaxia cirúrgica. São Paulo: Revista da Associação Brasileira de Psicoterapia Analítica de Grupo, 1995, p. 69-75.

Vasco R. Relações objetais segundo Melanie Klein – Teoria e prática. Monografia apresentada na SPAG-E. Rio de Janeiro: Complemento da 1ª Etapa do Curso de Formação, 1995.

Vasco R. Psicoterapia analítica de grupo em hospital de reabilitação. Monografia apresentada na SPAG-E. Rio de Janeiro: Conclusão da Formação, 1997.

Vasco R. Dor crônica: Teoria e prática na clínica da dor. Monografia Pós-Graduação Lato Senso. Especialização em Psicologia da Saúde. Rio de Janeiro: PUC, 2009.

Zambelli CK et al. Sobre o conceito de contratransferência em Freud, Ferenczi e Heimann. Psicologia Clínica. 2013; 25(1):179-95.

CAPÍTULO 8

Aspectos Emocionais da Ventilação Mecânica

Jaqueline Maia de Oliveira

Introdução

As unidades de terapia intensiva (UTIs) são, indiscutivelmente, locais onde muitos cuidados são viabilizados e muitas vidas são salvas. Entretanto, são também ambientes estressantes. Lá, ações são desempenhadas de maneira diuturna, na maioria das vezes de forma rápida, com necessidade de precisão, exigindo o máximo de eficiência da equipe. Trata-se de um lugar onde se vivenciam situações de limite e que traz, no imaginário de pacientes e familiares, o peso cultural da associação com a morte/estresse para todos os envolvidos. Cabe a nós, profissionais que nela trabalham, buscar desmistificar essa associação de "lugar de morte" e identificar os principais estressores para tornar este espaço mais acolhedor e menos nocivo.

Além da situação de adoecimento, na UTI, os pacientes são expostos a uma ampla gama de tensões, com tratamentos invasivos, na maioria das vezes com experiência de dor, ameaça de morte, distúrbios do sono, exposição contínua a ruídos e luz, perda de privacidade, distanciamento da família, gravidade de outros pacientes, sentimentos de medo, insegurança, dificuldades de comunicação, sede, equipamentos para monitoramento e outros.

Um dos principais estressores é a presença de tubos no nariz e/ou garganta (Bitencourt et al., 2007; Novaes et al., 2000). Pagliuca (1980 *apud* Romano, 2007) aponta que 85% dos pacientes referiram algum problema durante sua permanência na UTI, sendo que 33% citaram a presença do tubo orotraqueal como o mais importante. Vários estudos buscam pesquisar as lembranças e experiências dos pacientes que receberam ventilação mecânica (VM) na UTI e estas, geralmente, estão associadas a muita ansiedade, dor e períodos de terror (Rotondi, 2002; Samuelson, 2011; Samuelson, Lundberg, Fridlund, 2007).

Ventilação mecânica

A VM, ou suporte ventilatório, é um método de assistência para tratamento de pacientes com insuficiência respiratória aguda ou crônica agudizada (Carvalho, Toufen Jr, Franca, 2007) que tem por objetivo: promover a manutenção das trocas gasosas; aliviar o trabalho da musculatura respiratória (que, em algumas circunstâncias, pode estar elevado); diminuir o consumo de oxigênio, reduzindo o desconforto respiratório; permitir a aplicação de terapêuticas específicas. Classifica-se em ventilação mecânica invasiva e ventilação mecânica não invasiva (VNI). A diferença entre elas está na forma de liberação da pressão: na invasiva, usa-se uma prótese/tubo orotraqueal (TOT) introduzida na via aérea ou uma cânula de traqueostomia (TQT), tubo conectado diretamente na traqueia através de orifício criado artificialmente; na VNI, utiliza-se uma máscara acoplada ao rosto do paciente, ligada ao ventilador artificial.

Como o paciente se sente

A VM tem caráter de salvar vidas, mas também está associada a elevados níveis de ansiedade e de sofrimento. Na maioria das vezes, o paciente encontra-se sedado ou em coma. Contudo, atualmente, sabe-se da importância da retirada intermitente da sedação correlacionada a bom prognóstico, ou seja, é fundamental que, com indicação específica, quando a gravidade do quadro permitir, a sedação seja retirada em alguns momentos. A Associação de Medicina Intensiva Brasileira (AMIB) traz como recomendação em suas Diretrizes sobre VM que "[...] deve-se realizar a interrupção diária da sedação para averiguar a capacidade de ventilação espontânea do paciente" (Associação de Medicina Intensiva Brasileira; Sociedade Brasileira de Pneumologia e Tisiologia, 2013, p. 106). Isso nos faz atentar, inclusive, para o fato de que os pacientes têm ficado mais despertos durante a VM, vivenciando maior consciência ou maior percepção do que está acontecendo.

Quais as sensações do paciente em VM? Como é estar "entregue", dependente de uma máquina? Quais suas dúvidas? Entende o que está acontecendo? Pode lembrar como foi parar ali, naquela situação? Tem raiva? Medo?

Carvalho (2000) nos coloca, pensando em um paciente em VM, que ele pode acabar se vendo desalojado da sua posição de sujeito, de dono do seu destino, passando à posição de objeto, à mercê: vivencia falta de garantia de sua vida, de segurança – sensação de puro sofrimento, imersão na angústia. Agora o outro (a máquina) faz por ele uma das mais elementares funções do corpo (se não a mais): respirar.

Romano (2007) afirma que poucas são as experiências que provocam mais ansiedade que a dificuldade em respirar ou respirar insatisfatoriamente – sensação alarmante. Várias são as sensações descritas na literatura, mas é importante pensar que os pacientes podem reagir de maneiras diferentes, a depender de alguns fatores, como traços de personalidade de cada um. Uns querem reaver o controle e debatem-se, outros regridem.

As repercussões experimentadas pelos pacientes em VM são variadas, mas sempre muito fortes. Vários trabalhos têm sido publicados a esse respeito, identificando e avaliando as sensações, memórias, percepções e consequências posteriores dos mesmos na vida dos pacientes que passam por VM (Bradt, Dileo, Grocke, 2014; Lee et al., 2015; Martins, Silva, Nêveda, 2005; Rotondi et al., 2002; Samuelson, 2011; Samuelson, Lundberg, Fridlund, 2007; Tracy, Chian, Staugaitis, 2015; Wong, Lopez-Nahas, Molassiotis, 2001).

Em um estudo que faz levantamento das lembranças de experiências estressantes de pacientes em VM na UTI, Rotondi et al. (2002) dividem essas lembranças em dois tipos: psicológicas (p. ex., medo e ansiedade) e físicas (p. ex., dor e dificuldade respiratória). Dois terços dos pacientes lembravam-se da VM. Experiências estressantes associadas com o tubo endotraqueal foram fortemente relacionadas com períodos de terror ou pânico, ou sensação de nervoso quando deixados sozinhos e padrões escassos de sono. Os indivíduos eram mais propensos a lembrar de experiências consideradas moderadas ou extremamente enfadonhas, sendo muitas vezes relacionadas com dor, medo, ansiedade, falta de sono, tensão, incapacidade de falar/comunicar-se, falta de controle, pesadelos, solidão, sensação de sufocamento. Chama atenção o sofrimento extremo nas lembranças dos pacientes que citam terror ou pânico como experiência mais incômoda. Na prática do dia a dia, muitas vezes percebem-se essas expressões nos rostos e olhares assustados dos pacientes, mas talvez não seja dada a devida valorização pela equipe, que às vezes limita-se a expressões como "fique calmo", "vai passar", "colabore".

Outro estudo, também investigando lembranças de pacientes em VM, mostrou que 5 dias após alta, 71% apresentavam memórias desagradáveis (Samuelson, 2011). Hudelson (1987 apud Lee et al., 2015) também identificou que os pacientes experimentaram estresse extremo quando estavam recebendo VM, podendo chegar a apresentar sintomas psicóticos, o que, por sua vez, afetava sua taxa de recuperação.

Nos diversos estudos que investigam as percepções, os sentimentos e os fatores estressores dos pacientes que passaram por VM, em geral, citam: medo, agitação, desconforto, dor, sede, aspirações frequentes, imobilidade, dispneia (sensação de sufocamento devido às secreções/falta de ar), confusão, incerteza quanto à condição, dificuldades de comunicação (de expressar suas necessidades, dúvidas, sentimentos), incapacidade de relaxar, angustiante restrição corporal (não conseguir mover-se adequadamente), distúrbios de sono, solidão, desamparo, medo do desmame, pesadelos, incerteza, raiva, frustração, sensação de estar preso (geralmente estão com contenção física) e, por fim, sempre a ansiedade como um dos mais importantes, que pode impor efeitos nocivos sobre o curso da recuperação e bem-estar geral da pessoa. Relatam sofrimentos físicos (restrições corporais, sensações estressantes) e emocionais (inclusive pelo medo do risco de morte) (Bradt, Dileo, Grocke, 2014; Lee et al., 2015; Samuelson, 2011; Tracy, Chian, Staugaitis, 2015; Wong, Lopez-Nahas, Molassiotis, 2001).

Se a ansiedade não for bem gerenciada, pode resultar em inabilidade do paciente para lidar com a doença e colaborar com o tratamento. Ansiedade pode ser entendida como um estado emocional/psíquico de apreensão ou medo provocado pela antecipação de uma situação desagradável ou perigosa. Envolve sentimentos de tensão, apreensão, nervosismo e preocupação. Estima-se que esteja presente em 70 a 80% dos pacientes na UTI (Wong, Lopez-Nahas, Molassiotis, 2001). McClane e Huther (1994 apud Lee et al., 2015) colocam que o estresse causado pela VM aumenta a ansiedade sentida pelos pacientes, o que ativa o sistema nervoso simpático, manifestando-se com aumento de frequência cardíaca, pressão arterial e frequência respiratória. Assim, a ansiedade pode causar dificuldades fisiológicas e psicológicas, podendo, inclusive, prolongar e colocar em risco o processo de desmame.

Implicações das emoções no desmame

De acordo com as Diretrizes Brasileiras de VM da AMIB e da SBPT (Associação de Medicina Intensiva Brasileira; Sociedade Brasileira de Pneumologia e Tisiologia, p. 106), "[...] sucesso de desmame é o paciente que tem sucesso no teste de respiração espontânea (TRE), ainda conectado ao ventilador, [...] e sucesso de extubação é o paciente que tem a prótese endolaríngea retirada após passar no TRE e não é reintubado nas próximas 48h". Segundo Goldwasser et al. (2007), desmame da VM pode ser definido como o processo de transição da ventilação artificial para a espontânea, nos pacientes que permanecem em ventilação invasiva por tempo superior a 24h. Esta mesmo autora considera, ainda, que retirar o paciente da VM pode ser mais difícil que mantê-lo.

Boles (2007 *apud* Batista e Moreira, 2015) e Perren e Brochard (2012 *apud* Batista e Moreira, 2015), em estudo sobre causas e estratégias de desmame, colocam que fatores psicológicos podem ser críticos para o desmame bem-sucedido em alguns pacientes. Afirmam ainda que foi encontrada associação significativa entre transtornos depressivos e falha nas tentativas de desmame. Apontam o *delirium* (estado confusional agudo, com distúrbios da consciência, atenção, orientação, memória, pensamento e comportamento), também podendo impactar negativamente o resultado do desmame. Triagem do *delirium*, bem como estratégias para diminuição da ansiedade, tem sido, assim, incluída como estratégia para desmame ventilatório. A AMIB recomenda, em suas Diretrizes, "[...] avaliação frequente e rotineira de dor e *delirium*, pois são etiologias comuns de despertar agitado, com tratamento específico" (Associação de Medicina Intensiva Brasileira; Sociedade Brasileira de Pneumologia e Tisiologia, 2013; p. 51).

Diante de tantos pontos levantados, fica claro que os sentimentos e as percepções dos pacientes influenciam diretamente a evolução do desmame. Tracy, Chian e Staugaitis (2015) colocam, dentre as lembranças levantadas por pacientes que passaram por VM, justamente o receio do desmame, sensação, muitas vezes, de falta de ar, medo, aflição e insegurança. Apesar de racionalmente positiva a expectativa de retirada do tubo endotraqueal, nem sempre o que impera é essa visão. No dia a dia, vivenciam-se situações nas quais as equipes médica e de fisioterapia identificam todos os critérios fisiológicos para adequada evolução do desmame, mas, ainda assim, ele não acontece.

Cosmo et al. (2014) referem que a literatura médica aponta que 5 a 30% dos pacientes apresentam dificuldades de desmame, o que pode ser muito frustrante para eles, visto que isso pode prolongar sua permanência na UTI. Este fato gera insegurança e angústia, o que deve ser trabalhado pela equipe de psicologia e considerado por toda a equipe multidisciplinar.

Carvalho (2000) traz a consideração de que, apesar de vários procedimentos serem realizados com os pacientes sedados, o desmame da VM não pode ocorrer sem que o paciente esteja lúcido e participando desse processo. E se há casos como os citados anteriormente, que mesmo em "condições adequadas" o paciente não consegue se separar do respirador, fica a questão para nós, psicólogos: quem é esse indivíduo/sujeito que não consegue sair dessa dependência? O que ele tem a dizer? O papel do psicólogo aqui é procurar escutar esse sujeito, mesmo com as dificuldades da comunicação – usando artifícios percebidos através de suas queixas, balbucios, expressões, silêncio, pânico. A autora refere que, em caso de desmame difícil, o trabalho possível do psicólogo é situar o paciente, traduzir o que lhe acontece, emprestando-lhe palavras.

Ventilação mecânica crônica

Importante considerar também que existem situações nas quais os pacientes ficam dependentes da VM de forma crônica em algumas patologias com perda permanente da função respiratória. Alguns pacientes são, inclusive, acompanhados domiciliarmente para uso crônico da VM. Como ficam esses pacientes? Quais são suas limitações? Quais são as expectativas? Como lidam com essas questões? Como ficam sua autoimagem e sua autoestima?

Coffman et al. (2000 *apud* Lee et al., 2015), em uma revisão retrospectiva de consultas psiquiátricas, identificaram que cerca de 80% dos pacientes dependentes de ventilação sofriam de depressão sintomática, delírio e ansiedade, precisando submeter-se a consultas psiquiátricas. Martins, Silva e Nêveda (2005), em um estudo sobre ajustamento psicológico em pacientes em VM domiciliar, trazem que a insuficiência respiratória crônica aumenta o risco de sintomatologia/perturbações depressivas, ansiedade e, por vezes, pânico. Pontuam ainda que, para programas de VM domiciliar, é importante, além da avaliação clínica, conhecer o perfil psicológico, familiar e social do paciente, de modo a tentar prever sua adaptação à terapêutica instituída.

Como os familiares se sentem

De maneira geral, as famílias estão vivenciando uma situação de crise e também estão ansiosas. Ver o seu familiar intubado geralmente assusta, daí a importância de informá-las e acolhê-las. Muitas vezes o familiar deixou o paciente na UTI em ventilação espontânea e, ao retornar no outro dia, o mesmo está intubado, em VM. Deve-se ter cuidado para explicar a este familiar, antes de entrar na UTI, o que aconteceu.

Novamente aqui lanço as questões: como se sentem? Quais as fantasias, dúvidas, medos? Posso falar? Ele me ouve? Questões que são espaço fértil para atuação da Psicologia. É importante buscar acompanhá-los nesse primeiro momento, autorizá-los na fala, no toque, e esclarecer dúvidas. Quando o paciente está sem sedação, também surgem dúvidas: como posso ajudar? O que devo fazer? Às vezes, há um misto de sentimentos: alegria por ver o paciente despertando, mas também preocupação e angústia por vê-lo com o tubo, muitas vezes aflito pela dificuldade de comunicação e por demais estressores anteriormente citados.

Dentre as principais necessidades dos familiares de pacientes em UTI, levantadas em estudos sobre este tema, aparece o desejo de saber que o melhor está sendo feito pelo paciente e estar próximo dele. O paciente também refere a importância de contato com seu familiar. Em trabalho de Samuelson (2011) sobre lembranças de pacientes em VM, e outros anteriores por ele citados, a presença dos familiares durante o tratamento aparece como lembranças agradáveis e positivas.

Entretanto, é necessário estar atentos, pois nem sempre a visita da família é benéfica. Familiares muito ansiosos podem acabar agitando mais o paciente. Alguns pacientes, ao verem os familiares, ficam muito emocionados ou mais ansiosos, querendo falar, pedir ajuda etc. Deve-se acompanhar de perto essas situações, intermediando, ajudando na comunicação e também sinalizando quando a visita não estiver sendo benéfica.

De maneira geral, cuidado, atenção e informação aumentam a sensação de segurança do familiar, e a presença deste de forma tranquila e equilibrada pode ser um importante fator de ajuda para diminuição da ansiedade e evolução no tratamento do paciente.

Repercussões futuras

Todos esses sentimentos, aliados à ansiedade e ao estresse vividos pelo paciente e, muitas vezes pelos familiares, podem, ainda, gerar consequências futuras. Samuelson (2011) cita vários estudos que apontam que lembranças desagradáveis e impressões emocionais muitas vezes persistem com o tempo. Rattray et al. (2010 *apud* Samuelson, 2011), em estudo com 103 pacientes em 6 UTIs, apontam uma associação significativa entre percepções dos pacientes sobre suas experiências de cuidados intensivos e seu estado emocional na alta hospitalar, por meio de estudos de ansiedade, depressão e estresse pós-traumático.

Um estudo sobre memórias estressantes e sofrimento psíquico, especificamente com pacientes que passaram por VM, identificou que a presença de sintomas de transtorno de estresse pós-traumático (TEPT) agudo, ansiedade e depressão 2 meses após alta da UTI foi maior em pacientes que referiram experiências extremamente estressantes (medo, pesadelos etc.) e que apresentaram quadro de agitação (Samuelson, 2011). São experiências consideradas extremamente estressantes, no caso do uso da VM, associadas a subsequente sofrimento psíquico.

O desenvolvimento de TEPT já é reconhecido como possível sequela para pacientes sobreviventes da UTI (e também para os familiares), podendo comprometer sua recuperação física e psicológica. Alguns fatores têm sido associados ao desenvolvimento de sintomas relacionados ao TEPT em pacientes críticos, incluindo os etiológicos e clínicos da UTI, gravidade do trauma, questões psiquiátricas anteriores, memórias estressantes da UTI, além de agitação e alto uso de sedativos benzoadizepínicos (Samuelson, Lundberg, Fridlund, 2007; Tracy, Chian, Staugaitis, 2015).

Recentemente, a gama de problemas enfrentados pelos pacientes pós-alta da UTI vem sendo denominada *Post-Intensive Care Syndrome* (PICS). Segundo Ariyo e Swoboda (2013), essa síndrome pode ocorrer após uma doença grave e pode durar meses ou anos. Caracteriza-se por deficiências de longa duração na área da saúde mental e nos domínios cognitivos e físicos. Os sintomas podem afetar a reabilitação de sobreviventes de UTI. A VM está incluída dentre os fatores que, apesar de necessários, podem ser prejudiciais para os resultados funcionais de longo prazo.

Papel do psicólogo

Identificar e analisar todos esses pontos é indispensável para entender como algumas intervenções podem acabar produzindo efeitos iatrogênicos importantes. Sabe-se que a VM é um recurso indispensável em várias situações de insuficiência respiratória, capaz de salvar vidas e viabilizar tratamentos. É necessário, no entanto, estar cada vez mais atentos a como esse recurso pode estar sendo estressor, quais as consequências e de que forma se pode atuar para minimizá-las.

Como já citado anteriormente, o psicólogo tem o papel de tentar "escutar", da forma como for possível, as angústias desse sujeito, seja através do olhar, do silêncio, de expressões ou de possibilidades alternativas. Além disso, é necessário situá-lo, ajudar na orientação espaço-temporal, na intermediação e no esclarecimento sobre o que está acontecendo. Nesse ambiente impregnado de tecnologia, diante de tratamentos invasivos, cabe ao psicólogo buscar espaço para o sujeito e sua singularidade. É importante reiterar que cada sujeito responde às situações de sua forma. Apesar da descrição aqui de tantos sentimentos encontrados, as reações dependem da gravidade da doença, do tempo de internação, dos traços de personalidade, das experiências prévias e sua percepção sobre esta, dos quadros psiquiátricos prévios e da relação com a equipe de saúde. O psicólogo atua também junto às famílias, buscando acompanhá-las e instrumentalizá-las para lidar com a situação. E, assim, dentre outras possibilidades, colabora ainda com a equipe, que, muitas vezes, também se sente angustiada e impotente para lidar com a ansiedade do paciente e da família e toda a situação de estresse e limites.

Como nos dizem Caiuby e Andreoli (2005, p. 63), nas situações de crise, "[...] as intervenções psicológicas promovem alívio da angústia e da ansiedade, favorecendo o desenvolvimento de um estado emocional mais tolerável e capaz de restaurar a estabilidade afetiva e as relações com o ambiente". Ressaltam, ainda, a importância de abranger o trabalho direto com a equipe.

O uso de sedação e analgesia é importante para ajudar a diminuir ansiedade, agitação, facilitando a adaptação do paciente ao respirador, viabilizando o tratamento. No entanto, hoje já se considera que o uso prolongado da sedação contínua pode levar ao prolongamento da VM, o que tem implicações sobre complicações e alto custo (Bradt, Dileo, Grocke, 2014; Lee et al., 2015). Os protocolos mais recentes de manejo da VM já incluem despertar e investigações diárias de *delirium*, uso de sedativos com menos efeitos colaterais e mobilidade precoce do paciente (Ariyo e Swoboda, 2013). Intervenções não farmacológicas devem ser, assim, também consideradas para minimizar ansiedade e estresse, podendo amplificar e agir sinergicamente com o tratamento farmacológico. Algumas possibilidades dessas intervenções descritas na literatura são: relaxamento, hipnose, comunicação/educação do paciente com informações, toque de apoio, distração, musicoterapia e participação de familiares.

Dentre as citadas, a busca por estratégias de comunicação é uma das mais importantes. Deve-se procurar tranquilizar o paciente; explicar-lhe que será possível se comunicar, mesmo sem falar; averiguar se ele tem disponibilidade para escrever e, se não, ofertar outros meios de comunicação, com cartões com letras, números e/ou figuras relacionadas com suas necessidades. Importante ainda orientar a equipe e a família sobre a importância de o paciente se comunicar por meio desses instrumentos e estimulá-lo a expressar suas dificuldades (Pusch de Souza, 2010).

Uma estratégia que vem sendo usada para redução de ansiedade e estresse em pacientes em VM, com resultados positivos já descritos na literatura, é o uso da música (Bradt, Dileo, Grocke, 2014; Lee et al., 2015; Tracy, Chian, Staugaitis, 2015; Wong, Lopez-Nahas, Molassiotis, 2001). Esta forma de intervenção tem sido considerada eficaz para ajudar a reduzir respostas fisiológicas potencialmente nocivas (como a ansiedade), promover conforto aos pacientes, além de ser simples, barata e segura. Bradt, Dileo e Grocke (2014) afirmam que ouvir música durante a VM traz ao paciente sensação de segurança, controle e normalidade, e pode ajudá-lo a centrar sua atenção longe de eventos estressantes, sendo algo agradável e calmante.

É necessário ressaltar, porém, a importância de se questionar ao paciente se ele deseja essa intervenção e considerar que nem todo tipo de música traz esses resultados desejados. A resposta a essa intervenção será influenciada por preferência pessoal, experiências do passado, características da personalidade, além de características de linguagem, da cultura, econômicas, religiosa, educacionais (Wong, Lopez-Nahas, Molassiotis, 2001). Se a música for detestada ou aversiva, o efeito pode ser o contrário, gerando mais ansiedade e agitação. As músicas que trazem mais relaxamento, sendo assim mais adequadas a esse propósito, devem ter características como ritmos simples repetitivos e lentos, dinâmicas previsíveis, tom baixo, consonância da harmonia etc. (Lee et al., 2015).

Um estudo de revisão sobre intervenções de músicas para pacientes em VM aponta que os resultados levantados foram: redução da ansiedade, redução da frequência respiratória e pressão arterial sistólica, sugerindo resposta de relaxamento, além de redução no uso de sedativos e analgésicos nos grupos aos quais foi viabilizada oferta da música. Além disso, não foram identificados efeitos adversos. Também houve tratamentos placebos com grupos usando fones de ouvido com outros sons/ruídos e os resultados não foram iguais aos dos grupos com música (Bradt, Dileo, Grocke, 2014).

Lee et al. (2015) compararam grupos com música em períodos de 30 minutos e outros em descanso sem música também durante 30 minutos. Usaram como medidas de avaliação um inventário de ansiedade, índices fisiológicos, comportamento de repouso e satisfação. Como resultados, observaram que uma única sessão de música já proporcionava mais relaxamento, diminuição nos índices fisiológicos e comportamento de repouso mais confortável.

Wong, Lopez-Nahas e Molassiotis (2001) apontam efeitos ansiolíticos da música, com redução de pressão arterial média, frequência respiratória e cardíaca e a possibilidade de ajudar no desmame, aumentando a participação e a cooperação. Consideram, ainda, que as famílias também podem ser beneficiadas com intervenções de música.

Sabemos da importância e dos efeitos benéficos e até salvadores da VM. Foram considerados aqui aspectos difíceis e estressores, com consequências negativas a curto e até longo prazo. Experiências muito estressantes e carregadas de ansiedade podem comprometer a evolução do quadro do paciente e até sua qualidade de vida futura. No entanto, deve-se considerar que também existem marcas e lembranças positivas.

Samuelson (2011) nos traz, em estudo realizado 5 dias após a alta, que 81% dos pacientes tinham fortes lembranças da UTI, 71% referiam memórias desagradáveis e 59% tinham memórias agradáveis. As memórias desagradáveis predominam, mas as agradáveis desempenham importante função, podendo equilibrar efeitos negativos de experiências angustiantes, inclusive podendo reduzir o risco de TEPT. Alguns pacientes referiram, por exemplo, que o profissionalismo e os cuidados da equipe balanceavam as experiências angustiantes, sendo importantes para aliviar o estresse. O autor cita estudos anteriores que mostraram que recordações positivas incluem apreciação dos cuidados prestados, sensação de segurança, apoio da equipe e presença de parentes. No seu estudo, vários itens foram pontuados como lembranças de experiências agradáveis, dentre eles: recebimento de ajuda/atenção/cuidado; remoção de secreções; alívio de restrições corporais; capacidade de dormir; alívio da dor, de outras sensações corporais, de sede; sentimentos de segurança, apoio, carinho; toque;

presença constante da equipe; presença de parentes; sonhos agradáveis; alívio de distúrbios ambientais; remoção de cateteres; respeito e empatia; comunicação e explicações. Aqui não foram colocados em ordem de importância ou pontuação.

Chamam atenção falas de pacientes que trazem como memórias agradáveis e marcantes o fato de receber ajuda e atenção, conseguir se comunicar ou sensação agradável de alívio quando receberam analgésicos para aliviar a dor ou um gole de água para aliviar a sede. Ou seja, estamos falando, muitas vezes, de ações, em geral, muito simples.

A identificação e a compreensão dos estressores, bem como do impacto das lembranças agradáveis e desagradáveis, podem ajudar a equipe a promover experiências mais positivas durante a permanência na UTI e amenizar o sofrimento, o estresse e a ansiedade diante de procedimentos invasivos como a VM. A forma como os pacientes vão vivenciar este momento é importante para o processo de evolução e sucesso do tratamento. As marcas que ficam dessas experiências podem ser decisivas para como eles vão seguir em frente. Cada vez mais buscamos garantir qualidade no nosso trabalho, nos cuidados e assistência; qualidade em como cuidamos agora, para também poder possibilitar qualidade para a vida que continua.

Referências bibliográficas

Ariyo P, Swoboda S. Preparando pacientes para a vida após UTI. São Paulo: AMIB, 2013. Disponível em: http://www.amib.org.br/detalhe/noticia/preparando-pacientes-para-a-vida-apos-uti. Acesso em: 02 de novembro de 2016.

Associação de Medicina Intensiva Brasileira (AMIB), Sociedade Brasileira de Pneumologia e Tisiologia (SBPT). Diretrizes Brasileiras de Ventilação Mecânica 2013. 2013. Disponível em: http://www.amib.org.br/fileadmin/user_upload/amib/Diretrizes_Brasileiras_de_Ventilacao_Mecanica_2013_AMIB_SBPT_Arquivo_Eletronico_Oficial.pdf. Acesso em: 20 de outubro de 2016.

Batista LPP, Moreira MF. Ventilação mecânica prolongada: causas e estratégias de desmame. 2015. Disponível em: http://www.ibrati.org/sei/docs/tese_774.doc. Acesso em: 02 de novembro de 2016.

Bitencourt AGV et al. Análise de estressores para o paciente em unidade de terapia intensiva. Revista Brasileira de Terapia Intensiva. 2007; 19(1):53-9.

Bradt JDC, Dileo C, Grocke D. Music interventions for mechanically ventilated patients (Review). Cochrane Database Systematic Reviews. 2014; 12. Disponível em: http://onlinelibrary.wiley.com/doi/10.1002/14651858.CD006902.pub3/full. Acesso em: 05 de novembro de 2016.

Caiuby AVS, Andreoli PBA. Intervenções psicológicas em situações de crise na unidade de terapia intensiva. Relato de Casos. Revista Brasileira de Terapia Intensiva. 2005; 17(1):63-7.

Carvalho CRR, Toufen Jr C, Franca AS. Ventilação mecânica: princípios, análise gráfica e modalidades ventilatórias. Jornal Brasileiro de Pneumologia. 2007; 33(2):54-70.

Carvalho S. Na angústia do desmame – o surgimento do sujeito. In: Moura MD (Org.). Psicanálise e hospital. São Paulo: Revinter. 2000; p. 73-82.

Cosmo M et al. O paciente em unidade de terapia intensiva – critérios e rotinas de atendimento psicológico. In: Kitajima K et al. (Org.). Psicologia em unidade de terapia intensiva: critérios e rotinas de atendimento. Rio de Janeiro: Revinter, 2014.

Goldwasser R et al. Desmame e interrupção da ventilação mecânica. Jornal Brasileiro de Pneumologia. 2007; 33(2):128-36.

Lee KA et al. Music and its effect on the physiological responses and anxiety levels of patients receiving mechanical ventilation: a pilot study. Journal of Clinical Nursing. 2015; 14:609-20.

Martins A, Silva A, Nêveda R. Ajustamento psicológico de doentes com insuficiência respiratória crônica em ventilação mecânica domiciliária. Revista Portuguesa de Psicossomática. 2005; 7(1-2):125-37. Disponível em: http://www.redalyc.org/articulo.oa?id=28770210. Acesso em: 05 de novembro de 2016.

Novaes MAF et al. Estressores em unidade de terapia intensiva: percepção do paciente, família e equipe. Revista da SBPH. 2000; 3(1):13-9.

Pusch de Souza R (Ed.). Manual – Rotinas de humanização em medicina intensiva. 2. ed. São Paulo: Atheneu, 2010.

Romano BW. Princípios para a prática da psicologia clínica em hospitais. 4. ed. São Paulo: Casa do Psicólogo, 2007.

Rotondi AJ et al. Patients' recollection of stressful experiences while receiving prolonged mechanical ventilation in an intensive care unit. Critical Care Medicine. 2002; 30(4):746-52.

Samuelson KA. Unpleasant and pleasant memories of intensive care adult mechanically ventilated patients – Findings from 250 interviews. Intensive and Critical Care Nursing. 2011; 27(2):76-84.

Samuelson KAM, Lundberg D, Fridlund B. Stressful memories and psychological distress in adult mechanically ventilated intensive care patients – a 2 month follow-up study. Acta Anaesthesiologica Scandinavica. 2007; 51(6):671-8.

Tracy MF, Chian L, Staugaitis A. Perceptions of patients and families who received a music intervention during mechanical ventilation. Music and Medicine. 2015; 7(3):54-8.

Wong HLC, Lopez-Nahas V, Molassiotis A. Effects of music therapy on anxiety in ventilator-dependent patients. Heart & Lung: the Journal of Acute and Critical Care. 2001; 30(5):376-87.

CAPÍTULO 9

Quando o Coração Expressa a Dor do Indizível

Maria Cristina Marques da Silva Pinho •
Joyce Vieira da Fonseca de Marca

Introdução

"Para que psicóloga na Unidade Coronariana? Não precisa, funcionamos bem sem a presença dela. Se o paciente estiver agitado, muito angustiado ou nervoso, a gente seda!"

Essa frase foi dita por um cardiologista, na década de 1990, durante uma reunião de equipe na qual a psicóloga foi apresentada. Traduzia não só a surpresa, a resistência e a ameaça com a chegada da nova profissional, mas também apontava uma dificuldade em identificar como esta poderia contribuir para o efetivo cuidado do paciente e se poderia ajudar a equipe nessa missão. Por que, para que e a quem interessava esse trabalho?

O convite havia sido feito pela chefia da Unidade Coronariana (UCO) do Hospital Municipal Miguel Couto, situado na cidade do Rio de Janeiro, por esta valorizar os aspectos emocionais envolvidos na doença e na hospitalização.

Com o mal-estar instalado, como a psicóloga poderia sustentar sua presença na equipe? Que estratégias poderiam ser adotadas? Como dialogar com os profissionais de diferentes saberes? Como construiria sua práxis?

"O psicanalista, ao se perguntar 'o que estou fazendo aqui', situa-se diante do incômodo e da tentativa de situar sua profissão. Ao acolher o chamado, o analista precisa encontrar o caminho para chegar aonde seu modo de ação seja possível. [...] o psicanalista precisa do efeito da ética do seu discurso, para que ele, analista, possa existir" (Moura, 2015, p. 122-4).

Algo já havia sido dito. Ali, imperava a ordem médica. O que mais haveria para ser falado? Como responder a essa e a outras questões formuladas?

Se para o médico era fácil sedar o paciente, talvez fosse esta a demanda: calar aquele que chora, agita e sofre. Sabemos que o hospital é o lugar da urgência física que, no entanto, nunca aparece sozinha. Junto a ela surge, também, a urgência psíquica, tantas vezes negada e silenciada neste espaço. Cabe ao psicólogo, com sua escuta empática, ativa e observação aguçada, resgatar o tão singular tempo psíquico do paciente, colocando-se na contramão do rápido, do depressa e do urgente. A partir daí, por meio da interlocução com os profissionais que compõem a equipe multidisciplinar, decodificar para todos que o choro pode não se relacionar à dor física, que a agitação psicomotora talvez tenha como motivação um medo devastador e que o silêncio pode revelar uma saudade imensa. Dessa forma, acaba por possibilitar que a equipe construa um saber mais amplo acerca do paciente ao considerar os aspectos psicodinâmicos.

O que pode, então, fazer o psicólogo? Como afirmam Soares e Lôbo (2007, p. 43): "auscultar a singularidade de cada sujeito". Assim, abre espaço para que, através da palavra, o paciente possa manifestar seu sofrimento e, a partir das intervenções do psicólogo, consiga ressignificá-lo.

O desafio foi aceito pela psicóloga a partir da aposta de que havia, sim, um lugar a ser conquistado e legitimado nesse contexto hospitalar. Como estratégia inicial, foi realizado um período de observação da dinâmica desta unidade, com o objetivo de conhecer seu funcionamento, identificar sua demanda e avaliar como poderia se inserir na equipe e como o trabalho poderia ser oferecido.

Após um ano, já tendo a profissional constituído um espaço de construção de trabalho, o cardiologista citado no início do capítulo pediu-lhe que o ajudasse com uma paciente. Sempre que ele a comunicava sobre sua alta da UCO para a enfermaria, a mesma abria um quadro de ansiedade generalizada que ocasionava alteração nos níveis pressóricos. Isso acabava por inviabilizar sua transferência. A paciente expressava sua insegurança ao dizer: "lá não tem doutor todo o tempo, se eu passar mal posso morrer".

A psicóloga foi convocada a intervir, por conta da subjetividade que os sintomas apresentavam.

Como aponta Moretto (2013, p. 209): "[...] o analista tem espaço no hospital justamente porque trata da subjetividade, esta que é posta de lado, recalcada por uma necessidade da ordem médica".

Para que o paciente seja acolhido em todas as suas necessidades, não basta uma equipe multidisciplinar ao seu redor. É preciso que esta atue de forma interdisciplinar, construindo um projeto conjunto que não só considere o saber de cada área do conhecimento, mas também busque uma solução compartilhada que leve a uma visão mais global do sujeito, possibilitando, assim, a ampliação do que é trabalhar coletivamente. Corroborando essa ideia, Ismael (2015, p. 15) enfatiza que: "as ações são colaborativas, interdependentes e complementares, observa-se uma identidade grupal. Não é somente *fazer a sua parte*, mas também *fazer parte*".

Características da unidade coronariana

O adoecer e a hospitalização trazem um grande impacto não só para o paciente, mas também para a sua família. Estar doente quebra a estabilidade da vida cotidiana e pode retirar do paciente todas as certezas até então construídas, fazendo-o defrontar-se com o real e com a ideia que mais se tenta negar: a finitude.

Esta o coloca no lugar da incerteza e da vulnerabilidade, abrindo espaço para o surgimento de vários sentimentos e temores, tais como: desamparo, isolamento, solidão, dentre outros. Podemos dizer, então, que a descompensação orgânica propicia uma descompensação psíquica.

A UCO tem por característica ser uma unidade de terapia intensiva voltada para o cuidado do paciente adulto, que apresenta patologia cardíaca de alto risco e necessita de cuidados contínuos. Estes são ministrados 24 horas por dia, 7 dias por semana, por meio de equipe multidisciplinar altamente qualificada, que se utiliza de recursos tecnológicos de ponta. Em geral, fazem parte dela médicos cardiologistas, enfermeiros, auxiliares e técnicos de enfermagem, fisioterapeutas, nutricionistas, psicólogos, fonoaudiólogos e assistentes sociais.

Neste ambiente, o tempo é da ordem do imediato, do que não pode esperar. "[...] é o tempo da urgência. Urgência médica, urgência do paciente, da família. Urgência do alívio da dor, da cura, da alta. Urgência da expressão e da escuta. Urgência do alívio da ansiedade ou da depressão. Urgência da atenção e da reflexão consciente. Urgência da transformação" (Paiva, 2008, p. 85).

Na busca pela eficácia do tratamento, são realizadas diariamente reuniões multidisciplinares, com a finalidade de avaliar as condutas anteriormente traçadas, bem como de (re)planejar as metas e estratégias a serem adotadas.

No entanto, objetivando a oferta de um atendimento de qualidade, o ambiente da UCO acaba por se mostrar gerador de iatrogenias[1] como, por exemplo, as relacionadas ao estresse. Os pacientes são submetidos ao afastamento de suas famílias, amigos e rotina de vida, ficando tudo fora de seu controle. Perda de autonomia, sons intermitentes originados dos diversos aparelhos, restrição ao leito, exposição do próprio corpo, iluminação constante, rotatividade de profissionais, procedimentos invasivos e estímulos dolorosos, dentre outros, também são capazes de causar danos ao doente. Como resposta a esses fatores, podem surgir reações emocionais como ansiedade, irritabilidade, insônia, inapetência, angústia e medo.

Visando a uma assistência mais humanizada, pesquisas foram realizadas com a intenção de identificar agentes estressores para esses pacientes. Dentre os principais, foram elencados: sentir dor, perceber-se incapacitado para exercer o papel na família, estar aborrecido, ouvir pessoas falando sobre ele e escutar sons e ruídos desconhecidos, que, em geral, são estranhos a quem não está acostumado a esse ambiente (Dias, Resende, Diniz, 2015). Em outra pesquisa, identificaram-se como características desfavoráveis a temperatura ambiente, a conversa entre os profissionais com tom de voz alto e a falta de informação sobre seu estado de saúde. Como pontos positivos foram ressaltados ser ouvido, tocado e identificado pelo nome (Taets et al., 2011). Esses dados nos mostram o quanto um cuidar individualizado, voltado para a escuta do paciente e para sua valorização enquanto sujeito, pode amenizar consideravelmente os fatores de estresse e, assim, proporcionar um melhor bem-estar.

Atualmente, os pacientes chegam à UCO do referido hospital transferidos de unidades de pronto atendimento (UPA), centros de emergência regional (CER), outros hospitais ou unidades que não dispõem dos recursos necessários, sendo estas transferências, muitas vezes, realizadas por mandato judicial. Elas podem igualmente ser oriundas de outras clínicas do próprio hospital, por conta de pacientes que apresentam intercorrências ou descompensações cardíacas.

---

[1] Segundo Tavares (2007, p. 181), "iatrogenia (ou iatrogenose, iatrogênese) abrange, portanto, os danos materiais (uso de medicamentos, cirurgias desnecessárias, mutilações etc.) e psicológicos (psicoiatrogenia – o comportamento, as atitudes, a palavra) causados ao paciente não só pelo médico como também por sua equipe (enfermeiros, psicólogos, assistentes sociais, fisioterapeutas, nutricionistas e demais profissionais)".

Infelizmente, vivenciamos um panorama de uma das piores crises da saúde na história do nosso país e, em especial, do estado do Rio de Janeiro, afetando também as unidades municipais que acabam superlotadas, gerando, assim, uma sobrecarga de trabalho. Assim, cada vez mais, os profissionais de saúde precisam ter alta resistência à frustração para poderem oferecer o seu melhor, tornando o que lhes parece impossível no possível a ser realizado. Este cenário acaba por gerar grande carga de estresse a todos os envolvidos.

Como nos descreve Meleiro (2015, p. 117): "o estresse representa o resultado de um processo de adoecimento, resultado de múltiplos fatores adversos com os quais as pessoas, repetidamente, precisam se deparar".

Todo esse contexto, marcado pela precariedade de recursos e das condições de trabalho, vem trazendo grande impacto na saúde do profissional dessa área. Contribuindo, desse modo, para o adoecimento psíquico do mesmo e, concorrendo muitas vezes para o desenvolvimento da síndrome de *burnout*, que resulta de um desgaste crônico na área ocupacional. Assim, essa síndrome surge a partir do esgotamento profissional, gerando, dentre outros sintomas, distúrbio do sono, ansiedade, exaustão física e emocional.

"O *burnout* é um grave problema de saúde pública que aumenta a morbimortalidade por diversas causas, entre elas infarto, diabetes, depressão e acidentes de trabalho, além de estar diretamente relacionado ao absenteísmo" (Kayo, 2015, p. 149).

Falando sobre o coração

Universalmente, o coração é considerado o centro da energia vital, das emoções e dos afetos. Muito já foi falado sobre o seu simbolismo, que vem se manifestando ao longo dos anos, nas mais diferentes formas. Está presente na arte, nas expressões populares, em figuras de linguagem, etc.

Do ponto de vista epidemiológico, as doenças cardiovasculares representam a principal causa de mortalidade no Brasil. O seu crescimento acelerado em países em desenvolvimento representa uma das questões de saúde pública mais relevantes da atualidade, e está associado ao aumento da expectativa de vida, aliado aos fatores de risco. Dentre estas, o infarto agudo do miocárdio (IAM) representa a principal causa (DATASUS, 2014).

De acordo com a base de dados do DATASUS (2014), cerca de 100 mil pessoas morrem anualmente vítimas de infarto, indicando uma taxa de mortalidade extremamente alta. Em 2014, foi responsável por 29,4% de todas as mortes registradas no Brasil.

A dor torácica é o principal sintoma associado ao IAM, que é descrito como uma dor súbita, prolongada, geralmente de forte intensidade sobre o esterno, com sensação de compressão, aperto ou queimação, que pode ser irradiada para as costas, a mandíbula, os braços, sendo mais frequentemente do lado esquerdo do corpo. Pode também ser associada a vômitos, dispneia, sudorese e palpitações.

No IAM ocorre redução de fluxo sanguíneo ocasionado pelo estreitamento ou obstrução de uma artéria do coração, impedindo que o oxigênio chegue em quantidade adequada às células cardíacas. O atendimento imediato ao paciente aumenta as chances de sobrevivência e de uma recuperação com um mínimo de sequelas. Segundo Pesaro, Serrano Jr. e Nicolau (2004, p. 216): "o diagnóstico é feito com base no quadro clínico, nas alterações eletrocardiográficas e na elevação dos marcadores bioquímicos de necrose".

Pode ser desencadeado por uma combinação de fatores de risco, tais como: tabagismo (maior causa evitável de morte), obesidade, hipertensão arterial, dislipidemia, sedentarismo, hereditariedade e estresse. Em nossos atendimentos, percebemos a prevalência da associação do infarto com o estresse, seja este no âmbito familiar (brigas, perdas, decepções, separações), laboral (alta competitividade, intensa cobrança de produtividade, excesso de carga horária de trabalho, ausência de férias) ou social (desemprego, ganho insuficiente, dependência financeira).

▶ Vinhetas clínicas

O coração tem mistérios que a própria razão desconhece

Como se pode observar, realizamos uma releitura do dito do filósofo Blaise Pascal – "o coração tem razões que a própria razão desconhece". Essa modificação foi realizada com o objetivo de articular alguns eventos cardíacos com o fenômeno psicossomático, buscando desvelar aspectos psíquicos para a constituição desses eventos.

C., 51 anos, foi trazida para o hospital após apresentar algumas horas de desconforto precordial em aperto. Fortes emoções se fizeram presentes momentos antes de seu evento cardíaco, ocasionando intenso estresse proveniente de uma violenta discussão com seu companheiro. A paciente verbalizou que este não acreditou que ela estivesse passando mal após a briga, trancando-a em casa antes de sair. Foi acudida por uma vizinha que, ao ouvir seus gritos, arrombou a porta e levou-a ao hospital. Realizou exames de coronariografia que revelou coronárias livres, isto é, sem doença obstrutiva, e de cintilografia miocárdica, que confirmou o diagnóstico de síndrome de Takotsubo.

Essa síndrome foi descrita no Japão, nos idos de 1990, por Satoh et al., sendo *tako* traduzido como polvo e *tsubo*, panela de barro, fazendo referência a um vaso-armadilha. O formato que o ventrículo esquerdo do coração apresenta ao ser acometido por essa síndrome lembra a armadilha que costuma ser utilizada por pescadores para a captura de polvos. Caracteriza-se por disfunção ventricular esquerda transitória, sendo geralmente reversível, com favorável prognóstico, levando à recuperação da função ventricular.

Costuma ocorrer subitamente após um trauma, uma condição física ou emocionalmente estressante, como perda de pessoas importantes, separações, acidentes, etc. Por isso, também é conhecida como "síndrome do coração partido".

Os sintomas físicos assemelham-se aos do IAM, podendo ocorrer dor torácica típica, dispneia e choque cardiogênico. É uma síndrome intrigante, realmente misteriosa, que afeta principalmente as mulheres, podendo mimetizar uma síndrome coronariana aguda. Até hoje não se tem certeza sobre as causas desse suposto infarto, permanecendo desconhecida a sua fisiopatologia. A mesma é citada no Manual Diagnóstico e Estatístico de Transtornos Mentais (DSM-5), mostrando que fatores psicológicos podem gerar doenças clínicas.

Nos atendimentos fica evidenciada a tristeza de C. Seu coração, órgão do afeto, da metáfora do amor, ao receber o impacto da violência do comportamento de seu companheiro, não suportou tamanha dor e se "partiu" alterando sua estrutura anatômica. Havia muitas vezes aberto mão de seus desejos para agradá-lo. A decepção e a desidealização com relação a quem tanto amava e se dedicava se refletem na fala: "Não entendo porque agiu dessa forma. Eu fazia tudo por ele e por causa dele podia ter morrido. Nunca mais quero vê-lo."

A Medicina Psicossomática, surgida nos anos 1930, revelou a presença de fatores psíquicos como elementos fundamentais para a constituição das enfermidades somáticas. Estas seriam produzidas pela articulação entre os fatores psíquicos e os de ordem somática.

A causa precipitante seria específica para cada sujeito, explicitando o seu conflito interno, o qual, não podendo ser elaborado no plano psicológico, é descarregado como tensão sobre a estrutura corporal. De acordo com Groddeck (1992), o indivíduo expressa através da doença o que não pode exprimir por vias normais.

Muitos autores, tais como Mc Dougall (1991), Spitz (2007) e Winnicott (1978), são unânimes em ressaltar a importância das vivências emocionais psíquicas primárias, surgidas na relação mãe/filho e como as distorções nessas relações trazem consequências funcionais e/ou patológicas. Ballint (1985) vem reforçar essa tese ao assinalar que os primeiros tempos de vida do indivíduo são caracterizados por um estado de interdependência amorosa entre a mãe e o bebê. Neste estágio inicial, se houver um descompasso entre as demandas do recém-nascido e a capacidade do meio em atendê-las, poderá acarretar traumatismos no seu psiquismo, que trarão a possibilidade de, a *posteriori*, se revelar em alterações clínicas claras. Este autor (1993) denominou a dinâmica descrita acima como falha básica.

Pode-se dizer, então, que as alterações clínicas constituem distorções relativas à falha básica, provocando distúrbios na capacidade de simbolização do bebê. Logo, as vivências iniciais infantis são de fundamental importância no que concerne à etiologia dos fenômenos psicossomáticos.

Mc Dougall (1991) concebe a manifestação psicossomática como uma defesa, sendo o negativo de um positivo. Apesar de todo dano proveniente das afecções psicossomáticas poder até levar o sujeito à morte, o objetivo fundamental continua sendo uma tentativa de adaptar ou de conservar as forças de vida, ou seja, a sobrevivência. "Estranha ironia do psicossoma", como nos diz Mc Dougall (1991, p. 166).

Marty (1965), através de seus estudos sobre os movimentos individuais de vida e de morte, nos apresenta vários exemplos de pacientes que, após estarem fora de perigo, prestes a terem alta, apresentam uma complicação surpreendente, não explicada pela medicina, e acabam morrendo. O que estaria por trás desses acontecimentos? Esse autor defende a presença da pulsão de morte nesses casos, em que movimentos de desorganização psíquica e corporal levam a alterações somáticas fisiológicas, patológicas e até mesmo mortais. Ao longo de nossa vivência no contexto hospitalar, pudemos testemunhar algumas situações como essas.

A., 64 anos, sem comorbidade cardíaca prévia, sofreu infarto uma semana após a morte repentina de seu marido, por um infarto fulminante, ocorrido quando ele saía de casa – "na soleira da porta", disse a paciente ao relatar o acontecido. Parecia querer dizer que a soleira representava o limite entre a vida e a morte. A paciente fala através do infarto, expressando pelo coração ferido a dor de sua perda: "foram mais de 30 anos de boa convivência, de companheirismo, mas agora a vida segue..." Seu tom de voz não revelava emoção.

"Os traumatismos [...] oriundos de uma excitação excessiva dos instintos ou pulsões que a organização psicossomática dos sujeitos não pode encarar [...] se definem pela quantidade de desorganização que produzem e não pela qualidade do acontecimento ou da situação que os produzem. Assim, um traumatismo decorre da relação entre a excitação e a defesa psicossomática do sujeito em questão" (Marty, 1993, p. 53).

Podemos pensar que a defesa psicossomática de A. não foi suficiente para lidar com a excitação excessiva ou pulsão advinda do trauma da perda de seu marido. Segundo Nasio (1997, p. 50): "a perda do amado é uma ruptura não fora, mas dentro de mim".

Fazendo uma metáfora, podemos dizer que a artéria foi obstruída pelo não dito, ou seja, pelo grito aprisionado de alguém que não conseguiu expressar em palavras aquilo que sentia.

A partir do acolhimento e da escuta oferecidos pela psicóloga, abriu-se a possibilidade de ajuda na ressignificação da morte de seu marido, através do seu posicionamento como sujeito diante desse sofrimento.

Esses dois exemplos ilustram como os fenômenos psicossomáticos não se estruturam por uma via simbólica, e sim por uma via anatômica, biológica, não podendo, por isso mesmo, serem decodificados pela palavra. Diferentemente das manifestações neuróticas e histéricas, em que a representação recalcada e o sintoma têm uma relação simbólica, expressando um discurso que pode ser lido e compreendido, no transtorno psicossomático há um vazio de representação, é uma história sem palavras, passando o corpo a agir. Mc Dougall (1991, p. 133) considera que: "entre todas as expressões da psique em conflito que o homem é capaz de criar, as manifestações psicossomáticas são de longe as mais misteriosas."

Falando de outro mistério | A morte

Quando se dirigia à entrada da UCO, a psicóloga se deparou com um homem jovem, encostado na parede do corredor, chorando compulsivamente. Ao se aproximar, se identificar e perguntar se poderia ajudá-lo, ele respondeu: "nunca mais vou poder ter meu filho, quero vê-lo". B., seu filho, tinha 17 anos e havia sido internado há 2 dias com diagnóstico de hipertensão arterial pulmonar. O óbito ocorrera algumas horas antes, por parada cardiorrespiratória. A equipe informou à psicóloga que o corpo já havia seguido para o necrotério, onde aguardava a remoção do serviço funerário. Ela repassou a informação ao pai e perguntou-lhe se gostaria de conversar com o médico, para compreender o que havia acontecido. Ele dizia que não, mostrando-se irredutível no desejo de ver o filho. Demonstrava que precisava concretizar aquela morte e constatar essa perda irremediável, pois era da ordem do absurdo e do inacreditável.

Como nos diz Nasio (1997, p. 57): "quando a perda é súbita e imprevisível, a dor se impõe sem reservas e transtorna todas as referências de espaço, tempo e identidade. Ela é invivível porque é inassimilável pelo eu".

Ao acolher o desejo do pai, a psicóloga acompanhou-o, testemunhando esse doloroso encontro com o real, isto é, com o corpo inerte e sem vida do filho, objeto eleito para amar intensamente e que agora havia sido perdido. Após pranteá-lo, abraçá-lo, expondo sua perplexidade diante desta cena, o pai pôde expressar com sofrimento devastador esta perda cruel. Depois de algum tempo aceitou conversar com o médico, tentando compreender o incompreensível.

É uma perda sem palavra, pois não existe um termo que defina a perda de um filho. Esta subverte a ordem natural da vida e é avassaladora. Como Nasio (1997, p. 30) aponta: "o que dói não é perder o ser amado, mas continuar a amá-lo mais do que nunca, mesmo sabendo-o irremediavelmente perdido".

O psicólogo é chamado, muitas vezes, para atuar em ambientes diversos aos que comumente transita. Acolher uma demanda como a descrita acima rompe com o cotidiano do seu fazer, podendo tornar-se uma tarefa difícil se ele se investir de onipotência e tentar dar respostas à dor do outro. Com sua presença e suporte, abre espaço para o acolhimento da expressão dos sentimentos trazidos pela família na morte de um ente querido. Batista e Guidugli (2015, p. 140) assinalam que: "o analista é convocado a estar no lugar de suportar a dor alheia, de dar conta de algo que [...] um familiar [...] não suporta: a dor, o vazio, a falta". Na verdade, ele não pode e nem tem como dar conta dessa dor.

> J., paciente de 15 anos de idade, foi internado na UCO, com suspeita de cardiopatia reumática valvar. Aos nove anos havia sido acometido por febre reumática, tendo, há seis meses, interrompido o tratamento com Benzetacil, por falta de medicação no posto onde realizava o acompanhamento. Mostrava-se muito assustado por se encontrar internado em uma unidade intensiva. Sua evolução estava sendo favorável, mas, de repente, próximo ao horário de visita, sem qualquer manifestação prévia, foi acometido por uma parada cardiorrespiratória. A equipe acorreu e, apesar de todos os esforços e de toda terapêutica oferecida, o óbito se impôs.

Essa perda inesperada foi tremendamente agressiva, evidenciando a angústia da equipe diante da imprevisibilidade e do limite. Como isso pôde acontecer? Será que deixamos de fazer alguma coisa, de perceber algo? Ele estava evoluindo tão bem!

Tais questionamentos apontam para o choque imposto pela realidade, que atinge a equipe ao se defrontar com a morte. Isto a faz ter que lidar com sua impotência frente ao óbito, além de confrontá-la com a sua própria finitude.

Apesar de fazer parte do cotidiano, quando a morte inesperada ocorre, principalmente de indivíduos jovens como B. e J., pode causar tristeza, tensão e gerar dúvidas, culpa e frustração entre os profissionais.

A psicóloga reuniu a equipe nesses dois casos, abrindo espaço para reflexão sobre a prática assistencial. Nestes momentos, os profissionais puderam trazer seus sentimentos oriundos daquela situação para serem compartilhados, possibilitando a ampliação da compreensão sobre a morte.

O uso desse recurso viabiliza à equipe de saúde lidar com as limitações do seu saber, com as questões psicológicas oriundas de sua prática, além de estimular momentos de troca de experiências entre todos, trazendo, assim, a possibilidade de redução do nível de estresse laboral. Tal vivência propicia a existência de equipes mais saudáveis, estabelecendo com outros profissionais, pacientes e familiares uma relação mais humanizada, pautada pela valorização da dimensão subjetiva.

"A criação de espaços institucionais, a fim de facilitar as discussões a respeito das dificuldades de tarefa assistencial, do desgaste inerente à tarefa de cuidar, e da saúde mental dos profissionais envolvidos, tem sido cada vez mais utilizada nas instituições de saúde" (Macedo et al., 2008, p. 338).

▶ Aderência ao tratamento

"Sei que tenho uma doença, mas não me sinto doente. Já estive internada outras vezes, mas esta está sendo a pior. É porque me sinto culpada, pois acho que procurei a doença. Eu fui alertada quando jovem que deveria ser acompanhada por um cardiologista, mas ignorei, e aos 19 anos fui orientada a não ter filhos, tive seis". Esta fala é de uma paciente de 56 anos de idade, hipertensa, diabética, que apresentava doença arterial coronariana obstrutiva grave, tendo sido submetida à angioplastia sem sucesso e sem possibilidade de realizar cirurgia de revascularização.

Uma das grandes questões do cardiopata diz respeito à aderência ao tratamento. Muitos já se sabiam hipertensos, diabéticos, dislipidêmicos, mas não se tratavam ou, se o faziam, era de forma irregular. Em muitos casos, porque utilizavam o mecanismo de negação, como evidenciado por esta paciente. No entanto, é preciso assinalar, dentre outros motivos, o não recebimento das informações e orientações adequadas ou mal compreendidas, como nos mostra esta fala de um paciente: "fui à emergência de outro hospital e me disseram que a pressão estava alta, me deram um remédio e me mandaram para casa. Não avisaram que eu tinha que procurar um clínico".

Um aspecto importante a ser salientado diz respeito à forma como a comunicação de um diagnóstico é feita, uma vez que consiste em um fator que impacta diretamente na maneira como paciente e família vão lidar com a doença e com uma possível hospitalização. Ela interfere, também, na construção da relação de confiança com a equipe. É fundamental que paciente e família possam compreender todas as informações prestadas, expondo suas dúvidas e receios, sentindo-se acolhidos. Assim, a aderência ao tratamento fica potencializada. Por isso, é de extrema importância que a equipe médica busque cada vez mais se instrumentalizar na arte da comunicação.

Voltando ao caso relatado, após alguns atendimentos, a paciente verbalizou: "aqui estou começando a assimilar que realmente estou doente". Ao entrar em contato com as questões que a impediam de aceitar sua doença cardíaca, e estas serem trabalhadas, pôde ressignificar sua história, deixando de se sustentar na negação e, assim, assumir sua condição atual. Com isso, ao apropriar-se de sua doença e se vincular ao tratamento, abriu espaço para a utilização de defesas mais adaptativas e funcionais, ampliando seu olhar na busca de outras formas de se relacionar com a doença e com a vida. Ao assumir esta nova posição frente ao adoecer e suas limitações, esta se permitiu encontrar outras atividades de que gostasse e que poderiam lhe dar prazer, sem lhe colocar em risco. Ao fazer isso, pôde cultivar um viver com menos mal-estar, e assim dialogar de outra maneira com as agruras de estar doente. Esta questão aponta a importância de o psicólogo avaliar a flexibilidade egoica que o paciente apresenta para suportar as limitações impostas pela doença.

Portanto, a internação pode propiciar um espaço importante para que o indivíduo inaugure uma nova forma de se cuidar, repensando seus hábitos e identificando o que favoreceu o seu adoecer. É uma chance para a realização de mudanças necessárias, a fim de obter uma melhor qualidade de vida.

Considerações finais

A práxis do psicólogo no âmbito da UCO se constitui em uma clínica tecida por constantes e permanentes desafios e impasses que investem esse cotidiano. Neste, ocorre o encontro genuíno e único entre o sujeito que precisa e deseja falar de si, de seu sofrimento, e o psicólogo que exerce a arte do acolhimento e da escuta, sendo esta muitas vezes do indizível.

Para tal, deve dispor de uma ampla gama de intervenções terapêuticas, por conta das contingências, situações inusitadas e da variedade das necessidades que se apresentam. Para isso, precisa lançar mão de contínuo aprimoramento em relação à sua prática e no exercício do diálogo com outros saberes.

Não poderíamos terminar este capítulo sem ressaltarmos a importância de que psicólogos intensivistas produzam material sobre seu fazer, para que se possa, cada vez mais, ampliar o debate sobre sua atuação nas unidades intensivas.

Referências bibliográficas

American Psychiatric Association. Manual diagnóstico e estatístico de transtornos mentais. DSM–5. Porto Alegre: Artmed, 2014.
Ballint M. A falha básica: aspectos terapêuticos da regressão. Porto Alegre: Artes Médicas, 1993.
Ballint M. Early developmental states of ego: Primary object-love. In: Ballint M. Primary love and psycho-analytic technique. London: Hogarth Press, 1985.
Batista JS, Guidugli SKN. Transferência na "sala de transferência": do encontro entre o enlutado, o analista e o corpo. In: Elias VA, et al. Horizontes da psicologia hospitalar: saberes e fazeres. São Paulo: Atheneu, 2015.
DATASUS. Aspectos epidemiológicos do infarto agudo do miocárdio (IAM) no Brasil. Disponível em: http://msbbs.datasus.gov.br. Acesso em: 15 de dezembro de 2016.
Dias DS, Resende MV, Diniz GCLM. Estresse do paciente na terapia intensiva: comparação entre unidade coronariana e pós-operatória geral. Rev Bras Ter Intensiva São Paulo. Mar 2015; 27(1):18-25. Disponível em: http://www.scielo.br/scielo.php?script=sci_arttext&pid=S0103-507X2015000100018&lng=en&nrm=iso. Acesso em: 17 de novembro de 2016.
Groddeck G. Estudos psicanalíticos sobre psicossomática. São Paulo: Perspectiva, 1992.
Ismael SMC. As vicissitudes da psicologia clínica no hospital: uma reflexão. In: Elias VA, et al. Horizontes da psicologia hospitalar: saberes e fazeres. São Paulo: Atheneu, 2015.
Kayo M. Síndrome de *burnout* em profissões não assistenciais. In: Conselho Regional de Medicina do Estado de São Paulo (CREMESP). Saúde mental e trabalho. São Paulo: CREMESP, 2015.

Macedo PCM, Nogueira-Martins MCF, Nogueira-Martins LA. Técnicas de intervenção psicológica para humanização nas equipes de saúde: Grupos Balint e Grupos de Reflexão sobre a tarefa assistencial. In: Knobel E, Andreoli PBA, Erlichman MR (Orgs.). Psicologia e humanização: assistência aos pacientes graves. São Paulo: Atheneu; 2008.

Marty P. Los Movimientos individuales de vida e muerte. Barcelona: Toray, 1965.

Marty P. Psicossomática do adulto. Porto Alegre: Artes Médicas, 1993.

Mc Dougall J. Em defesa de uma certa anormalidade. Teoria e clínica psicanalítica. 4 ed., Porto Alegre: Artes Médicas, 1991.

Meleiro AMAS. Consequências do trabalho na saúde mental do médico: qual a realidade? In: Conselho Regional de Medicina do Estado de São Paulo (CREMESP). Trabalho e saúde mental dos profissionais da saúde. São Paulo: CREMESP, 2015.

Moretto MLT. O que pode um analista no hospital? São Paulo: Casa do Psicólogo, 2013.

Moura MD. Psicanálise e hospital: um lugar para o sujeito a partir de diferentes práticas discursivas. In: Elias VA. Horizontes da psicologia hospitalar: saberes e fazeres. São Paulo: Atheneu, 2015.

Nasio JD. O livro da dor e do amor. Rio de Janeiro: Jorge Zahar, 1997.

Paiva SA. Quando o mal-estar social adoece o coração: o infarto à luz da psicossociologia. Belo Horizonte: PUC-Minas, 2008.

Pesaro AEP, Serrano Jr CV, Nicolau JC. Infarto agudo do miocárdio: síndrome coronariana aguda com supradesnível do segmento ST. Rev Assoc Med Bras São Paulo. Abr 2004; 50(2):214-20. Disponível em: http://www.scielo.br/scielo.php?script=sci_arttext&pid=S0104-42302004000200041&lng=en&nrm=iso. Acesso em 01 de novembro de 2016.

Satoh H et al. Takotsubo-type cardiomyopathy due to multivessel spasm. In: Kodama K, Haze K, Hon M (Eds.). Clinical aspects of myocardial injury: from ischemia to heart failure. Tokyo: Kagakuhyouronsya. 1990; 56-64.

Soares AO, Lobo RCMM. Do imaginário ao simbólico: o desabamento do sujeito frente à doença oncológica. Epistemo-somática Belo Horizonte. Jul 2007; 4(1):41-9.

Spitz R. O primeiro ano de vida. São Paulo: Martins Fontes, 2007.

Taets GGC et al. Humanização da assistência: a percepção de pacientes de uma unidade coronariana. In: 16º Seminário Nacional de Pesquisa em Enfermagem, 2011, Campo Grande. Anais eletrônicos da Associação Brasileira de Enfermagem, 2011. Disponível em: http://www.abeneventos.com.br/16senpe/senpe-trabalhos/files/0251.pdf. Acesso em: 16 de outubro de 2016.

Tavares FM. Reflexões acerca da iatrogenia e educação médica. Rev Bras Educ Med Rio de Janeiro. Ago 2007; 31(2): 180-5. Disponível em: http://www.scielo.br/scielo.php?script=sci_arttext&pid=S0100-55022007000200010&lng=en&nrm=iso. Acesso em: 12 de dezembro de 2017.

Winnicott DW. Preocupação materna primária. In: Winnicott DW. Textos selecionados: da pediatria à psicanálise. Rio de Janeiro: Francisco Alves, 1978.

CAPÍTULO 10

Perdas e Luto | Repercussões para Paciente, Família e Equipe

Mayla Cosmo Monteiro • Christine da Motta Rutherford • Sheila Tavares Costa de Paula

Perdas e luto

Luto e unidade de terapia intensiva (UTI) são palavras muito fáceis de serem associadas, uma vez que, nesse ambiente, convivem pacientes graves, seus familiares e a equipe de saúde, muitas vezes em situações em que a morte é iminente. De acordo com o dicionário Houaiss, luto é definido como "um sentimento de tristeza profunda, causada pela morte de alguém; período de tempo em que se manifestam certos sinais desse sentimento". Uma definição tão breve e simples para uma vivência complexa e repleta de nuances, mas que expõe a relevância do aprofundamento no tema para profissionais de saúde.

Se o pensamento de Heidegger (2005) de que o ser humano se constrói como pessoa e se reconhece a partir das relações for seguido, pensar em luto apenas pela morte de um ente querido seria reduzir demais a importância das relações com tantas outras experiências de perda, sendo elas objetivas ou subjetivas. Nossa biografia será marcada, certamente, pela perda de pessoas importantes e significativas. No entanto, enfrentamos outras perdas ao longo do nosso processo de desenvolvimento, como aquelas inerentes às fases de transição do ciclo de vida (na passagem da infância para a adolescência, desta para a vida adulta e depois para a velhice), além das perdas concretas e simbólicas. Assim, podemos dizer que a perda e sua elaboração, que se configura no processo de luto, são elementos presentes em nosso cotidiano, e podem acarretar angústia, medo, solidão, raiva, dor e tristeza (Kovács, 2010).

Bowlby (1990) afirma que só há luto quando há o rompimento de um vínculo emocional, do investimento afetivo existente entre a pessoa e o que se foi, sendo identificado como uma situação de urgência pelo organismo frente ao desequilíbrio entre os ajustes necessários para o alcance da homeostase emocional/fisiológica e os recursos disponíveis ao sujeito. Seguindo essa definição, portanto, pode-se pensar em enlutamento na esfera da UTI, gerado pela perda da identidade, da autonomia, da rotina, da segurança, da individualidade, da privacidade, de um membro por amputação, pela mudança de papéis familiares, dentre outras (Cosmo et al., 2014).

O luto é uma vivência contínua frente a diversos eventos que impõem um ciclo de rompimento e de reconstrução ao longo da vida. Independentemente das especificidades de cada perda, o luto é um fenômeno multifacetado que envolve várias dimensões: física, emocional, comportamental, intelectual, espiritual e social. Alterações de sono, apetite e peso, exaustão, palpitações cardíacas, boca seca, falta de ar, perda do interesse sexual, queda no sistema imunológico e alterações metabólicas fazem parte da dimensão física do luto. Emoções e/ou sensações como choque, entorpecimento, choro, depressão, culpa, raiva, saudade, ansiedade, desamparo, medo, solidão e alívio podem ser notadas na dimensão emocional. No âmbito comportamental, podemos ter hipo ou hiperatividade, aumentar o consumo de álcool, de fumo ou de psicotrópicos, evitar lembranças e procurar e chamar pela pessoa falecida. Na dimensão intelectual, podem ocorrer confusão mental, desorganização, falta de concentração, déficit de memória, desorientação, negação, alucinação e pensamentos obsessivos. Na esfera da espiritualidade, podemos sonhar com o que ou quem foi perdido, ter perda ou aumento da fé e apresentar um questionamento de valores. Por fim, na dimensão social, podem estar presentes perda da identidade, dificuldade de relacionamento, falta de interação, isolamento e afastamento (Parkes, 1998). Importante destacar que nem sempre toda essa gama de sinais e sintomas é manifestada pelos enlutados, nem na mesma intensidade.

Ao longo da vida, construímos internamente um modelo, um conjunto de concepções que servem de referência ao que reconhecemos como mundo e que Parkes (1998) denominou como mundo presumido, ou seja, aquele que provê estabilidade, segurança e confiança de que a vida é, de certa forma, previsível. Quando ocorre uma perda, como o mesmo autor afirma, há a quebra do mundo presumido, tendo como consequência um período de crise, de transição psicossocial marcante, quando ocorrem transformações pessoais e na dinâmica familiar, social e econômica. Essencialmente, a perda de uma relação resulta em perda de uma parte de si, parte esta que se nutria da troca existente nessa relação. Luto, portanto, é o período necessário para descobrir o que cada um se torna após a perda de algo ou de alguém significativo.

Alguns autores sistematizaram etapas importantes de serem vivenciadas para a elaboração do luto, as quais não acontecem sempre e nem de forma linear. Worden (2013) propõe que as primeiras fases necessárias para passar à transformação da relação e dar seguimento à vida seriam: aceitar a realidade da perda e vivenciar o pesar gerado pela mesma para, logo depois, ajustar-se ao meio onde a relação não é mais possível. Bowlby (1990), assim como Parkes (1998), fala de um entorpecimento, uma espécie de anestesia em um primeiro momento para, em seguida, a demonstração de um comportamento de anseio e busca, na tentativa de recuperação do objeto perdido. Na terceira etapa, quando se percebe que a perda é imutável, entra-se em um estado de desorganização e desespero para, finalmente, entrar na fase de recuperação e restituição da vida e de si próprio. O término do processo não depende do tempo, mas de quando se passa a investir as emoções na vida e no viver.

Mazorra (2009) defende a elaboração do luto e a construção de significado como tarefas fundamentais para a restauração desse investimento na vida. Enfatiza que a construção do significado ocorre por meio da busca de sentido para a perda, na transformação da identidade e da relação com o que se perdeu e no encontro de benefícios, como, por exemplo, perceber o crescimento pessoal após a perda ou se dar conta de sua força ou de alguma outra característica. Esse processo é único e pessoal e nele está a possibilidade de significar a experiência e encontrar um espaço interno para a relação perdida ao reconfigurar essa "parte desfalcada": as lembranças que causavam dor anteriormente, gradualmente, se transformam em valor, fundamental para essa nova organização.

A referida autora se apoia no Modelo de Processo Dual do luto proposto por Stroebe e Schut (2001), que expõe dois novos conceitos para a compreensão do processo de enlutamento: o enfrentamento orientado à perda e o enfrentamento orientado à restauração. O primeiro engloba o trabalho de luto e a busca da pessoa perdida, de modo que se refere à vivência da perda propriamente dita. Sendo assim, esse tipo de enfrentamento se traduz em uma expressão da dor dela decorrente. Já o enfrentamento orientado à restauração se refere à reorganização da vida e inclui desde mudanças implementadas pela perda e o engajamento em novas atividades até o estabelecimento de novas relações. Esse modelo traz uma proposta inovadora ao estabelecer a noção de "oscilação", como um movimento dinâmico e regulatório do processo de enlutamento. Esse movimento demanda a alternância entre o enfrentamento orientado à perda e o enfrentamento orientado à restauração, e é essencial para a construção de significados positivos sobre o luto.

Assim, a oscilação entre a tristeza e a alegria e entre o pesar e a reorganização das atividades cotidianas favorece as tarefas fundamentais descritas por Mazorra (2009). Essa oscilação só pode acontecer quando as estratégias de enfrentamento são ativadas, pois são elas que informam quais recursos psicossociais precisam ser mobilizados para se lidar com situações estressantes que se apresentam a cada momento. Quando ocorre a ausência de oscilação, ou seja, quando o indivíduo se atém mais predominantemente ao processo de restauração e de reorganização ou mais ao pesar, o luto é prejudicado e suas reações podem se intensificar, ou até mesmo estar ausentes. Dessa forma, não há possibilidade de transformação da relação interna e com o mundo e acontece uma estagnação no processo de elaboração, conhecida como luto complicado (Parkes, 1998).

Segundo Horowitz (1980), o luto complicado é a intensificação do luto até o ponto em que a pessoa se sente sobrecarregada, recorre a um comportamento mal adaptado ou permanece interminavelmente em um estado de luto, sem progressão do processo em direção a seu término. A diferença entre as reações emocionais e comportamentais de um processo de luto normal e as de luto complicado não se diferenciam pelo modo como aparecem, e sim pela sua duração e intensidade. Estudiosos do luto apontam alguns fatores de risco para o desenvolvimento de luto complicado que devem ser observados com atenção em indivíduos enlutados: fatores relacionados ao tipo e contexto da morte (em nosso caso, as mortes podem ser inesperadas pelo agravamento de alguma função ou esperadas, como no caso de doenças progressivas, bem como o morrer pode ser prolongado por atitudes distanásicas), fatores associados à relação entre o enlutado e o falecido (a sobrecarga do cuidador previamente à morte em função do adoecimento e da internação), fatores relacionados à rede de suporte social disponível, fatores relacionados a características pessoais do enlutado, à sua vida afetiva na infância e aos seus antecedentes pré-mórbidos (Worden, 2013; Solano, 2014).

Os familiares de pacientes que morreram em UTI são descritos pela literatura especializada em cuidados de fim de vida neste contexto, como vulneráveis às sequelas psicológicas como ansiedade generalizada, depressão, transtorno do estresse pós-traumático (TEPT) e luto complicado (Kentish-Barnes, Chevret e Azoulay, 2016; Miyajima et al., 2014; Probst et al., 2016). Dessa forma, o cuidado dos familiares é uma das partes mais importantes do cuidado global dos pacientes internados, principalmente porque estes, na maioria das vezes, estão sedados e impossibilitados de tomar decisões (Monteiro, 2015).

No caso de mortes esperadas resultantes de doenças graves, há um período prolongado de estresse, intensificando o esgotamento emocional e, muitas vezes, financeiro da família. Nesta situação, pode ser que a família deseje a morte, suscitando sentimentos ambivalentes e culpa – ora quer que seu familiar permaneça vivo, ora deseja sua morte. Em pesquisa realizada com familiares de pacientes terminais no contexto hospitalar, Pereira e Dias (2007) corroboram essa ideia, ressaltando que o processo de despedida é sentido pelo familiar cuidador como gerador de sofrimento e angústia intensos, com a alternância de momentos de culpa (devido ao desejo de morte do paciente, que trará fim ao sofrimento) e de fé e esperança (com a expectativa de melhora).

Todavia, há maior probabilidade de desenvolvimento de sintomas emocionais e/ou físicos quando os membros da família são incapazes de se relacionarem abertamente uns com os outros em relação à morte. Quanto mais longo e prolongado for o estresse, mais difícil será a permanência da comunicação clara e honesta, e mais provável será o aparecimento da disfunção. As famílias que conseguem se comunicar, compartilhar informações e opções, bem como utilizar fontes externas de apoio, parecem se reestabilizar melhor depois da morte (Franco e Antonio, 2005; Pereira e Dias, 2007). O psicólogo pode intervir durante a hospitalização de um paciente em fase final de vida na UTI na abertura do sistema ao convocar a família para participar do processo de tomada de decisão, respeitando o *timing* de cada membro e sua necessidade de esperança.

A experiência de ter um familiar internado na UTI em estado grave pode acionar um fenômeno adaptativo nos membros da família descrito como *luto antecipatório*, no qual é possível se preparar cognitiva e emocionalmente para a morte iminente, gerando um intenso sofrimento. O estudo acerca do luto antecipatório torna-se imprescindível no trabalho com familiares que passam por períodos longos de internação em hospitais, momentos em que são sentidas diversas perdas entre a descoberta do diagnóstico (perda da saúde, hospitalização, afastamento do cotidiano habitual e perda do senso de controle e da segurança) até a morte propriamente dita do familiar-paciente (Fonseca, 2004; Cardoso e Santos, 2013).

A antecipação da perda envolve uma gama de respostas emocionais precoces como ansiedade de separação, solidão existencial, tristeza, desapontamento, raiva, ressentimento, culpa, exaustão e desespero. Há também a presença de sentimentos ambivalentes – ora o familiar pode desejar estar mais próximo do paciente, ora pode desejar distância e a fuga dessa situação insuportável. As reações variam dependendo do sentido singular do relacionamento e de sua perda para cada membro e das implicações da morte para a unidade familiar (Rolland, 1998). Fonseca (2004) elaborou um quadro relacionado ao processo do luto antecipatório, apresentando as seguintes fases, que estão separadas por uma questão didática, mas que se mesclam de tal forma que não há uma demarcação nítida entre uma e outra: choque, negação, ambivalência, revolta, negociação, depressão, aceitação e adaptação.

Uma pesquisa realizada por uma das autoras com familiares de pacientes em situação de terminalidade em UTI mostrou que o luto antecipatório foi um recurso adaptativo utilizado por estes, proporcionando reorganização de seus recursos para enfrentar a perda iminente de seu ente querido. Atentamos também para a presença de lutos superpostos, ou seja, a revivência naquela experiência de outros lutos por perdas passadas de pessoas significativas (filhos e pais, por exemplo), potencializando ainda mais o sofrimento. Se as perdas passadas não forem bem resolvidas e integradas na família, elas podem dificultar o enfrentamento da perda atual, tornando mais penoso o processo adaptativo e deixando o familiar mais vulnerável à depressão, ao luto complicado e ao TEPT no período pós-morte (Monteiro, 2015).

Além de considerarmos o sofrimento experienciado pelo paciente e por sua família, precisamos também reconhecer que a equipe de saúde intensivista vive lutos cotidianos em sua prática profissional e nem sempre consegue compartilhar seu sofrimento. Em função do silenciamento da morte nos hospitais, que coincide com a situação em que se vê a morte como fracasso, bem como com a prevalência do modelo biomédico na formação de muitos membros da equipe, que preconiza o não envolvimento emocional com o doente, quando estes têm que lidar com a perda e o pesar decorrentes da morte de pacientes, seu processo de luto não é reconhecido ou autorizado (Kovàcs, 2010a).

O conceito de *luto não reconhecido* foi cunhado por Kenneth Doka (2002) e refere-se às perdas que não podem ser abertamente apresentadas, socialmente validadas ou publicamente pranteadas. O autor parte do princípio de que qualquer sociedade tem um conjunto de normas, as regras de luto, que determinam quem, quando, onde, como, por quanto tempo e por quem devemos expressar sentimentos de luto ou pesar. Kovàcs (2010a) estabelece relação entre intenso estresse, colapso e luto não reconhecido, argumentando que a repressão das emoções provoca esgotamento psíquico, diminuindo a concentração, aumentando o consumo de substâncias químicas, levando a depressão e tentativas de suicídio. Essa vivência angustiante pode prejudicar o profissional no desenvolvimento de suas atividades diante das necessidades do enfermo, além de afetar sua própria autoestima, acarretando sobrecarga e estresse ocupacional (Santos; Aoki e Cardoso, 2013), aumentando a incidência da síndrome de *burnout* entre profissionais (síndrome laboral que se refere à tensão emocional crônica de pessoas que tratam diretamente de outros seres humanos), tema que será discutido no Cpítulo 14.

O apreço da equipe intensivista pela tecnologia e pelo uso de equipamentos de suporte avançado de vida denota, em muitas situações, uma atitude de onipotência, colocada em xeque diante da inexorabilidade da morte. Uma pesquisa realizada com médicos intensivistas a respeito da terminalidade do paciente revelou que, no contato com a finitude, estes experimentam uma ambivalência entre sensibilização, aproximação e empatia e distanciamento. Além disso, os mecanismos de defesa mais utilizados pelos entrevistados foram: a racionalização, o distanciamento e a negação dos sentimentos e a despersonalização e a negação da importância do indivíduo. Eles vivenciam lutos pela perda dos pacientes, em especial, os mais jovens, com os quais se identificam, mas buscam naturalizar os sentimentos e as emoções despertados diante da morte e do morrer (Monteiro, Magalhães, Féres-Carneiro, 2016).

Por conta de todos esses aspectos relacionados ao trabalho em UTI no tocante ao luto dos pacientes, de seus familiares e da equipe de saúde, a interdisciplinaridade e o trabalho colaborativo entre os membros da equipe assumem grande importância. O cuidado centrado no paciente e na família, tão preconizado pelos programas de humanização, deve ser estendido à equipe também. Todos os atores presentes neste ambiente precisam ser escutados e acolhidos em suas dores e em suas angústias, principalmente quando a morte espreita, como nos lembra Parkes (2009): "é a transitoriedade da vida que engrandece o amor. Quanto maior o risco, mais forte se torna o vínculo. Para a maioria de nós, o fato de que um dia perderemos as pessoas que amamos, e elas a nós, nos aproxima delas, mas se torna um sino silencioso que nos desperta no meio da noite" (p. 11).

Caso clínico

Considerando a riqueza de possibilidades de compreensão acerca do tema luto e toda a complexidade envolvida no cuidado com a pessoa enlutada, a descrição de forma mais prática da aplicação de algumas das temáticas discorridas neste capítulo pode ser de grande valia. Dessa forma, descreveremos a seguir um caso clínico.

> Paciente de 72 anos foi admitida na unidade coronariana para tratamento de tromboembolismo pulmonar (doença potencialmente fatal, caracterizada pela migração de um ou mais coágulos das veias sistêmicas para o leito vascular pulmonar), apresentando-se inicialmente estável do ponto de vista clínico.
>
> A avaliação psicológica de rotina foi realizada no dia seguinte à sua internação, quando a paciente relatou a perda do cônjuge há apenas 1 mês, com o qual permaneceu no hospital por um longo período até o seu falecimento. Apresentava sinais claros do luto que ainda estava sendo vivenciado, com o agravante de ter se tornado paciente e estar internada.

A paciente mostrou-se bastante receptiva à abordagem psicológica, aprofundando significativamente o processo de luto pela perda do marido e colocando sua própria internação em segundo plano. Tal movimento foi possível devido à estabilidade de seu quadro clínico, que não trazia maior ansiedade por estar controlado. Do ponto de vista psicológico, a urgência inicial estava relacionada com a elaboração do luto pela perda recente, que foi tema principal dos primeiros atendimentos realizados, quando a paciente pôde falar sobre a tristeza por ter perdido seu companheiro de vida, mas também do alívio por ele ter se libertado do sofrimento pelo qual passou durante a internação. Sentia-se emocionalmente sobrecarregada e chegou a considerar a própria internação como uma forma de poder cuidar de si.

Entretanto, a doença venosa trombótica progrediu, sendo indicado procedimento invasivo para colocação de um filtro de veia cava. Pela primeira vez, a ansiedade em relação à sua própria condição clínica ficou mais evidente e o medo de que "algo ruim" acontecesse surgiu. Após esclarecimento das dúvidas em relação ao procedimento, a paciente e seus familiares concordaram com a decisão médica. O acompanhamento psicológico permaneceu, a pedido da própria paciente, e ela conseguiu verbalizar com muita clareza suas angústias e a dificuldade de não poder vivenciar o luto do marido de forma mais tranquila – afinal, toda a sua atenção e os seus recursos de enfrentamento estavam voltados agora para sua recuperação. Possuía boa percepção de seu autossuporte e confiança no tratamento, possíveis pela presença de uma forte espiritualidade que se mostrou desde o início um recurso de enfrentamento importante.

A despeito de seu otimismo, ela evoluiu com piora clínica que determinou a indicação de cirurgia de embolectomia pulmonar, decisão que gerou muita angústia em suas filhas em função do alto risco de morte. Mais uma vez, a sólida fé religiosa foi o principal suporte neste momento. No período de pós-operatório imediato, a paciente apresentou grave instabilidade, com necessidade de implante de um sistema de suporte orgânico e circulatório, *extracorporeal circulatory membrane oxygenation* (ECMO), o que caracterizou o agravamento e a criticidade do quadro clínico.

Uma nova etapa do acompanhamento foi iniciada: a internação que inicialmente se apresentou de maneira estável passou a um quadro de real ameaça à vida da paciente, agora em estado gravíssimo. O suporte psicológico passou a ser dado exclusivamente às filhas que, apesar de se mostrarem conscientes da gravidade, não se permitiam falar sobre o risco de morte, comportamento este coerente com o impacto de se receber uma má notícia que evidencia o risco de perda iminente de um familiar que se encontra doente. O foco agora era o acolhimento da família em um momento crítico, permitindo e assegurando o espaço para a existência do medo, mas também da esperança. A ambivalência de sentimentos se faz durante o processo de elaboração racional e emocional de eventos ameaçadores, tais como a iminência da morte.

A todo momento, o processo de luto pela perda do pai retornava como tema, mas não conseguiam cogitar a possibilidade de passar agora pela perda da mãe. Começaram a se revezar em turnos para permanecerem no hospital e foram aos poucos se familiarizando com os termos médicos, como dosagens de medicação e resultados laboratoriais. O vínculo com a psicóloga ficou ainda mais fortalecido, e possibilitou que fossem abordadas questões como a importância do autocuidado e do suporte de outros familiares e amigos. A ampliação da rede de cuidado é um fator de extrema importância em um momento de intenso estresse, principalmente quando se vislumbra uma internação de longa duração.

Durante o período de quase 7 meses em que ficou internada, a paciente foi submetida à traqueostomia e ficou dependente de hemodiálise. Manteve-se lúcida, mas em muitos momentos optava por não se comunicar com ninguém, nem mesmo com as filhas. Ao longo da internação, foi passando de uma tentativa extrema e positiva de conseguir superar toda aquela situação até ao ponto em que não tinha mais forças, porém não conseguia verbalizar para as filhas o seu desejo de encerrar todo o sofrimento pelo qual estava passando pelo medo de deixá-las.

A psicóloga preocupava-se em oferecer um espaço favorável para a escuta das questões relacionadas ao estado emocional da família diante de tantas perdas sofridas desde o início da sua hospitalização; afinal, foram muitas as reviravoltas. A dificuldade das filhas para elaborarem o luto da perda imediatamente anterior à internação da paciente prejudicou a vivência do processo de luto antecipatório. Realmente não havia condição emocional para se falar sobre a possibilidade de uma nova perda. Junto a esta dificuldade, estavam as constantes expectativas de que a paciente poderia sair daquela condição crítica, uma vez que em muitos momentos houve de fato a melhora do quadro clínico. Foi percebida, principalmente nas filhas, a presença de lutos superpostos, já que a perda anterior do pai potencializou sentimentos como o medo, a tristeza e o desamparo.

Quando o paciente ou sua família não conseguem falar em perda ou morte, torna-se difícil estabelecer um limite de "até onde ir". Durante uma internação assim tão longa, são muitas as variáveis que precisam estar em acordo para que decisões possam ser tomadas. A equipe fica desgastada, ocorrem conflitos de opinião entre os profissionais e dificuldades de comunicação se tornam mais evidentes. A psicóloga intermediou, muitas vezes, diálogos entre equipe e família, paciente e família e mesmo entre os familiares. O psicólogo em uma UTI é o profissional que vai desempenhar a função de facilitação da comunicação, visando ao maior bem-estar possível para o trinômio paciente-família-equipe, criando espaço para que os anseios em relação ao desgaste emocional presentes no ambiente da terapia intensiva possam ser expressos.

A partir do momento em que a paciente começou a perguntar pelo marido, mesmo não estando desorientada, as filhas conseguiram começar a falar sobre o medo de perder a mãe. Uma abordagem mais voltada para o luto pôde ser iniciada, com a proposta de perceberem as perdas objetivas e subjetivas pelas quais já haviam passado desde a hospitalização até aquele dia. Começaram a perceber o cansaço e o desgaste da paciente, que não conseguia mais reagir, independentemente de todos os procedimentos e suporte clínico oferecidos.

O ponto de virada deste caso aconteceu quando, através da psicóloga, as filhas receberam a informação do quanto a equipe de enfermagem estava sofrendo ao perceber a angústia da paciente. Acreditavam que a equipe não se importava, mas ao tomarem conhecimento da empatia para com elas e, sobretudo em relação à paciente, perceberam que precisavam deixá-la seguir o caminho que fosse possível. Dessa maneira, puderam dizer à paciente que poderia partir. Alguns dias depois, a paciente teve nova piora do quadro clínico e faleceu. Antes disso, no entanto, tiveram a oportunidade de se despedir.

O acompanhamento psicológico respeitou o tempo que cada uma delas precisou para poder elaborar o percurso entre diagnóstico, tratamentos e, então, a possibilidade de vivência do luto antecipatório. Respeitar este processo possibilitou que, mesmo diante das dificuldades inerentes a um longo período de internação, o bom vínculo com a paciente e seus familiares fosse mantido. Este vínculo favoreceu a vivência do luto antecipatório nos momentos finais da vida da paciente. Após o falecimento desta, foi realizado contato com as filhas, que apesar de entristecidas pela perda do pai e da mãe em momentos tão próximos e mediante situações clínicas tão complexas, estavam também tranquilas. Sentiam-se de certa forma felizes e agradecidas por estarem próximas a eles durante o processo de morrer.

"A gratidão encerra o sofrimento do processo de luto" (Arantes, 2016).

Referências bibliográficas

Arantes ACQ. Comunicação pessoal. Curso intensivo "Conversas sobre a Morte" realizado nos dias 16 e 17 de abril de 2016 no Rio de Janeiro.

Bowlby J. Formação e rompimento de laços afetivos. São Paulo: Martins Fontes, 1990.

Cardoso EAO, Santos MA. Luto antecipatório em pacientes com indicação para o transplante de células-tronco hematopoéticas. Rev Ciênc Saúde Coletiva. 2013; 18(9):2567-75.

Cosmo M et al. O paciente em unidade de terapia intensiva – critérios e rotinas de atendimento psicológico. In: Kitajima K et al. (Orgs). Psicologia em unidade de terapia intensiva – critérios e rotinas de atendimento. Rio de Janeiro: Revinter. 2014; 1-21.

Doka K. Disenfranchised grief: new directions, chalenges and strategies for practice. Illinois: Research Press, 2002.

Fonseca JPF. Luto antecipatório. Campinas: Livro Pleno, 2004.

Franco MHP, Antonio M. O luto antecipatório ou como a morte anunciada retrata uma existência. In: Franco MHP (Org.). Nada sobre mim sem mim: estudos sobre vida e morte. São Paulo: Livro Pleno. 2005; 19-35.

Heidegger M. Ser e tempo. Parte I. Petrópolis: Vozes, 2005.

Horowitz MJ. Pathological grief and the activation of latent self images. American Journal of Psychiatry. 1980; 137(10):1152-57.

Kentish-Barnes N, Chevret S, Azoulay E. Impact of the condolence letter on the experience of bereaved families after a death in intensive care: study protocol for a randomized controlled trial. Trials. 2016; 17(102).

Kovàcs MJ. Morte, separação, perdas e o processo de luto. In: Kovàcs MJ (Org.). Morte e desenvolvimento humano. 5. ed. São Paulo: Casa do Psicólogo, 2010.

Kovàcs MJ. Sofrimento da equipe de saúde no contexto hospitalar: cuidando do cuidador profissional. O Mundo da Saúde. 2010; 34(4):420-9.

Mazorra L. A construção de significados atribuídos à morte de um ente querido e o processo de luto (Tese de doutorado). Pontifícia Universidade Católica de São Paulo, Departamento de Psicologia. 2009.

Miyajima K et al. Association between quality of end-of-life care and possible complicated grief among bereaved family members. J Palliat Med. 2014; 17(9):1025-31.

Monteiro MC. No palco da vida, a morte em cena: as repercussões da terminalidade em UTI para a família e para equipe médica (Tese de doutorado). Pontifícia Universidade Católica do Rio de Janeiro, Departamento de Psicologia. 2015.

Monteiro MC, Magalhães AS, Féres-Carneiro T et al. Terminalidade em UTI: as dimensões emocionais e éticas do cuidado do médico intensivista. Psicologia em Estudo. 2016; 21(1):65-75.

Parkes CM. Amor e perda: as raízes do luto e suas complicações. São Paulo: Summus, 2009.

Parkes CM. Luto: estudos sobre a perda na vida adulta. São Paulo: Summus, 1998.

Pereira LL, Dias ACG. O familiar cuidador do paciente terminal: o processo de despedida no contexto hospitalar. Psico. 2007; 38(1):55-65.

Probst DR et al. ICU versus non-ICU hospital death: family member complicated grief, posttraumatic stress, and depressive symptoms. J Palliat Med. 2016; 19(4):387-93.

Rolland JS. Ajudando famílias com perdas antecipadas. In: Walsh F, McGoldrick M (Orgs.). Morte na família: sobrevivendo às perdas. Porto Alegre: ArtMed. 1998; p. 166-85.

Santos MA, Aoki FCOS, Oliveira-Cardoso EA. Significado da morte para médicos frente à situação de terminalidade de pacientes submetidos ao transplante de medula óssea. Rev Ciênc Saúde Coletiva. 2013; 18(9):2625-34.

Solano JPC. Luto complicado (ou traumático, ou patológico). In: Santos FS, Schliemann AL, Solano JP (Eds.). Tratado brasileiro sobre perdas e luto. São Paulo: Atheneu. 2014; 113-6.

Stroebe M, Schut H. Meaning making in the Dual Process Model of coping with bereavement. In: Neimeyer RA (Ed.). Meaning reconstruction & the experience of loss. Washington: American Psychological Association. 2001; 55-73.

Worden JW. Aconselhamento do luto e terapia do luto: um manual para profissionais de saúde mental. São Paulo: Roca, 2013.

CAPÍTULO 11

Cuidado Paliativo Integrado à Unidade de Terapia Intensiva

Sandra Regina Gonzaga Mazutti • Mariana Sarkis Braz

Introdução

Nas últimas décadas, o crescente desenvolvimento no campo das ciências biomédicas e tecnológicas prolongou o processo de viver, aumentando consideravelmente a sobrevida. Nas unidades de terapia intensiva (UTI), este avanço da tecnologia permite trazer à vida pacientes que estavam à beira da morte. Em contrapartida, é possível manter vivos, por tempo prolongado, pacientes críticos com doença avançada ou em estado terminal, sem qualquer chance de recuperação. Nesse cenário, tem se observado cada vez mais a prática de cuidados paliativos em UTI, com tomadas de decisões da equipe junto a paciente e família, priorizando medidas de conforto.

Cuidados paliativos

Cuidado paliativo é uma abordagem que aprimora a qualidade de vida de pacientes e famílias que enfrentam problemas associados com doenças graves, com risco de morte, por meio de prevenção e alívio do sofrimento, mediante identificação precoce, avaliação correta e tratamento da dor e outros problemas de ordem física, psicossocial e espiritual (WHO, 2002). Os princípios dos cuidados paliativos são:

- Afirmar a vida, considerando a morte como um processo natural
- Oferecer um cuidado que não acelere a morte, nem prolongue a vida com medidas desproporcionais que irão aumentar o sofrimento do paciente sem trazer benefícios
- Propiciar alívio da dor e de outros sintomas desconfortáveis englobando aspectos psicológico, social e espiritual
- Oferecer um sistema de apoio à família para que ela possa enfrentar a doença do paciente e sobreviver ao período de luto.

Cuidados paliativos na unidade de terapia intensiva

O estudo SUPPORT publicado em 1995 enfatiza que muitos pacientes são internados na UTI sem se beneficiarem dos recursos tecnológicos nela existentes, e muitas vezes os seus desejos e preferências de tratamento em final de vida sequer foram investigados.

Gutierrez (2001) define terminalidade de vida quando se esgotam as alternativas de resgate das condições de saúde e a possibilidade de morte iminente parece inevitável e previsível. O indivíduo se torna "irrecuperável" e caminha para a morte, sem que se consiga reverter este cenário.

Há uma preocupação mundial de como e onde as pessoas estão morrendo, com a valorização da qualidade de vida e respeito à autonomia do paciente. Pessini (2007) enfatiza a importância de priorizar o morrer com dignidade e o não prolongamento da vida a qualquer custo por meio da obstinação terapêutica.

Recomenda-se, assim, evitar o tratamento fútil, ou seja, improvável de alcançar um efeito que o paciente tenha a capacidade de apreciar como um benefício (Schneiderman, 2011).

Determinar quando um tratamento passa a ser fútil é uma tarefa difícil para o intensivista, sendo também um desafio a transição para cuidados paliativos quando, muitas vezes, o paciente e sua família têm a expectativa de tratamento curativo.

Truog et al. (2008) e Gallagher et al. (2015) afirmam que as decisões devem ser baseadas nos valores, objetivos e necessidades do paciente e seu familiar, levando em consideração as questões éticas e culturais.

Recentemente, o Diário Oficial publicou a Resolução nº 2156 do CFM (2016), "considerando que, nos casos de doença incurável e terminal, deve o médico oferecer todos os cuidados paliativos disponíveis, sem empreender ações diagnósticas ou terapêuticas inúteis ou obstinadas, levando sempre em consideração a vontade expressa do paciente ou, na sua impossibilidade, a de seu representante legal".

O direito à expressão da vontade dos pacientes foi garantido por meio das Diretivas Antecipadas de Vontade na Resolução nº 1955, CFM (2012).

Os pacientes e familiares em uma UTI são beneficiados com a integração de especialista em cuidados paliativos e/ou quando os intensivistas e equipe multidisciplinar consideram as questões anteriormente discutidas.

Em estudo recente, Mazutti, Nascimento e Fumis (2016) observaram que a mudança terapêutica para cuidados paliativos possibilitou a oportunidade de morrer no quarto de forma mais humana, ao lado de seus familiares ou até mesmo dentro da UTI, mas de forma digna.

Nesse cenário, a atuação do psicólogo na equipe multidisciplinar se faz importante no acolhimento e no auxílio à investigação dos valores e preferências do paciente e seu familiar para que os desejos destes possam ser respeitados.

Atuação do psicólogo

A psicologia integrada a outras especialidades desenvolve melhor assistência à unidade de cuidado (paciente e família). Por conseguinte, o pensar na atuação do psicólogo é pensar em um trabalho continuamente relacionado à tríade paciente-família-equipe. Sabe-se que cada um dos atores deste enredo possui suas estratégias, crenças e valores, oferecendo um significado diferente para cada situação. Sendo assim, a grande questão é poder integrar todas essas percepções em benefício do paciente, pensando no que é importante para ele.

Tal interface entre esses diferentes domínios é de suma importância para que haja comunicação clara, coerente e alinhada, que se faz necessária principalmente quando se discute sobre cuidados paliativos, objetivos de tratamento e valores do paciente e seus familiares.

Com relação ao paciente internado na UTI, a sugestão é que o psicólogo possa avaliar os pontos listados a seguir, elucidando, contudo, que são recomendações e que podem emergir outras questões a serem trabalhadas (Cosmo, Morsch, Goiabeira, Genaro, Aragão, 2014):

- Estado de humor
- Avaliação de eventos geradores de estresse relacionados ao ambiente de UTI
- História de quadros psicopatológicos prévios e/ou tentativa de suicídio
- Uso regular de substâncias psicoativas
- Funções cognitivas e psíquicas
- Grau de compreensão do estado de saúde (diagnóstico e prognóstico)
- Medos e fantasias relacionados ao processo de adoecimento
- Receptividade em relação a equipe, tratamentos e procedimentos propostos
- Adesão e implicação no tratamento
- Adaptação à hospitalização
- Presença de estratégias de enfrentamento e/ou coconstrução destas
- Presença de espiritualidade, uso e significado no momento do adoecimento
- Relacionamento com familiares e amigos e significado dessas relações
- Orientações sobre a rotina da UTI.

Na rede familiar, por sua vez, os seguintes aspectos merecem avaliação (Cosmo, Morsch, Goiabeira, Genaro, Aragão, 2014):

- Reações emocionais diante da hospitalização do paciente, verificando quais são adequadas ao contexto e quais se mostram disfuncionais
- Grau de compreensão do estado de saúde do paciente (diagnóstico e prognóstico)
- Presença de estratégias de enfrentamento e/ou coconstrução destas
- Presença de espiritualidade, uso e significado no momento do adoecimento
- Estrutura familiar e papel e significado do paciente para os familiares
- Presença de sintomas de estresse do cuidador
- Relacionamento com equipe de saúde
- Compreensão sobre as rotinas da UTI.

Verifica-se que os pontos mencionados são de comum investigação a todo psicólogo que atua na área hospitalar. Nesse caso, deve ser realizada uma avaliação, seguida de um plano de tratamento, a fim de que sejam feitas intervenções que contribuam para facilitar a adaptação e a apropriação do paciente e da família ao processo de doença, tratamento e recuperação.

Durante a discussão deste capítulo, poderão ser observadas sugestões de atuação do psicólogo que foram construídas a partir da experiência das autoras em uma UTI com cuidados paliativos integrados. Ressalta-se que tais intervenções podem ser adaptadas ao contexto hospitalar de cada um, mesmo naqueles que não possuem a cultura de cuidados paliativos.

No ambiente de cuidados paliativos e UTI, outras temáticas adentram o cenário como foco de atuação e intervenção psicológica em conjunto com a equipe: comunicação efetiva e afetiva por parte dos profissionais de saúde; tomada de decisões; limitações terapêuticas; morte iminente; processos de morrer e de luto. Para tanto, a participação do psicólogo nas visitas multidisciplinares diárias se faz necessária, uma vez que possibilita a troca de informações e escuta do trabalho do outro. Tais visitas têm sido cada vez mais reconhecidas como uma estratégia das equipes para melhora da assistência à unidade de cuidado, uma vez que podem ser compreendidas como uma ferramenta que auxilia na comunicação e interlocução entre equipe de saúde, paciente e família.

No dia a dia das UTIs com cuidados paliativos integrados, é comum que nessas visitas multidisciplinares se discuta se o paciente em questão tem perfil e preenche os critérios para ser elegível aos cuidados paliativos – levando em consideração os critérios de cada instituição de saúde. Sendo a resposta afirmativa, é realizada uma discussão entre as equipes da UTI e assistentes para verificar as suas concordâncias com a avaliação dos cuidados paliativos. Caso todos estejam de acordo, pode-se programar conferências familiares, as quais podem envolver paciente e/ou família.

A tomada de decisão do paciente e/ou família sobre objetivos de tratamento e limitações terapêuticas ainda conta com outras variáveis. O estresse, a depressão e a ansiedade dos cuidadores influenciam sua habilidade de tomar decisões (Curtis e White, 2008; Pochard et al., 2001). Estudos relatam que a colaboração interdisciplinar entre os membros da equipe está associada a um decréscimo dos sintomas da ansiedade e depressão dos familiares, sendo um componente importante na comunicação com a família (Curtis e White, 2008).

Assim como a visita multidisciplinar, as conferências citadas podem ser consideradas como uma adequada ferramenta para um processo de comunicação. Nessas reuniões, o psicólogo, conjuntamente com a equipe, pode contribuir para a avaliação das questões abordadas adiante.

Por parte do paciente, em relação ao diagnóstico, prognóstico e abordagem de cuidados paliativos:

- Grau de compreensão do seu estado de saúde
- Valores e desejos
- Presença de dúvidas que podem gerar ansiedade e/ou quadros de angústia
- Investigação do quanto o paciente deseja saber em relação à sua saúde, compreendendo os limites emocionais dele
- Investigação do quanto o paciente deseja ser incluído nas discussões sobre seu quadro de saúde e objetivos de tratamento (incluindo tomada de decisão sobre limitações terapêuticas)

- Presença de ambivalência em querer saber das informações sobre sua saúde e de participar das discussões sobre o tratamento. Nesse caso, paciente pode demonstrar desejo de conversar sobre esses assuntos, mas pode ter receio do que pode ouvir. Diante desse cenário, faz-se importante trabalhar com ele sua autopercepção acerca do que realmente deseja saber, o significado de possuir essas informações e de poder participar das decisões. O acolhimento e o não julgamento são intervenções importantes por parte do psicólogo nesse processo de facilitação de autoconhecimento do paciente
- Pensamentos de morte. Favorecer, quando assim for desejo do paciente, a expressão de pensamentos e sentimentos em relação ao seu processo de finitude, significado, medos e fantasias. Tal intervenção pode promover a validação e o reconhecimento de emoções, assim como um ambiente de acolhimento e de segurança
- Realização de rituais relacionados à crença religiosa e ao processo de finitude
- Controle de sintomas, uma vez que a sobrecarga destes pode ter influência direta no estado do humor, como, por exemplo, o desenvolvimento de sintomas depressivos.

Por parte da família, em relação ao diagnóstico, prognóstico e abordagem de cuidados paliativos:

- Grau de compreensão do estado de saúde do paciente
- Valores e desejos do paciente e como isso ressoa na família
- Presença de dúvidas que podem gerar ansiedade e/ou quadros de angústia
- Investigação do quanto a família se sente confortável para que o paciente possa perguntar sobre seu estado de saúde e se há interesse de participar das tomadas de decisão. Esse ponto é importante, uma vez que há familiares que se mostram receosos de que o paciente saiba do seu real estado de saúde. Quando isso ocorre e a equipe verifica que o paciente deseja saber das informações e participar das discussões sobre objetivos de tratamento, é papel da equipe trabalhar com membros da família essa questão, investigando e acolhendo suas preocupações em relação a isso
- Desmistificação de alguns conceitos e pensamentos preestabelecidos, como, por exemplo, de que o paciente vai ficar deprimido ou desistir de viver caso saiba do seu real estado de saúde
- Presença de ambivalência por parte dos familiares em relação ao processo de finitude do paciente. Ou seja, ao mesmo tempo que não desejam que o paciente sofra, também não desejam que venha a falecer
- Orientação e sensibilização quanto à necessidade de acompanhamento psicológico e/ou psiquiátrico e/ou médico na presença de sintomas disfuncionais para o indivíduo
- Presença de processo de luto antecipatório e avaliação de possíveis fatores de risco para luto complicado (ver mais adiante).

Ressalta-se que alguns desses pontos de avaliação do psicólogo elencados podem auxiliar a equipe na comunicação, pois acabam por sugerir o que paciente e familiares estão pensando, sentindo e como vão receber a abordagem dos cuidados paliativos.

Nas conferências familiares podem ficar notórios pensamentos e sentimentos da unidade de cuidado associados à possibilidade de falecimento do paciente, principalmente quando se discute sobre objetivos de tratamento e limitações terapêuticas. Neste sentido, evidenciam-se processos de luto antecipatório que merecem e devem ser trabalhados pelo psicólogo, uma vez que o suporte ao luto faz parte dos cuidados paliativos.

O luto antecipatório pode permitir que paciente e familiar entrem em contato com a possibilidade de finitude do primeiro, o que, por sua vez, pode promover a resolução de pendências e a realização de despedidas, assim como os membros da família podem iniciar um processo de reconstrução de identidade, relações e significados (Gillies e Neimeyer, 2006). Nesse sentido, esse processo pode ser um fator de proteção para luto complicado. Por outro lado, o paciente pode compreender seu processo de finitude, mas não desejar falar sobre isso, o que deve ser respeitado pela equipe e pelos familiares. Os próprios familiares também podem apresentar o comportamento de afastamento, muitas vezes justificado pela dificuldade de lidar emocionalmente com a situação. Nessa perspectiva, este tipo de atitude pode se configurar como um fator de risco para luto complicado.

Segundo Franco (2002), o luto complicado ocorre quando o enlutado vivencia uma desorganização prolongada que o impede de retomar as suas atividades com a qualidade anterior à perda. Destaca-se, de acordo com Worden (1998), que as seguintes manifestações podem estar presentes no luto complicado: expressão de sentimentos intensos que persistem mesmo muito tempo após a perda; somatizações frequentes; mudanças radicais no estilo de vida que tendem ao isolamento; episódios depressivos, baixa autoestima e impulso autodestrutivo. Seguindo essa linha de pensamento, Braz e Franco (2017) pontuam a importância, além de uma avaliação clínica, de se fazer um levantamento sobre quais seriam os fatores de risco e proteção para o desenvolvimento do luto complicado e a investigação sobre presença dos mesmos nos lutos antecipatórios dos familiares. Ressalta-se que tanto os fatores de risco como os de proteção devem estar alinhados e compreendidos a partir do contexto, da cultura, da personalidade, da função e do significado que o indivíduo narra para si mesmo sobre tal acontecimento. Logo, eles podem diferir de acordo com as variáveis citadas, ou seja, um mesmo fator pode ser considerado de risco ou de proteção. Por conseguinte, esse tipo de trabalho se faz necessário na medida em que, na presença de fatores de risco para luto complicado, se podem fazer intervenções e encaminhamentos precoces, e não só quando esse tipo de luto já está instalado. Logo, chama-se a atenção para a avaliação psicológica como ferramenta de caráter preventivo para pessoas enlutadas, o qual está relacionado também à saúde das mesmas, uma vez que, segundo as autoras Bromberg (2000) e Ruschel (2006), a evolução do luto complicado pode vir a desencadear alterações no bem-estar da saúde.

Ressalta-se que, neste contexto de luto e avaliação dos familiares em relação às suas respectivas vivências com perda, a atenção e o acompanhamento pelas equipes têm tido cada vez mais ênfase (Chau et al., 2009; Wiese et al., 2010; Cosp et al., 2012; Hudson et al., 2012; Kusano et al., 2012).

As práticas de acompanhamento pós-óbito descritas nos estudos são as seguintes:

- Contato telefônico, muitas vezes com a realização de entrevista semiestruturada
- Carta ou cartão de condolências

- Participação em rituais
- Participação em funerais ou reuniões familiares
- Encaminhamento para conselheiros de luto
- Encaminhamento para grupos ou programas de apoio ao luto
- Psicoterapia e especificamente aquelas voltadas para luto, após verificada necessidade de acompanhamento psicológico.

Verifica-se que as práticas mais frequentes são o contato telefônico e o envio de carta de condolências. As pesquisas que tiveram como objeto de estudo os membros da família demonstraram que o acompanhamento pós-óbito funciona como uma ferramenta de avaliação das necessidades dos familiares e identificação da presença de fatores de risco para luto complicado. Tal fato contribui para posterior planejamento de tratamento, se necessário (Wiese et al., 2010; Cosp et al., 2012). Observa-se que tal prática possui também um caráter preventivo não só para as complicações possíveis no processo de luto, mas também em relação à saúde do indivíduo, como foi destacado nos estudos, os quais pontuaram que um processo de luto complicado pode aumentar a morbidade e a mortalidade das pessoas.

Finalmente, os cuidados paliativos dizem respeito à prática da ortotanásia, a qual sugere morte natural, no tempo certo, sem antecipar ou prolongar a vida, com concepção de respeito ao bem-estar geral do paciente, garantindo-lhe dignidade no processo de finitude. Além disso, visa proporcionar condições e qualidade de vida na fase final, permitindo alívio do sofrimento (físico, psicológico, espiritual e social) e proximidade de familiares junto ao paciente. Nessa perspectiva, a morte é percebida como o fim de um ciclo vital e não como uma doença a ser curada (Reiriz et al., 2006). Diante disso, destaca-se a importância do acompanhamento de uma equipe multidisciplinar para atender às necessidades da unidade de cuidado.

Inserido neste contexto, mais especificamente, cabe ao psicólogo contribuir para a promoção da qualidade de vida do paciente, amenizando o sofrimento, a ansiedade e os possíveis processos depressivos diante da sua própria morte. Quando possível e se for desejo do paciente, deve-se auxiliá-lo na construção de significados para sua doença, sua morte e suas relações. Para isso, é de suma importância um espaço de escuta, favorecimento da expressão de pensamentos e sentimentos, acolhimento, reconhecimentos e validação destes. Além disso, é necessário garantir que sua família também seja assistida e cuidada, o que acaba por gerar segurança, tanto para paciente como para familiares.

No que diz respeito à equipe, o papel do psicólogo está pautado em uma gama de funções. Em primeiro lugar, contribuir para que a o grupo de saúde possa compreender emoções, pensamentos e significados, assim como medos e fantasias do paciente e/ou familiares diante do processo de adoecimento e finitude. Isso auxilia na prevenção de estigmatização e julgamentos para com a unidade de cuidado. Tal fato favorece, nos próximos passos, o estabelecimento de uma comunicação clara, coesa e empática diante dos desejos e valores do paciente e/ou familiares em relação aos objetivos de tratamento.

A escuta ativa, o acolhimento e a boa comunicação interpessoal são instrumentos indispensáveis ao trabalho do psicólogo com paciente terminal.

Considerações finais

Compreendemos que a medicina está em constante evolução por intermédio do desenvolvimento tecnológico. No entanto, fica evidente que isso vem gerando constantes e pertinentes reflexões bioéticas sobre a atuação dos profissionais no contexto de saúde. Logo, a atuação do psicólogo nesse cenário também está em contínua transformação, cabendo a esse profissional estudar, se aprofundar, se reconhecer e perceber o que está funcionado e o que deve ser revisto para que possa exercer um trabalho ético, em equipe, contribuindo principalmente para o cuidado e a assistência ao paciente e familiares.

Referências bibliográficas

[Anonymus] A controlled trial to improve care for seriously ill hospitalized patients. The study to understand prognoses and preferences for outcomes and risks of treatments (SUPPORT). The SUPPORT Principal Investigators. JAMA. 1995; 274(20):1591-8.

Braz MS, Franco MHP. Profissionais paliativistas e suas contribuições na prevenção de luto complicado. Psicologia: Ciência e Profissão. 2017; 37(1):90-105.

Bromberg MHPF. A psicoterapia em situações de perdas e lutos. Campinas: Livro Pleno, 2000.

Chau NG, Zimmermann C, Ma C et al. Bereavement practices of physicians in oncology and palliative care. Arch Intern Med. 2009; 169(10):963-71.

Conselho Federal de Medicina. Resolução n. 1955/2012, de 9 de agosto de 2012. Dispõe sobre as diretivas antecipadas de vontade dos pacientes. Brasília (DF): CFM; 2012. Disponível em: http://www.portalmedico.org.br/resolucoes/CFM/2012/1995_2012.pdf.

Conselho Federal de Medicina. Resolução n. 2156, de 28 de outubro de 2016. Critérios para indicação de admissão ou de alta para pacientes em Unidade de Terapia Intensiva. Diário Oficial da União. 17 de novembro de 2016.

Cosmo M, Morsch D, Goiabeira F et al. O paciente em unidade de terapia intensiva – critérios e rotinas de atendimento psicológico. In: Kitajima K. (Org.). Psicologia em unidade de terapia intensiva: critérios e rotinas de atendimento. Rio de Janeiro: Revinter, 2014, p. 1-22.

Cosp MN et al. Análisis del duelo en una muestra de familiares de pacientes ingresados en una unidad de cuidados paliativos. Medicina Paliativa. 2012; 19(1).

Curtis JR, White DB. Practical guidance for evidence-based ICU family conferences. Chest. 2008; 134:835-83. Disponível em: http://chestjournal.chestpubs.org. Acesso em: 6 de fevereiro de 2011.

Franco MHP. Estudos avançados sobre o luto. Campinas: Livro Pleno, 2002.

Gallagher A, Bousso RS, McCarthy J et al. International Nurses End Of Life Decision Making In Intensive Care Research Group. Negotiated reorienting: a grounded theory of nurses' end-of-life decision-making in the intensive care unit. Int J Nurs Stud. 2015; 52(4):794-803.

Gillies J, Neimeyer R. Loss, grief and the search for significance: toward a model of meaning reconstruction in bereavement. Journal of Constructivist Psychology. 2006; 19:31-65.

Gutierrez PL. O que é o paciente terminal? Rev Assoc Med Bras São Paulo. 2001; 47(2):92.

Hudson RN et al. Guidelines for the psychosocial and bereavement support of family caregivers of palliative care patients. Journal of Palliative Medicine. 2012; 15(6).

Kusano AS, Kenworthy-Heinige T, Thomas CR. Survey of bereavement practices of cancer care and palliative care physicians in the Pacific Northwest United States. J Oncol Pract. 2012; 8(5):275-81.

Mazutti SRG, Nascimento AF, Fumis RRL. Limitation to advanced life support in patients admitted to intensive care unit with integrated palliative care. Rev Bras Ter Intensiva. 2016; 28(3):294-300.

Pessini L. Distanasia: até quando prolongar a vida? 2. ed. São Paulo: Centro Universitário São Camilo: Loyola, 2007.

Pochard F et al. Symptoms of anxiety and depression in family members of intensive care unit patients: ethical hypothesis regarding decision-making capacity. Critical Care Med, 2001; 29(10):2025-2026. Disponível em: http://www.ncbi.nlm.nih.gov/pubmed/11588447. Acesso em: 8 de outubro de 2010.

Reiriz AB et al. Cuidados paliativos, a terceira via entre eutanásia e distanásia: ortotanásia. Prática Hospitalar. 2006; 48:77-82. Disponível em: http://www.praticahospitalar.com.br/pratica%2048/pdfs/mat%2018.pdf. Acesso em: 09 de janeiro de 2011.

Rothman DJ. Where we die. The New England Journal of Medicine. 2014; 370:2457-60.

Ruschel P. Quando o luto adoece o coração: o luto não elaborado e infarto. Porto Alegre: Edipucrs, 2006.

Schneiderman LJ. Defining medical futility and improving medical care. Bioethical Inquiry. 2011; 8:123. doi:10.1007/s11673-011-9293-3.

Truog RD, Campbell ML, Curtis JR et al. American Academy of Critical Care Medicine. Recommendations for end-of-life care in the intensive care unit: A consensus statement by the American College of Critical Care Medicine. Crit Care Med. 2008; 36(3):953-63.

Wiese CH et al. Post-mortal bereavement of family caregivers in Germany: a prospective interview-based investigation. Wien Klin Wochenschr. 2010; 122(13-14):384-9.

Worden W. Terapia do luto: um manual para o profissional de saúde mental. 2. ed. Porto Alegre: Artes Médicas, 1998.

World Healt Organization. WHO Cancer Pain Relief and Palliative CareRreport. Geneva: WHO, 2002.

World Heath Organization. WHO Definition of Palliative Care. WHO, 2010. Disponível em: http://www.who.int/cancer/palliative/definition/en. Acesso em fevereiro de 2014.

CAPÍTULO 12

Nas Veredas da Morte | O Paciente com Comportamento Suicida

Karen Scavacini

Introdução

O comportamento suicida é um dos que mais desafiam e preocupam intensivistas, enfermeiros e psicólogos. O objetivo deste capítulo é abordar como detectar o risco de suicídio e o que fazer em termos de prevenção e intervenção na unidade de terapia intensiva (UTI).

Epidemiologia

Por ano, em média, 800.000 pessoas morrem por suicídio no mundo e em torno de 10 a 20 vezes mais pessoas sobrevivem a tentativas, o que corresponde a um suicídio a cada 40 segundos e uma tentativa a cada três. A estimativa é que esse número cresça 50% até 2020 (WHO, 2014).

No Brasil, houve aumento das taxas de suicídio em 33,6% de 2000/2012, sendo maior que o da população geral (11,1%), acidentes de trânsito (24,5%) e de homicídios (2,1%) (Waiselfisz, 2014).

No ano de 2012, no Brasil, houve 11.821 mortes por suicídio, o que significa uma morte e pelo menos 118.210 tentativas a cada 45 minutos (Waiselfisz, 2014). Por causa da subnotificação, esses números podem ser até 30% maiores (Botega, 2010).

Embora o país não apresente taxa alta de suicídios completos (5,5 por 100.000), se comparada à taxa mundial (11 por 100.000), somos o oitavo país no *ranking* mundial em números absolutos.

Nossas maiores taxas são de idosos a partir de 65 anos, embora de 2000 a 2012, tenha havido aumento considerável nas taxas de crianças (40%) e adolescentes (33,5%) (Waiselfisz, 2014). No Brasil, o método mais utilizado é o enforcamento, tanto para mulheres como para homens, seguido de ingestão de medicamentos para mulheres e uso de armas de fogo para homens. Em geral, o método utilizado é o de mais fácil acesso.

Os homens cometem três vezes mais suicídio que as mulheres, e elas tentam três vezes mais que os homens. Os idosos têm taxa de 4:1, ou seja, são quatro tentativas para cada suicídio completo; nos adolescentes, essa proporção vai para 200:1 e, em crianças, 300:1 (Callahan, 2009), o que demonstra que o suicídio de idoso é geralmente mais planejado e usa métodos mais letais, já o de criança e adolescente é mais impulsivo e usa métodos menos letais.

▶ Epidemiologia no hospital

Alguns estudos em Taiwan mostram que pacientes internados têm oito vezes mais risco de cometer suicídio do que a população geral, e 48% dos suicídios que ocorrem em ambientes hospitalares são em hospitais gerais, o que corresponde de 1 a 5% do total de eventos na população (Cheng et al., 2009; Tseng et al., 2011).

No caso de hospitais psiquiátricos, um estudo na Dinamarca demostrou que a primeira semana de internação tem o risco 113 vezes maior de suicídio, e a primeira semana de alta corresponde a 170 vezes o risco e o primeiro mês depois da alta, 100 vezes mais risco do que a população geral. (Qin e Nordentoft, 2005).

A maioria dos suicídios ocorre no início da depressão (92%), e no primeiro episódio (74,7%), caindo consideravelmente o risco após o segundo episódio (18,8%) (Correa, 2016).

Comportamento suicida

Para a Organização Mundial da Saúde (OMS), em seu mais recente documento *Suicide Prevention: a global imperative* (Prevenção do suicídio: imperativo global), o suicídio é o ato deliberado de tirar a própria vida (WHO, 2014).

Shneidman aponta que "no Ocidente, o suicídio é um ato consciente de autoaniquilação, melhor compreendido como uma *doença multidimensional* em um indivíduo carente que acredita ser o suicídio *a melhor solução para resolver um problema*" (Shneidman, 1987).

Ou seja, este comportamento não acontece por uma única causa, ele é influenciado por fatores culturais, econômicos, sociológicos, psicológicos, biológicos, psiquiátricos e situacionais, podendo ser distais ou proximais do evento.

Do ponto de vista psicológico, Shneidman (1985) afirma que, para que haja suicídio, é fundamental a combinação dos seguintes elementos: restrição nas tarefas do dia a dia; sensação de isolamento intenso; desesperança e *psychache* ou sentimento de dor intolerável. Para ele, a *psychache* está sempre está presente no suicídio. Nesta situação, matar-se seria a forma mais rápida de aliviar essa dor, que inclui uma sensação angustiante de estar preso em si mesmo e sem saída, com desespero irremediável e turbulência emocional interminável (Botega et al., 2012).

Para a Organização Pan-Americana de Saúde (OPAS), o suicídio tem relação com os 4 D's: depressão, desamparo, desesperança e desespero. Botega (2015) complementa os D's com: dor psíquica (*psychache*), dependência química, despreparo da equipe, drogas, delírio (percepção distorcida e falsa da realidade) ou *delirium* (síndrome confusional aguda).

O Manual de Prevenção do Suicídio do Ministério da Saúde (Brasil, 2006) aponta que os três principais aspectos psicológicos do estado em que se encontra a maioria das pessoas sob o risco de suicídio são a ambivalência, a impulsividade e a rigidez/constrição.

O suicídio será o evento final da complexa relação entre uma série de fatores de risco e de proteção, observáveis ou não, e da ajuda disponível oferecida e percebida (Wasserman e Wasserman, 2009). Esta relação é singular e dará pistas sobre o nível de risco de uma pessoa, embora não se possa ter certeza de quem cometerá suicídio e quando; nesse sentido, pode-se falar de prevenção, e nunca de previsão.

Segundo Bertolote (2012, p. 73) os fatores de risco se dividem em distais ou proximais em relação ao ato suicida (Tabela 12.1).

Tabela 12.1 Fatores de risco do comportamento suicida.

Fatores predisponentes (distais em relação ao ato suicida)	Fatores precipitantes (proximais em relação ao ato suicida)	
Fatores sociodemográficos e individuais	Fatores ambientais	Fatores psicológicos e estressores recentes
Tentativa(s) prévia(s) de suicídio Transtornos psiquiátricos Condições clínicas incapacitantes História familiar de suicídio, alcoolismo ou transtornos psiquiátricos Divorciado, viúvo ou solteiro Desempregado ou aposentado Luto ou abuso sexual na infância Alta recente de internação psiquiátrica	Fácil acesso a métodos de suicídio	Separação conjugal Luto Conflitos familiares Mudança de situação empregatícia ou financeira Rejeição por parte de pessoa significativa Vergonha e temor de ser considerado culpado

O fator psiquiátrico mais comum ao comportamento suicida é a depressão, presente em 90% dos casos, muitas vezes sem diagnóstico ou tratamento. Transtorno de humor bipolar, esquizofrenia e transtornos relacionados ao uso de substâncias e comorbidades são outros fatores associados.

Hall et al. (1999), em uma revisão sobre os fatores de risco relacionados a tentativas de suicídio, chegaram à conclusão de que os fatores determinantes de uma tentativa de suicídio foram: ansiedade severa (92%) e/ou ataques de pânico (80%); depressão (80%); perda recente de relacionamento (78%); uso de substâncias (68%); sentimentos de desesperança (64%), desamparo (62%); inutilidade (29%); insônia parcial (92%); anedonia (43%); doença crônica degenerativa (41%); desemprego (36%) e diagnóstico recente de doença grave (9%).

Segundo Wasserman (2001) e Botega (2015), os fatores de proteção do comportamento suicida englobam:

- Atendimento clínico eficaz para transtornos mentais, abusos físicos e uso abusivo de substâncias
- Fácil acesso a intervenções clínicas e apoio para buscar ajuda
- Acesso restrito a meios letais de suicídio
- Relações significativas e comunicação aberta com família, escola e comunidade

- Habilidades para resolução de problemas e conflitos
- Rede de apoio disponível
- Crenças culturais e religiosas que desestimulem o suicídio e promovam a autopreservação
- Resiliência
- Acesso a medidas que melhorem os fatores de proteção.

▶ Mitos e fatos

Nos fatores de risco, pode-se incluir a crença ou o desconhecimento dos grandes mitos que, muitas vezes, podem impedir que o paciente com comportamento suicida possa ser identificado e receba a atenção necessária: Os principais mitos são:

- Quem fala sobre suicídio não o comete. Fato: sempre se deve levar qualquer comentário sobre o suicídio a sério, pois 80% das pessoas dão sinais de suas intenções
- Perguntar a alguém se ele/ela está pensando em se matar o induzirá a completar o suicídio. Fato: se a pessoa estiver pensando, é justamente a oportunidade que ela terá de falar sobre isso – abre-se uma "janela" terapêutica para que ela receba a ajuda que precisa
- Suicídio acontece sem aviso. Fato: muitas pessoas dão sinais, porém infelizmente muitos sinais não são claros e só fazem sentido depois do ato
- O que "os suicidas" querem é morrer. Fato: as pessoas com comportamento suicida são ambivalentes entre o viver e o morrer, o que elas procuram, na maioria das vezes, é terminar com um sofrimento que, para elas, é interminável, inescapável e insuportável
- Melhoras significativas após uma tentativa de suicídio ou de uma crise significam que o risco de suicídio diminuiu. Fato: neste caso, é necessário considerar a falsa calmaria, quando o paciente apresenta melhora súbita sem razões aparentes – isso pode significar que ele decidiu cometer o suicídio, o que traz tranquilidade, pois ele achou a saída que estava procurando. Os 30 primeiros dias depois de uma tentativa de suicídio ou do início do uso de antidepressivos são períodos de risco aumentado.

Comportamento suicida em UTI

Os fatores de risco no hospital geral são: jovens homens com diagnóstico de câncer; sem história psiquiátrica prévia e diagnóstico atual compatível com transtorno depressivo maior. Outros fatores de risco no hospital são: falta de treinamento da equipe, problemas na comunicação, concepções erradas sobre transtornos mentais entre os profissionais da saúde, avaliação e cuidado inadequados, observação inadequada do paciente e falta de informação sobre recursos de prevenção do suicídio (TJC, 2016).

Outros sinais a serem observados são: psicose aguda, mudanças bruscas de humor, aumento da agitação, tensão e raiva associados ao estresse. No estudo de Reich e Kelly (1976), apenas 18% dos pacientes que tiveram comportamento suicida no hospital tinham história psiquiátrica e menos de 20% tinham tentativas prévias. Para os autores, as tentativas foram impulsionadas mais por uma percepção de perda de suporte emocional da equipe e da família e conjunto com um aumento da tensão psíquica, ocasionando quebra dos controles e emergência de comportamento impulsivo, e não pela dor e desesperança trazida pela doença ou incapacidade ou depressão (Bostwick e Rackley, 2007).

Os períodos com maior risco são pouco tempo após a admissão e a primeira semana da alta; durante troca de turnos da equipe; durante distrações no horário das refeições e quando há trocas da pessoa responsável (Simon, 2012).

A presença de doença clínica grave (doenças crônicas, terminais ou incapacitantes), período de desintoxicação (Mills et al., 2014) e pacientes sob influência de transtornos psiquiátricos, como depressão e *delirium*, também têm risco aumentado de suicídio (Bostwick e Rackley, 2007).

Algumas medicações associadas ao aumento de risco de suicídio são: antidepressivos, antiepilépticos, anticonvulsivantes, antipsicóticos, remédios para parar de fumar e alguns corticoides (Fardet et al., 2012; TJC, 2016).

Outros fatores importantes são: fome, dor, estresse e privação do sono – situações muitas vezes presentes na UTI e que devem ser acessadas pela equipe como outra medida de prevenção do suicídio para que haja diminuição de fatores desencadeantes gerados pela própria doença ou pela experiência na UTI.

Por conter muitos elementos e objetos que podem se tornar meios de cometer o suicídio, a UTI não é a área mais segura para um paciente com comportamento suicida. Ele deve permanecer nessa área somente até poder ser transferido para a área psiquiátrica e, no caso de ir para uma ala comum, precauções devem ser tomadas.

Quanto maior o seu comprometimento físico, menor o risco de suicídio, embora não se deva tomar isso como regra, porém o paciente ao recuperar a autonomia ou ter forças, pode ser o momento do ato suicida. É fundamental assegurar-se da estabilização e segurança médica do paciente (Carrigan e Lynch, 2003).

▶ Precauções necessárias

Em alguns casos é necessário acompanhamento 1:1 por um profissional que tenha sido treinado para isso, sendo que o paciente em risco alto deve ser acompanhado até no banheiro. Em muitos casos, o suicídio ocorre quando o acompanhante ou a equipe abaixam a guarda e, por exemplo, deixam o paciente ir sozinho ao banheiro ou durante a troca de turnos.

As checagens a cada 15 minutos, em muitos casos, tornam-se ineficientes, pois, para que haja um suicídio, bastam poucos minutos.

Outra precaução é a redução do acesso aos meios – como a restrição aos objetos cortantes, medicamentos, objetos que possam ser transformados em corda, pontos de ancoragem para enforcamento, banheiro com abertura bilateral, barras de apoio seladas, leito de fácil visualização, andar baixo e janelas trancadas.

A avaliação, o nível de risco de suicídio e o plano de tratamento para sua redução devem ser claramente documentados no prontuário do paciente, para que todos da equipe estejam cientes da situação.

É necessário planejar a alta ou a transferência para outra ala, para que essa ação não seja prematura ou adiada em razão da mobilização gerada pelo paciente com comportamento suicida.

É fundamental que haja a avaliação e o acompanhamento psicológico e psiquiátrico.

Diversos documentos foram criados pelo *Sentinel Event* (TJC, 2016), referentes a suicídio de pacientes internados e diretrizes de trabalho.

A tentativa de suicídio mostra um sofrimento intenso, demonstra que algo não vai bem com aquela pessoa e pode ser interpretada pela família como uma denúncia de problemas familiares; portanto, suas reações também precisam ser acessadas.

▶ Avaliação de risco

Uma postura preventiva no hospital e também na UTI seria incluir as perguntas: "você já sentiu que sua vida não vale a pena ser vivida?" e "você já pensou em se matar?" para todos os pacientes e, no caso de respostas afirmativas, uma avaliação de risco pudesse ser realizada.

Persistindo a dúvida ou na presença de comportamento suicida, a entrevista clínica empática e clara é ainda a melhor estratégia para que haja boa avaliação de risco – as perguntas devem iniciar-se após o estabelecimento de um vínculo, passo importante nesta etapa (Rodrigues e Kapczincky, 2014). O psicólogo deve ter uma postura acolhedora e sem julgamentos.

As perguntas devem ser, na maior parte, abertas, mais abrangentes, para explorar as pistas e sentimentos atrelados a ela. Estabeleça contato, ouça a história, suspenda os mitos, acolha sentimentos, explore alternativas e converse sobre os próximos passos. Esta avaliação compreensiva de risco pode ser um processo terapêutico, e não um evento único.

Uma avaliação deve conter:

- O nível geral de risco de suicídio (baixo, médio, alto ou iminente)
- História prévia e atual de tentativas de suicídio e comportamento de autolesão (p. ex., saber se houve planejamento e ações para ser ou não salvo). A pergunta "por que agora?" pode trazer informações importantes
- História de suicídio e transtornos mentais na família/amigos (com datas)
- Detalhes sobre todos os fatores de risco potenciadores, sinais de alerta e fatores de proteção
- O grau de intenção e fantasias de suicídio. Estado atual de risco de suicídio (continua pensando, diz que vai fazer...)
- Sentimento da pessoa e da reação a um comportamento suicida, por exemplo, sensação de alívio, se arrepender de estar vivo. Buscar compreender qual o "sentido" dado ao que ocorreu
- Similaridade de circunstâncias atuais para tentativas de suicídio anteriores (se houver)
- Avaliação, manejo e encaminhamentos prévios
- Rede de apoio social e familiar
- Reação da família ao ocorrido
- Expectativas da pessoa. O que acha que acontecerá agora e o que ela acha que pode ajudá-la
- Razões para viver e para morrer

- Experiência da internação:
  - Como se sente no hospital e o tratamento que tem recebido
- História comprobatória
  - O discurso dele é parecido com o discurso familiar ou são histórias muito diferentes? Quais são essas diferenças?
- Confiança na avaliação
  - O quanto o profissional se sente confiante na avaliação e estado geral do paciente. Não confundir com estar seguro ou ter certeza do estado do paciente. Isso se refere mais a uma sensação de confiança na avaliação que foi feita.

Durante a internação, é necessário observar os sinais de alerta, aparência física, agitação psicomotora, clareza ou (dificuldade) das ideias, relação com o álcool e drogas, atitudes da equipe perante o paciente e falsa calmaria, lembrando que nem sempre uma resposta negativa significa que não há risco.

Caso o profissional prefira fazer uso de escalas e testes, como as escalas Beck ou a Escala Hospitalar de Ansiedade e depressão, estes podem ser utilizados como suporte dentro da avaliação de risco, porém sem minimizar a importância da entrevista e julgamento clínico.

Pacientes em crise iminente, que afirmam que irão cometer suicídio naquele momento, não devem ser deixados sozinhos; métodos possíveis devem ser removidos, a família deve ser informada e uma medicação para crise deve ser avaliada pelo médico.

Papel do psicólogo

Não está no escopo deste capítulo discutir o papel do psicólogo na terapia intensiva, mas, sim, como lidar com o comportamento suicida nesse setor.

O psicólogo tende a lidar com o comportamento suicida em três situações:

- Quando o paciente é internado na UTI após uma tentativa
- Quando ele comunica pensamentos suicidas durante sua internação, seja ela por qualquer motivo
- Quando ele não demonstra, mas age impulsivamente em um comportamento autodestrutivo.

Na primeira situação, o paciente está, muitas vezes, fragilizado e, em alguns casos, lidando com a frustração, as consequências e as possíveis sequelas de sua tentativa. Portanto, reações e atitudes da equipe e da família à tentativa e a sua condição atual podem piorar ou ajudar o prognóstico da pessoa nesse momento, assim como podem acabar por ignorar a continuidade de risco, que é especialmente alta após uma tentativa. O tabu em relação ao comportamento suicida, além de atitudes desfavoráveis e sentimentos negativos com os sobreviventes de tentativas de suicídio, é uma realidade nos hospitais, assim como na sociedade (Seremet, 1984; Wolk-Wasserman, 1985).

Para um profissional da área da saúde que foi ensinado a salvar vidas, lidar com alguém que não queira viver, juntamente com a sensação de ser "manipulado" – além do receio de o paciente tentar novamente o suicídio e o médico acabar sendo responsabilizado por isso – pode ser uma barreira para que o paciente receba o cuidado necessário e o profissional possa cuidar plenamente daquela pessoa.

A segunda situação pode gerar angústia, afastar ou aproximar familiares, equipe e o psicólogo do cuidado necessário. Toda ameaça ou fala sobre suicídio deve ser levada a sério e as providências devem ser tomadas. A UTI precisa estar preparada para essas situações, e protocolos de atendimento devem ser desenvolvidos para cada tipo de comportamento suicida.

O último tipo pode ser o mais difícil de a equipe perceber e acreditar na possibilidade de um suicídio. Nesses casos, o *delirium* (estado confusional agudo) e a impulsividade têm grande influência, ou seja, na UTI, os suicídios geralmente são muito mais impulsivos do que planejados. Portanto, cuidados básicos com o acesso aos meios letais devem ser estabelecidos.

Para lidar com esses comportamentos, convido você, psicólogo, a refletir sobre a razão do suicídio e a identificar quais são os seus maiores receios e/ou facilidades em lidar com esse comportamento. Esse exercício pode oferecer ferramentas para que você aprenda a lidar com mais facilidade com o comportamento suicida.

Por ser uma das situações "limite" que o profissional enfrenta, estar consciente de como ele afeta a pessoa e o profissional é um dos passos para um bom manejo desse comportamento. Estar consciente desses "fantasmas" ajuda que esta relação seja mais verdadeira e o psicólogo possa estar "presente" e aberto para esse "encontro".

Algumas sugestões e considerações ao psicólogo da UTI nos casos de comportamento suicida são:

- Acolher o paciente e a sua dor
- Ver o suicídio como um sintoma de partes e sinal de situações ruins da vida daquele paciente. A maioria das pessoas se conecta somente com o sintoma e esquece da dor profunda que está por trás disso. Tentar perceber qual a "dor", o "sofrimento", por trás desse sintoma e o que o suicídio veio comunicar que não pode ser feito de outra forma
- Ajudar no início da jornada de sobreviver a um suicídio, que pode ser extremamente frustrante, e em muitos casos delicada, no caso de existir sequela da tentativa
- Fazer uma avaliação de risco ativa nos pacientes internados, com uma escuta empática e sem julgamentos, sem esquecer dos estados de *delirium* e os fatores de risco inerentes ao hospital
- Verificar quais são os fatores de risco para aquele paciente e quais podem ser removidos; determinar o nível de risco e criar um plano de prevenção
- Falar abertamente (sem medo) sobre o suicídio e avaliar sua intenção, ideação e plano
- Ver o suicídio como parte da história, e não como a história toda
- Se o paciente não estiver conseguindo falar (p. ex., em virtude do uso de um respirador), oferecer conforto e trazer tranquilidade devem ser as principais abordagens psicológicas até que ele possa se expressar verbalmente (Davidhizar e Vance, 1993). Outras formas de expressão podem ser usadas, como a arteterapia e a musicoterapia
- Orientar a equipe a perceber o estresse, os sentimentos negativos e ambivalentes causados pelo paciente e pela situação

- Prover psicoeducação para a equipe, caso seja necessário
- Envolver a equipe em uma abordagem multidisciplinar para o planejamento do tratamento
- Dar suporte para a família:
    - Verificar qual a resposta da família ao que aconteceu
    - Avaliar sintomas de raiva para com o paciente
    - Verificar para qual situação ele estará voltando e quais as precauções que a família tomará para dar andamento ao tratamento
    - Se possível, envolver a família no cuidado e incentivar a terapia familiar
    - Verificar se a família entende a gravidade do que aconteceu e sabe como deve proceder
    - Se possível, fornecer informações sobre: o diagnóstico de saúde mental, o comportamento provável de ocorrer e os grupos de apoio
- Verificar se o paciente está/esteve em terapia e/ou tratamento psiquiátrico e entrar em contato com esses profissionais para envolvê-los no cuidado. Dessa forma, também é possível ter mais informações sobre o paciente, de modo a auxiliar o manejo pela equipe de psicologia encarregada da pessoa
- Assegurar que todos os envolvidos (equipe) estejam cientes do risco de suicídio para diminuir os problemas inerentes em relação à comunicação e ao gerenciamento do comportamento suicida. Se possível, o hospital deve desenvolver seu método próprio de identificar no prontuário do paciente, com uma linguagem clara e acessível sobre o risco de suicídio, as instruções, prescrição de risco e precauções que devem ser tomadas.

Posvenção

Para cada suicídio completo, de 5 a 10 pessoas são extremamente impactadas por essa morte (WHO, 2014), a quem chamamos de sobreviventes enlutados. O luto por suicídio tende a ser mais duradouro e intenso, com maiores sentimentos de culpa e rejeição se comparados a outros tipos de morte, além da busca incessante do porquê de aquele suicídio ter ocorrido (Scavacini, 2011).

Os sobreviventes são familiares, amigos, colegas e profissionais de saúde que foram impactados por essa morte.

O suicídio geralmente tem grande impacto na equipe envolvida que lida com sentimentos diversos provocados pelo luto pela perda do paciente, além do medo de encarar os sobreviventes com pensamentos de que os profissionais poderiam ter feito melhor. Há aumento do senso de fracasso e culpa e o receio de enfrentar processos jurídicos por aquela morte.

A forma como o profissional é afetado dependerá das circunstâncias em que a morte ocorreu, dos fatores do relacionamento com aquele paciente, com sua história pessoal a respeito de luto e morte, da sua personalidade e dos fatores sociais envolvidos (Grad, 1996). A ajuda e o apoio recebidos pelo hospital e outros membros da equipe após o ocorrido também influenciarão seu luto.

Isso quer dizer que, ao haver algum suicídio na UTI, a equipe deve ser acessada pelo psicólogo para receber auxílio e apoio. O próprio psicólogo também pode precisar de ajuda.

Deve ser estabelecida uma reunião com todos os envolvidos, para revisão crítica do evento, avaliação de como estão psiquicamente e definição de precauções futuras.

A família pode querer contatar o psicólogo após o ocorrido. É muito importante que o sigilo continue mesmo após a morte. A família pode pedir o prontuário ao hospital; portanto, embora deva estar bem claro no prontuário o risco de suicídio, o profissional deve levar em consideração quem vai ter acesso a tal relatório.

Considerações finais

Embora muitas ações possam ser tomadas para prevenir suicídios na UTI, muito ainda precisa ser implantado como rotina, e um diálogo aberto sobre o assunto deve ocorrer nos hospitais e entre as equipes. Não falar sobre o assunto não faz com que ele desapareça. O tabu e a forma de encarar esse comportamento, juntamente com protocolos claros de atendimento e restrição aos meios, posam como os grandes desafios na lida desta situação. O psicólogo não pode ficar passivo diante dessas possibilidades e deve incluir em seu cuidado a prevenção do suicídio. Falar abertamente sobre o assunto com o paciente, sua família, a equipe e o hospital pode salvar vidas.

Afinal, não devemos temer em andar pelas veredas da morte, e sim aprender a caminhar cuidadosamente pelos infernos do sofrimento psíquico, sabendo e mostrando que há caminhos possíveis de serem trilhados em vida por aquela pessoa.

Referências bibliográficas

Bertolote JM. O suicídio e sua prevenção. São Paulo: Editora Unesp, 2012.

Bostwick JM, Rackley SJ. Completed suicide in medical/surgical patients: who is at risk? Curr Psychiatry Rep. Jun 2007; 9(3):242-6. ISSN 1523-3812 (Print). 1523-3812 (Linking). Disponível em: https://www.ncbi.nlm.nih.gov/pubmed/17521522.

Botega NJ. Comportamento suicida em números debates: Psiquiatria hoje. Rio de Janeiro: Associação Brasileira de Psiquiatria. 2010; 2:11-15.

Botega NJ. Crise suicida: Avaliação e manejo. Porto Alegre: Artmed, 2015.

Botega NJ, Rapeli CB, Cais CFDS. Comportamento suicída. In: Botega NJ (ed.). Pratica psiquiátrica no hospital geral: Interconsulta e emergência. Porto Alegre: Artmed, 2012.

Brasil. Prevenção ao suicídio: Manual dirigido a profissionais das equipes de saúde mental. Brasília: Ministério da Saúde, 2006.

Callahan C. Treatment of depression in children & adolescents. USA: PESI Publishing & Media, 2009.

Carrigan CG, Lynch DJ. Managing suicide attempts: guidelines for the primary care physician. Prim Care Companion J Clin Psychiatry. Aug 2003; 5(4):169-174. ISSN 1523-5998 (Print). 1523-5998 (Linking). Disponível em: https://www.ncbi.nlm.nih.gov/pubmed/15213779.

Cheng IC, Hu FC, Tseng MC. Inpatient suicide in a general hospital. Gen Hosp Psychiatry. Mar-Apr 2009; 31(2):110-5. ISSN 1873-7714 (Electronic) 0163-8343 (Linking). Disponível em: https://www.ncbi.nlm.nih.gov/pubmed/19269530.

Correa H. Identificando fatores de risco. I Congresso Brasileiro de Prevenção do Suicídio. Belo Horizonte, 2016.

Davidhizar R, Vance A. The management of the suicidal patient in a critical care unit. Journal of Nursing Management. 1993; 1:95-102. Disponível em: http://onlinelibrary.wiley.com/doi/10.1111/j.1365-2834.1993.tb00191.x/abstract.

Fardet L, Petersen I, Nazareth I. Suicidal behavior and severe neuropsychiatric disorders following glucocorticoid therapy in primary care. Am J Psychiatry. May 2012; 169(5):491-7. ISSN 1535-7228 (Electronic) 0002-953X (Linking). Disponível em: https://www.ncbi.nlm.nih.gov/pubmed/22764363.

Grad OT. Suicide: how to survive as a survivor? Crisis. 1996; 17(3):136-42. ISSN 0227-5910 (Print) 0227-5910 (Linking). Disponível em: http://www.ncbi.nlm.nih.gov/entrez/query.fcgi?cmd=Retrieve&db=PubMed&dopt=Citation&list_uids=8952148.

Hall RC, Platt DE, Hall RC. Suicide risk assessment: a review of risk factors for suicide in 100 patients who made severe suicide attempts. Evaluation of suicide risk in a time of managed care. Psychosomatics. Jan-Feb 1999; 40(1):18-27. ISSN 0033-3182 (Print) 0033-3182 (Linking). Disponível em: https://www.ncbi.nlm.nih.gov/pubmed/9989117.

Mills PD, Watts BV, Hemphill RR. Suicide attempts and completions on medical-surgical and intensive care units. J Hosp Med. Mar 2014; 9(3):182-5. ISSN 1553-5606 (Electronic) 1553-5592 (Linking). Disponível em: https://www.ncbi.nlm.nih.gov/pubmed/24395493.

Qin P, Nordentoft M. Suicide risk in relation to psychiatric hospitalization: evidence based on longitudinal registers. Arch Gen Psychiatry. Apr 2005; 62(4):427-32. ISSN 0003-990X (Print) 0003-990X (Linking). Disponível em: https://www.ncbi.nlm.nih.gov/pubmed/15809410.

Reich P, Kelly MJ. Suicide attempts by hospitalized medical and surgical patients. N Engl J Med. Feb 5 1976; 294(6):298-301. ISSN 0028-4793 (Print) 0028-4793 (Linking). Disponível em: https://www.ncbi.nlm.nih.gov/pubmed/1246268.

Rodrigues AA, Kapczincky F. Risco de suicídio. In: Quevedo J, Carvalho AF (Eds.). Emergências psiquiátricas. 3.ed. Porto Alegre: Artmed, 2014. cap. 8, p. 165-74.

Scavacini K. Suicide survivors support services and postvention activities: The availability of services and an intervention plan in Brazil. 2011. 50 (Master Program in Public Health). Department of Public Health Sciences, Karolinska Institutet, Stockholm.

Seremet NR. Needs of the attempted-suicide patient in the ICU. Critical Care Quarterly. 1984; 6(4):40-8.

Shneidman ES. Definition of suicide. New York: Willey, 1985.

Shneidman ES. A psychological approach to suicide. In: Vandebos G e Bryant B (ed.). Cataclysms, crises and catastrophes: Pscyhology in action. Washington: American Psychological Association. 1987; p. 47-182.

Simon RI. Patient safety and freedom of movement. In: Simon LP e Hales RE (Ed.). The American psychiatric publishing textbook of suicide assessment and management. 2.ed. United States: The American Psychiatric publishing. 2012; Chap. 19.

The Joint Commission (TJC). Detecting and treating suicide ideation in all settings. Sentinel Event Alert. 2016; 56. Disponível em: https://www.jointcommission.org/assets/1/18/SEA_56_Suicide.pdf.

Tseng MC, Cheng IC, Hu FC. Standardized mortality ratio of inpatient suicide in a general hospital. J Formos Med Assoc. Apr 2011; 110(4):267-9. ISSN 0929-6646 (Print) 0929-6646 (Linking). Disponível em: https://www.ncbi.nlm.nih.gov/pubmed/21540010.

Waiselfisz JJ. Mapa da violência: os jovens do Brasil. República S.-G. D. P. N. D. Brasília: Flacso Brasil, 2014.

Wasserman D. Suicide: An unnecessary death. Martins Dunits, 2001.

Wasserman D, Wasserman C. Oxford textbook of Suicidology and Suicide Prevention: a global perspective. Oxford: Oxford Press, 2009.

World Health Organization (WHO). Preventing Suicide: A Global Imperative. World Health Organization. Luxemburg. 2014; p. 94.

Wolk-Wasserman D. The intensive care unit and the suicide attempt patient. Acta Psychiatr Scand. Jun 1985; 71(6):581-95. Jun 1985. ISSN 0001-690X (Print) 0001-690X (Linking). Disponível em: https://www.ncbi.nlm.nih.gov/pubmed/4024974.

PARTE

2

Qualidade da Assistência e Intervenções junto à Equipe Multidisciplinar

13   Práticas Reflexivas do Ensino sobre Humanização, 143

14   Sintoma de *Burnout* e Sinais de Esgotamento de um Modelo de Atuação Profissional entre Médicos Contemporâneos, 153

15   Psicologia na Simulação Realística | Contribuições para o Aprendizado da Equipe de Saúde, 163

16   Satisfação da Família | Contribuições no Processo de Gestão e Qualidade, 171

CAPÍTULO 13

Práticas Reflexivas do Ensino sobre Humanização

Katya Kitajima

Introdução

O termo humanização, inicialmente, teve sua compreensão restrita às estruturas físicas do ambiente de terapia intensiva, sendo felizmente expandida posteriormente. Na atualidade, entende-se que humanizar é cuidar do paciente como um todo, englobando seus contextos familiar e social, considerando e respeitando seus valores, esperanças, aspectos culturais e suas crenças. Oliveira e Macedo (2008), indicam uma evolução conceitual sobre o termo humanização, quando ganha amplitude pela sua complexidade nas organizações públicas e privadas, na formação biomédica, nas relações de trabalho e na cultura organizacional, como um potente indicador de qualidade de assistência.

Um dos eixos discutidos dentro do processo de humanização engloba as condições de trabalho da equipe de saúde, não só com relação a estrutura física e condições laborais, mas também ao preparo desses profissionais para os novos cenários em saúde. Afinal, estamos diante de novas demandas relacionais entre a organização hospitalar e seus clientes. Novas exigências – tais como necessidade de melhoria na forma de comunicar-se, questões éticas e bioéticas aplicadas à terminalidade da vida e integração dos cuidados paliativos em terapia intensiva – deixam à mostra a necessidade de capacitar e oferecer subsídios para que esses profissionais sejam capazes de manejar suas ações no trabalho e diante da vida.

Deslandes (2004) já enfatizava a seriedade do investimento na formação dos profissionais de saúde, em especial a dos médicos, para que fosse possível a implementação de políticas de humanização. Especificamente na medicina intensiva, essa necessidade parece ter ficado mais evidente diante do aparato tecnológico onipresente no ambiente das UTIs, o que tende a facilitar o distanciamento das relações humanas. Muitos relatos de pacientes e seus familiares sobre o difícil relacionamento com a equipe de saúde têm sido manifestados por meio de relatórios das ouvidorias institucionais, engrossado pela mídia que, até pouco tempo atrás, descrevia o ambiente da UTI como hostil e o intitulava como corredor da morte.

Humanização | Método reflexivo

A Associação de Medicina Intensiva Brasileira (AMIB), envolvida com a pesquisa e a formação dos profissionais de saúde que atuam em medicina intensiva, organiza e promove cursos em diversas cidades do Brasil. O curso de pós-graduação *lato sensu* em Medicina Intensiva é direcionado aos médicos e chancelado pela AMIB, e tinha na programação, entre os anos de 2000 e 2012, o módulo Humanização. Nos últimos anos, por entender que o conceito sobre humanização já havia alcançado seu objetivo, a AMIB, excluiu o módulo de Humanização da sua programação, e atualmente, estruturou para o formato de curso intitulado Cuidados Paliativos na UTI.

O módulo *Humanização – ética e bioética em terapia intensiva*, nesse período, tinha como objetivo principal instrumentalizar os profissionais da área da saúde acerca da atuação junto ao paciente crítico, sua família e equipe, entendendo que os desafios daquele momento consistiam em dar maior nitidez ao conceito de humanização, e levar para dentro das instituições as condições necessárias para a construção desta consciência e desta responsabilidade.

Esse módulo era ministrado por alguns instrutores treinados, entre psicólogos e médicos, oriundos de diversos estados do Brasil. A programação consistia na abordagem ampla do termo humanização (ambiente físico, aspectos sensoriais, comunicação em UTI, tratamento fútil, terminalidade e captação de doação de órgãos), utilizando como metodologias aulas expositivas, estações práticas de cenários com o paciente, com a família e com a equipe, projeção de filmes e algumas dinâmicas de grupo, sugeridas por cada instrutor.

A instituição educadora, que organizava a pós-graduação em parceria com a AMIB, sugeria uma avaliação escrita dos alunos ao final do módulo de humanização. Para complementar a formatação das aulas, foi inserida uma dinâmica de grupo, sendo utilizado um método reflexivo sobre os temas levantados para facilitar o registro pelos alunos. Nesse caso, o método reflexivo de aprendizagem é interessante, pois parte do problema vivido na própria realidade, ou seja, das situações que esses profissionais vivenciam na rotina da UTI. As situações reais criaram pontos de partida para o processo de aprendizagem, o que, segundo Araújo e Sastre (2009), torna-se estimulante para as discussões do grupo, contribui para o desenvolvimento da responsabilidade social e fornece formação sólida para o exercício profissional.

O módulo de Humanização era considerado mais um encontro reflexivo que, por sua vez, podia ser considerado como uma prática psicoeducativa na medida em que se construia uma situação dialógica e transformadora no grupo. Para Szymanski e Szymanski (2014), o processo reflexivo não deixa de ser um processo educativo, pois é uma prática de que se pode lançar mão sempre que houver uma demanda de um grupo de pessoas que desejam buscar soluções e alternativas para questões comuns e significativas de sua existência.

A autora fazia parte do grupo de instrutores que ministrava o módulo de Humanização. As aulas foram todas presenciais nas cidades do Rio de Janeiro, Niterói, Brasília, Recife, Teresina, Presidente Prudente e Belém, com carga horária média de 8 horas. A metodologia foi baseada em aulas expositivas, trechos de filmes e apresentação de casos, todos relacionados aos temas que envolvem o processo de humanização. Os alunos tinham idades e tempo de experiência em UTI bastante variados.

Antes de iniciar a aula expositiva, os alunos eram convidados a identificarem seus questionamentos e curiosidades em relação aos temas que seriam apresentados ao longo do dia. Distribuíam-se, então, papéis em branco para que pudessem escrever de forma livre e opcional suas perguntas, sem necessidade de identificação e, posteriormente, depositá-los dobrados em uma pequena caixa no centro da sala.

Ao longo do dia, por meio da aula expositiva, buscava-se motivar a participação dos alunos por meio de perguntas e situações de sua rotina na UTI ou reflexões sobre suas crenças e pontos de vista. Na segunda metade do dia, os alunos eram divididos aleatoriamente em subgrupos, com mínimo de cinco ou mais pessoas, dependendo do tamanho da turma. Com a nova formatação dos grupos em pequenos círculos, um novo comando era dado para que cada grupo retirasse três perguntas sorteadas de dentro da caixa e iniciasse uma discussão. Elegiam-se um relator e um redator para transcrever as perguntas e respostas organizadas por cada grupo. Para finalizar a dinâmica e criar um identificador, os membros escolhiam um nome para seu grupo.

O tempo sugerido era de 30 minutos para as discussões. Paralelamente, o papel do instrutor/mediador do módulo era de instigar com novos questionamentos cada grupo, para aprofundar os temas escolhidos. Esse momento era considerado um dos mais ricos do dia. Eram concedidos mais 20 minutos para transcrição das questões e síntese das respostas. Ao final dessa etapa, os relatores de cada grupo liam para a turma inteira as perguntas e suas respectivas respostas. Todos os que estavam presentes tinham liberdade de complementar ou questionar, já que algumas perguntas tinham o mesmo sentido entre os grupos.

A Tabela 13.1 apresenta uma amostra das perguntas levantadas pelos alunos, que foram classificadas por categorias para facilitar a descrição e o sentido dos questionamentos.

Classificar essas perguntas em categorias não foi tarefa fácil, já que elas se entrelaçam e se complementam. Somente alguns alunos parecem ter tido dificuldade em formular a pergunta, tornando difícil a sua interpretação. Várias perguntas, embora escritas de formas diferentes, tinham o mesmo sentido e eram discutidas simultaneamente por outros grupos.

Tabela 13.1 Perguntas formuladas pelos alunos classificadas por categoria.

Terminalidade: comunicação e postura	1) Como falar sobre terminalidade com a família que não aceita a terminalidade de seu parente? 2) Quando e como avisar ou dizer para a família sobre a possível ou provável terminalidade do paciente? 3) Como abordar a família de um paciente em morte encefálica com relação a transplante de órgãos? 4) Como proceder diante de um paciente com câncer terminal, cujos familiares não aceitam sua inevitável morte, exigindo que o médico faça alguma coisa? 5) Ao dar uma notícia grave para uma família (piora do quadro e iminência de morte), esta começa a se desesperar, gritar e chorar de forma descontrolada. Como acolher, se, ao mesmo tempo, precisa-se falar com outras famílias e não dispõe de tempo?
Análise de valores, ética e crenças pessoais	1) Há como discutir condutas de final de vida sem se estabelecer o motivo e a finalidade da própria vida? 2) Os médicos foram educados para proporcionar a cura de muitas doenças. Entretanto, quando nos tornamos doentes, nos transformamos em pacientes sem esperança, dependendo da doença. Como devemos lidar com a morte, já que ela vai na contramão do que nos é ensinado?

(continua)

Tabela 13.1 Perguntas formuladas pelos alunos classificadas por categoria (*continuação*).

Análise de valores, ética e crenças pessoais (*continuação*)	3) Como eu, médico intensivista, devo expor minhas "fragilidades" emocionais perante os familiares em relação aos pacientes, sem que aparente incompetência? 4) Não acredito em nenhuma religião, portanto não valorizo esse aspecto; será que se valorizasse mais a religião melhoraria minha relação com o paciente e a família? 5) Até onde posso falar sobre a instituição ou a falta de capacidade do colega para um familiar, quando vejo que eu, sozinho, não consigo fazer o melhor pelo paciente? Que ética devo ter?
Rotina, condutas e protocolos	1) Como se determina a hora de parar de investir no paciente? Quando começa a distanásia? E o que se deve escrever no prontuário? Temos respaldo legal? 2) Devo fazer manobras de reanimação mínimas em um paciente sem prognóstico ou nem iniciá-las diante de uma parada cardiorrespiratória? 3) Como lidar com a religião do paciente e da família quando vai de encontro à proposta terapêutica, por exemplo, testemunha de Jeová? 4) Paciente terminal com neoplasia metastática e fora de possibilidades terapêuticas. Os familiares não aceitam o prognóstico. O médico assistente solicita vaga em UTI. Interna-se o paciente; o que fazer? Evitar todos os esforços (intubação, punção venosa profunda, aminas vasoativas etc.) apesar da irreversibilidade do quadro? 5) Imaginando que o boletim para familiares deveria passar informações não contraditórias e seguindo um raciocínio contínuo, o ideal não seria ser feito pelo diarista e não pelo plantonista?
Questões sobre humanização	1) Apesar de a humanização não alterar morbidade e mortalidade, ela veio para ficar. Ela visa diminuir litígio entre cliente e instituição, reduzindo o número de processos judiciais. Humanização é necessário 2) A humanização é voltada para os profissionais de saúde, apesar da sobrecarga de trabalho. A humanização não deveria ser aplicada aos que realmente podem mudar os problemas da UTI (governantes)? Por exemplo: diminuição de leitos por médicos, mais profissionais, mais condições de trabalho. 3) Quem é mais importante para o médico e o paciente? A eficiência ou a humanização? Como humanizar e enquadrar a RDC-7 da Anvisa em um contexto de recursos humanos, sobretudo no corpo de enfermagem? Como lidar com paradigma assistencial ao paciente × acolhimento aos familiares? 4) Quais estratégias utilizar para tentar agregar e reduzir o nível de estresses e conflitos da equipe multiprofissional? Programas do tipo "reunir o grupo para discussão", confraternizações periódicas? Como reduzir o estresse do profissional de saúde dentro da UTI? Como fazer humanização para a equipe de saúde? 5) Como humanizar uma UTI pública com pessoal mal-humorado, cheio de vícios e às vezes até alegando que é funcionário do Estado, desconsiderando a punição dos gestores locais?
Relação com a família	1) Como lidar com familiares que ficam criando atritos entre os integrantes da equipe? 2) Como lidar com as diversas personalidades dos familiares (alguns compreendem e outros acusam)? 3) As famílias agressivas acabam sendo evitadas pela equipe e acabam recebendo menos atenção, entrando em um ciclo vicioso. Como lidar com essa situação? 4) Como lidar, na prática, com a agressividade de alguns familiares contra a equipe quando percebe-se que tal atitude advém do sentimento de culpa ou conflitos familiares ocultos que são "transferidos" à equipe? 5) Como reverter uma relação médico-paciente ou médico-família ruim?

O ato de formular a pergunta em si e sua participação nas discussões parece ter sido suficiente para que não houvesse somente a introspecção dos seus sentimentos, mas para a tomada de consciência do pensamento e, enfim, a reflexão do aluno.

Foram criadas cinco categorias para melhor organização e visualização das perguntas. A primeira categoria abarca questões de terminalidade e foi dividida em duas subcategorias: a de comunicação e de postura. A segunda categoria se refere a análise de valores, ética e crenças pessoais. A terceira categoria abrange rotinas, condutas e protocolos. A quarta categoria envolve questões relacionadas ao tema da humanização e, finalmente, a quinta aborda a relação com a família do paciente.

A comunicação é considerada um dos pilares que sustentam a filosofia, e os preceitos da humanização em UTI assumem papel fundamental no plano de cuidados. Em especial, a comunicação com a família do paciente grave é considerada por grande parte da equipe como desafiadora e instigante, segundo Kitajima e Cosmo (2008).

▶ Comunicação ideal

Diante dessa nova demanda sobre a comunicação ideal na relação médico-paciente, foram criados alguns protocolos de comunicação de más notícias que, no primeiro momento, ofereceram direcionamento e segurança aos profissionais. Nonino et al. (2012), no entanto, concluíram que essa estratégia de ensino gerou algumas limitações pelas diferenças existentes nas formas de comunicação verbal e não verbal, além da diversidade cultural das pessoas. Contudo, devemos considerar que os protocolos sobre como dar más notícias inauguraram o pensar sobre comunicação, sendo desenvolvidas, mais tarde, metodologias de grupos de trabalho que simulam o momento importante da relação médico-família, tornando o conhecimento menos árido.

Na revisão de Bonamigo e Destefani (2010) sobre estratégias de ensino de comunicação na graduação médica, concluiu-se que a dramatização constitui a estratégia mais adequada para o ensino da comunicação de más notícias. Nos últimos anos, vem sendo ampliada, ficando menos engessada, e envolve, a partir de então, toda a equipe assistencial.

O trabalho vem sendo focado mais no desenvolvimento das habilidades e estratégias de comunicação, utilizando métodos reflexivos de discussão de casos clínicos, atividades práticas e simulações de papéis entre os participantes, proporcionando a vivência de diversas formas de comunicação e postura diante das situações apresentadas.

Souza (2013) descreve sobre o contexto psicológico da comunicação com base em ações que geram segurança e qualidade. Cita que o que garante a boa comunicação é o grau de profissionalismo e competência demonstrados, o que gera credibilidade e confiança na relação, criando um clima amistoso que facilita o consenso e a tomada de decisões compartilhadas. A comunicação é um processo, uma troca de informações, envolvida por observações sobre os limites e posturas dos envolvidos e, acima de tudo, sobre o exercício de autopercepção e empatia.

A categoria Análise de valores, ética e crenças envolve questionamentos pessoais dos valores éticos dos profissionais diante das situações e dilemas na sua rotina de trabalho. As influências culturais e religiosas estavam presentes nas perguntas, bem como os seus valores morais.

As novas demandas na UTI provocaram um repensar sobre os seus paradigmas. Questões sobre a fragilidade e a insegurança como inerentes ao ser humano foram consideradas, indo ao encontro de sentimentos de onipotência e onipresença do médico. Os incômodos foram provocados nos grupos pela falta do senso de justiça e dignidade humana no ambiente de trabalho, identificados na falta de comprometimento e postura inadequada entre os colegas, com os pacientes e familiares e falta de estrutura para oferecer assistência digna.

Rego (2003), faz uma análise interessante sobre a complexidade entre o pensar e o agir na prática médica, sugerindo o princípio universal de justiça, presente na teoria do desenvolvimento moral de Kohlberg, como um dos indicadores para que o indivíduo, ainda na sua formação médica, tenha capacidade de raciocinar, refletir e tomar as decisões, levando em consideração todos os interesses relacionados com o problema em questão.

O ensino da ética médica nos centros formadores poderia instrumentalizar melhor os estudantes para torná-los capazes de resolver os problemas éticos que confrontarão, aliando a formação de seus valores pessoais ao que é ensinado nas aulas. Por meio de sua análise crítica, diferencia-se o que se observará na prática com seus professores e/ou gestores corporativos.

Quanto à categoria sobre Rotina, condutas e protocolos, havia clara necessidade, na época, de se ter mais definido um amparo legal para alinhar as condutas médicas sobre terminalidade em UTI. A resolução nº 1931/2009 do Conselho Federal de Medicina (2009), que passou a vigorar em 13 de abril de 2010, trouxe maior entendimento e segurança aos médicos em suas ações. Possibilitou repensar a prática da distanásia, que é o prolongamento do processo de morrer, causando sofrimento ao paciente e grande angústia na família e equipe de saúde.

A nova resolução amadureceu o olhar sobre os conceitos da bioética e dos cuidados paliativos, em que o médico, após criteriosa avaliação, deve evitar a realização de procedimentos diagnósticos e terapêuticos desnecessários. A nova óptica vem ajudando os profissionais de UTI a terem maior consciência sobre os limites das suas condutas. Os alunos externavam no grupo o quanto incomodava saber que estavam prolongando o sofrimento do paciente.

Para complementar, os membros do comitê de terminalidade e cuidados paliativos da AMIB tomaram a iniciativa e escreveram um livro organizado por Moritz (2012), abordando as recomendações para a medicina intensiva. Com ênfase no caráter multidisciplinar, o livro aborda o conceito de cuidados paliativos, definições sobre os aspectos éticos e legais, sugere fluxograma, escalas de avaliações prognósticas e cuidado essencial ao ser humano em sua finitude.

▶ Aplicação na prática assistencial

A quarta categoria compreende ser uma reflexão sobre o conceito da humanização e sua aplicação na prática assistencial. Em 2003, o Ministério da Saúde lançou a Política Nacional de Humanização (PNH), que propõe esse alinhamento teórico-prático sobre o atendimento de qualidade, articulando os benefícios dos avanços tecnológicos com o acolhimento humano, promovendo paralelamente a melhoria dos ambientes de cuidado e das condições de trabalho dos profissionais.

Os questionamentos sobre a humanização nos grupos de alunos envolviam diretamente a preocupação de como alinhar a teoria da assistência humanizada aos escassos recursos estruturais e humanos disponíveis nas suas UTIs. Além disso, incluíam a percepção do elevado nível de estresse dos profissionais, os conflitos existentes na equipe de saúde e a descrença da aplicação de seus conceitos diante de outras prioridades estruturais e sociopolíticas.

Considerando o trabalho enquanto valor social, que dá sentido e identificação à vida das pessoas, é fundamental cuidar dos efeitos nocivos que as condições de trabalho apresentam à saúde do profissional. Temas como ambiente com poucos recursos estruturais, qualidade de relacionamento ruim entre equipe e sintomas de *burnout* são entendidos como efeito cascata de nocividade se não houver uma intervenção imediata.

O contato com o desconforto e a reflexão são considerados saudáveis, uma vez que possibilitam mudanças e o processo de humanização envolve mudança de comportamento acima de tudo. Humanizar não se restringe aos cuidados com o paciente e sua família, muito menos somente ao ambiente físico. Esse conceito é ampliado para o contexto principal de fortalecimento da equipe de saúde em criar oportunidades de resolução dos problemas. Para isso, a construção de um espaço coletivo para reflexão ganha força, vem se tornando um aspecto central para muitas organizações, à medida que é usado como instrumento para implementar novos olhares, incentivando para que os profissionais busquem saídas criativas para os desafios encontrados. Nessa perspectiva, Sanches et al. (2016) sugerem as rodas de conversa como estratégia positiva que promove o compartilhamento de experiências e saberes de cada profissional.

A relação com a família do paciente é outra categoria que foi citada como um desafio. Grande parte dos questionamentos estava em torno de como lidar com famílias reativas, agressivas e hostis. A equipe de saúde, apesar de reconhecer o importante papel da família no processo de cuidar do paciente, ainda trilha formas de se relacionar melhor com as demandas e, principalmente, com suas atitudes de confronto.

Para Saboya et al. (2014), a UTI é um ambiente fértil para mal-entendidos e conflitos, que está sempre permeado pelas palavras "grave", "instável" e "morte", reforçando o sentimento de desamparo e desorganização emocional da família. As famílias têm experiências, dinâmicas diferentes e multiculturais, por isso apresentam os mais variados tipos de comportamentos. Monteiro et al. (2016) propõem que haja esforço da equipe em se aproximar, compreender a subjetividade e a singularidade de cada sistema familiar, considerando o penoso processo pelo qual os familiares passam para se adaptarem à hospitalização de seu ente e às suas consequências.

As categorias levantadas durante o curso levaram às discussões para além dos temas da aula. A curiosidade e o interesse estavam presentes quando os alunos buscavam novas respostas, utilizando a internet em seus *notebooks*, buscando artigos, *sites* e até consultando profissionais de outras áreas. A capacidade do grupo em elaborar os questionamentos buscando mais informações por outros meios ampliou as discussões e as possibilidades de respostas, inaugurando um novo ciclo de novas questões e processos de aprendizagem.

O espaço aberto nas dinâmicas facilitou a organização do pensamento sobre determinados assuntos, como, por exemplo, as situações vividas que ainda ecoavam em dúvidas sobre sua conduta ou a do colega. Alguns papéis sorteados não tratavam de perguntas, mas de relato de caso, no qual o aluno foi envolvido, ou de afirmações de pensamentos. Manifestações de um certo "alívio" por estar podendo compartilhar as experiências foram comentadas, bem como as possibilidades de nomear os sentimentos e olhar com mais clareza a situação como um todo. Kitajima et al. (2014) entendem que os profissionais de saúde ainda lidam de forma incômoda com essas novas demandas, talvez porque ainda resistem ou porque não tiveram a oportunidade de falar sobre o assunto pela ausência desses espaços.

As aulas do módulo de Humanização parecem ter proporcionado uma forma ativa, dinâmica e participativa de aprender, inspirada no conceito da aprendizagem colaborativa. Torres e Irala (2015) referem ainda que, nesse método de aprendizagem, o professor passa a ser um facilitador, que cria contextos e ambientes adequados para que o aluno exerça, de forma criativa e interativa com outras pessoas, o papel fundamental no desenvolvimento de suas habilidades.

Paralelamente, a metodologia facilitou que questões aprisionadas, limitadas e até nem pensadas pudessem emergir. Podemos considerar que o mais importante dessa experiência não foi propriamente os alunos responderem às perguntas, mas, sim, o que a dinâmica provocou ao aprofundar o pensamento e melhorar o entendimento sobre os temas. O aprender colaborativamente foi pautado na interação dessas pessoas que compreenderam que fazem parte de um sistema interdependente, capaz de sugerir soluções para os problemas. A possibilidade de organizar e verbalizar as dúvidas fez com que fluíssem naturalmente discussões riquíssimas e reflexões para novas respostas ou novas dúvidas.

É evidente a mudança na forma de pensar e agir dos médicos intensivistas ao longo dos últimos anos quanto aos temas sobre terminalidade, comunicação de más notícias, humanização e relacionamento com o paciente e a família. A abertura para discutir esses temas em eventos científicos, as iniciativas de capacitação contínuas e as novas metodologias de aprendizagem serão sempre bem-vindas, na medida em que podem ampliar ações que tornam possível tranformar realidades.

"Diga-me e esquecerei. Mostre-me e recordarei. Envolva-me e compreenderei. Retire-se e atuarei" (provérbio chinês).

Referências bibliográficas

Araújo U, Sastre G (eds). Aprendizagem baseada em problemas. São Paulo: Summus, 2009.

Bonamigo EL, Destefani AD. A dramatização como estratégia de ensino da comunicação de más notícias ao paciente durante a graduação médica. Rev Bioét. 2010; 18(3):725-42.

Brasil. Conselho Federal de Medicina. Código de Ética Médica. Resolução CFM nº 1.931/2009, de 24 de setembro de 2009. Dispõe sobre o Código de ética Médica. Acessado em 5 de outubro de 2016. Disponível em: http://www.portalmedico. org.br/resolucoes/CFM/2009/1931_2009.pdf.

Brasil. Ministério da Saúde. Humaniza SUS: Política Nacional de Humanização: a humanização como eixo norteador das práticas de atenção e gestão em todas as instâncias do SUS/Ministério da Saúde, Secretaria Executiva, Núcleo Técnico da Política Nacional de Humanização. Brasília: Ministério da Saúde, 2004.

Deslandes SF. Análise do discurso oficial sobre humanização da assistência hospitalar. Ciênc Saúde Col. 2004; 7-14.

Kitajima K, Baptista D, Mello L et al. O papel do psicólogo intensivista junto à equipe de saúde. In: Kitajima K et al. (Orgs). Psicologia em unidade de terapia intensiva – critérios e rotinas de atendimento. Rio de Janeiro: Revinter. 2014; p. 1-21.

Kitajima K E Cosmo M. Comunicação entre paciente, família e equipe no CTI. In: Andreoli PBA, Erlichman MR, Knobel E (Eds.), Psicologia e humanização – Assistência aos pacientes graves. São Paulo: Atheneu. 2008; p. 101-12.

Monteiro MC, Magalhães AS, Féres-Carneiro T et al. A relação médico-família diante da terminalidade em UTI. Psicol Argum. 2016; 33(81):314-29.

Moritz RD (org.). Cuidados paliativos nas unidades de terapia intensiva. São Paulo: Atheneu, 2012.

Nonino A, Magalhães SG, Falcão D. Treinamento médico para comunicação de más notícias: revisão da literatura. Rev Bras Educ Med Rio de Janeiro. Jun 2012; 36(2):228-33. Disponível em <http://www.scielo.br/scielo.php?script=sci_arttext&pid=S0100-55022012000400011&lng=en&nrm=iso>. Acesso em 13 de outubro de 2016. http://dx.doi.org/10.1590/S0100-55022012000400011.

Oliveira MC, Macedo PCM. Evolução histórica do conceito de humanização em assistência hospitalar. In: Andreoli PBA, Erlichman MR, Kobel E. (Eds). Psicologia e Humanização – Assistência aos pacientes graves. São Paulo: Atheneu, 2008; p. 173-81.

Rego S. A formação ética dos médicos: saindo da adolescência com a vida (dos outros) nas mãos. Rio de Janeiro: Editora Fiocruz, 2003.

Saboya F et al. O papel do psicólogo junto aos familiares. In: Kitajima K et al. (Orgs.). Psicologia em unidade de terapia intensiva – critérios e rotinas de atendimento. Rio de Janeiro: Revinter. 2014; p. 23-38.

Sanches RCN et al. Percepções de profissionais de saúde sobre humanização. Escola Anna Nery. 2016; 20(1):48-54.

Souza RP. A comunicação como fator de qualidade e segurança. In: Souza PCP, Knibel MF (Eds.). Gestão, qualidade e segurança em UTI, São Paulo: Atheneu. 2013; p. 173-82.

Szymanski H, Szymanski L. O encontro reflexivo como prática psicoeducativa: uma perspectiva fenomenológica. Revista de Educação, Ciência e Cultura Canoas. 2014; 19(1):9-22.

Torres PL, Irala EA. Aprendizagem colaborativa: teoria e prática. In: Torres PL (Org). Metodologias para a produção do conhecimento: da concepção à prática. Curitiba: SENAR/PR. 2015; p. 64-96.

CAPÍTULO

14 Sintoma de *Burnout* e Sinais de Esgotamento de um Modelo de Atuação Profissional entre Médicos Contemporâneos

Lúcia Helena Carvalho dos Santos Cunha

Introdução

Alguns transtornos no corpo de profissionais de saúde, entre os quais os médicos, vêm sendo atribuídos a um tipo de esgotamento físico e mental conhecido como *burnout*. Essa síndrome é relatada como produzindo distúrbios físicos (cefaleias, náuseas, tensão muscular, dor lombar e cervical, distúrbios do sono e da vida sexual) e emocionais (sentimentos de desesperança, impaciência, irritabilidade, tensão, diminuição da empatia) condensadas nos sintomas de exaustão, despersonalização e perda da realização profissional que compõem a síndrome (Freudenberger, 1974; Maslach e Leiter, 1999; Benevides-Pereira, 2002; Menegaz, 2004; Galam, 2008; Carlotto e Câmara, 2008).

Em nosso país, uma publicação feita pelo Conselho Federal de Medicina, em 2007, sobre a saúde dos médicos, revelou a presença do *burnout* – em mais de 50% deles –, o que exige maiores estudos sobre essa realidade.

O sofrimento subjetivo oriundo da experiência profissional não chega a ser uma grande novidade no universo de queixas que um psicanalista recolhe, em sua escuta, em um ambiente de trabalho. Quando esse espaço é um hospital, os depoimentos quase sempre giram em torno do excesso de trabalho compartilhado por equipes sobrecarregadas, que precisam atender rapidamente demandas de pacientes, de seus familiares e da própria organização onde trabalham, em prol da recuperação da saúde dos que ali estão internados. Entre médicos e enfermeiros, encontramos um número crescente de profissionais que se ressentem das condições de trabalho, e que questionam intimamente essa sua experiência, mesmo que não se disponham a abandonar o emprego; e seu sofrimento subjetivo se manifesta muitas vezes por meio de sintomas físicos e emocionais, havendo, em alguns casos, ideação de abandono da profissão.

Entretanto, a existência de um número considerável de médicos que, nos dias de hoje, se declaram esgotados profissionalmente e se mostram desgostosos com sua profissão contrasta com o enorme contingente de estudantes que se candidatam a uma vaga nas faculdades de medicina, buscando formação para desempenharem essa tão desejada profissão. Embora a maioria ingresse no curso motivada pelo desejo de salvar vidas e de livrar pacientes de suas moléstias, observa-se que, ao longo do curso, e também da vida profissional, essa motivação inicial vai se modificando em uma parte considerável dos estudantes e de profissionais, à medida que o acesso ao mercado de trabalho passa a modelar seu comportamento e sua motivação para o ofício.

Paralelamente, um novo perfil se apresenta cada vez mais, entre médicos, e contrasta com o perfil tradicional que caracterizava, há séculos, esse profissional. A doação de si aos pacientes e ao trabalho, em prol de saúde alheia, ao preço da renúncia ao descanso e ao lazer, que cunhava o espírito missionário da profissão, vem dando lugar a um posicionamento mais seletivo de médicos que evitam trabalhar aos fins de semana e feriados, em locais distantes ou mal remunerados, fora dos grandes centros. O surgimento de uma queixa crescente entre pacientes quanto ao comportamento de médicos que não lhes concedem a atenção esperada – realizando consultas rápidas para meras requisições de exames, ou que não dispõem do tempo necessário para uma conversa mais pessoal – se associa a decisões tomadas por jovens formandos: muitos preferem atuar fazendo exames diagnósticos por imagens, em vez de fazerem atendimentos em clínicas e terem que lidar com demandas fora de horário de trabalho, como telefonemas de pacientes particulares. Esses profissionais se referem a um desgaste pessoal, originado da relação com os pacientes e com suas demandas, que serão muitas vezes invasivas da privacidade e dos horários de descanso. Esse vetor de mudança aproxima alguns médicos de um interesse meramente financeiro, chegando a produzir, entre alguns, um comportamento que se poderia chamar de mercenário.

Mudança em curso

Ao longo de séculos da história da humanidade, a vida profissional de médicos exigiu a formação de uma posição subjetiva peculiar, em uma ética de amor ao próximo que tinha um forte cunho religioso. Em *O nascimento da clínica* (Foucault, 1994), encontramos uma referência ao "clero da terapêutica" (p. 35), caracterizando os médicos como *os padres do corpo*, enquanto os clérigos seriam os médicos da alma. No citado livro do Conselho Federal de Medicina, os autores mencionam as exigências técnicas e humanitárias que levam, ainda hoje, a medicina a ser considerada "a mais sublime das profissões", por seu caráter sacerdotal: a prática médica comportaria "um caráter de moralidade, desinteresse, abnegação e sacrifício que merece ser identificada a um sacerdócio religioso" (Conselho Federal de Medicina, 2007, p. 21).

Tais exigências, que cercam o comportamento ético tradicional esperado dos médicos, já estiveram atreladas inclusive à ideia de que a motivação para o trabalho estaria desconectada da ambição monetária: citando Saborot de l'Avernière (1789), Foucault se refere à tarefa de padres e de médicos como voltada para "a consolação das almas e o alívio dos sofrimentos", estando os bens de ambos entregues igualmente à nação, "a única que conheceria suas próprias necessidades espirituais e materiais". Segundo o projeto apresentado por aquele autor, "um médico não teria que pedir honorários àquele que trata, e a assistência aos doentes seria gratuita e obrigatória – serviço que a nação assegura como uma de suas tarefas sagradas: o médico é apenas seu instrumento" (Foucault, 1994, p. 36).

Uma flagrante mudança de mentalidade, nos tempos atuais, coloca esses profissionais da saúde em uma perspectiva conflitante com exigências tradicionais. Vários autores (inclusive médicos) abordam a "grande desidealização por que passou a figura do médico nas últimas décadas: de grande herói de muitos séculos, ele começou a ser visto como fraco, pulha, vilão, a partir da segunda metade do século passado" (Mello Filho, 2006, p. 227).

Pimentel (2005) é outra médica que investigou a saúde mental dos médicos, e que verificou, em sua pesquisa, como muitos deles se tornaram "*workaholics*": motivados pela busca do sucesso financeiro, gratificação, *status* e reconhecimento social, tornam-se dependentes de suas atividades de tal forma que nunca descansam, trabalhando em ritmo bem superior ao seu limite físico e mental. A privatização da medicina, concentrando lucros nas mãos de empresários de saúde, "transformou a saúde num bem de consumo, uma mercadoria reificada, e a doença passa a ser considerada como uma possibilidade de lucro" (Pimentel, 2005, p. 38).

Uma pesquisa com 11.530 profissionais de saúde (médicos, enfermeiros, dentistas, psicólogos e nutricionistas) de língua espanhola, residentes na Espanha e na América Latina, concluiu que médicos são mais vulneráveis a essa síndrome do que os demais profissionais de saúde; e que países com menor desenvolvimento econômico evidenciavam menor presença do *burnout* (Grau et al., 2009). Haveria, portanto, uma ligação com os valores que predominam nos países onde as relações de trabalho foram mais fortemente marcadas pelo neoliberalismo econômico, como os Estados Unidos e os países europeus. O crescente individualismo nas sociedades ocidentais, especialmente as mais avançadas tecnologicamente, estaria produzindo uma contracorrente dos movimentos alteritários, voltados para o interesse da coletividade. A queda dos ideais, verificada por sociólogos, filósofos e antropólogos (Bauman, Lipovetsky, Sennet, entre outros), estaria afetando mais diretamente os profissionais empenhados em cuidar e em educar, atividades que implicam engajamento pessoal maior de interesse pelo outro. O que está em jogo, portanto, seria uma resposta subjetiva encontrada com maior intensidade em países ocidentais, que se distanciaram dos padrões culturais fundamentados na hierarquia e no tradicionalismo cultural. A perda do lugar social de prestígio, atribuído tradicionalmente ao médico, vem associada à queda dos ideais de nobreza de caráter, carreada por mudanças culturais que destituíram o poder de outras figuras de autoridade: o mestre, a referência paterna, e até mesmo a referência divina.

A mudança no comportamento ético que tradicionalmente regulou o exercício profissional dos médicos aparece muitas vezes no noticiário dos jornais; entretanto, ele também apareceu em uma pesquisa de campo que orientou minha tese de doutorado sobre o *burnout* entre médicos. Um conjunto de entrevistas com médicos que atuam em um hospital particular da cidade do Rio de Janeiro indicou a existência de um conflito entre o posicionamento tradicional dos médicos de perfil missionário e um novo perfil de profissionais que exigem maiores benefícios para aceitarem as mesmas condições de trabalho dos demais. Enquanto os primeiros consideram a medicina como um sacerdócio, e se consideram obrigados a dar atenção a qualquer urgência médica que se presentifique diante de si (mesmo estando de férias, passeando com a família ou em algum momento de lazer), os últimos declaram o oposto: o tempo de trabalho missionário já ficou para trás, reivindicando o mesmo direito ao descanso que os profissionais de outras áreas de atuação. Alguns comentam sua escolha pessoal em trabalhar apenas no hospital e de não atuar em consultório particular para preservar sua privacidade, enquanto outros consideram tamanha dedicação ao paciente como uma escravidão desnecessária nos tempos atuais. Ganhar muito dinheiro para poder consumir o que se desejar é um objetivo declarado, assim como a vantagem da profissão médica: nunca ficar desempregado, poder acumular vários plantões semanais para alcançar maior renda etc. A diferença de valores e de princípios entre os dois grupos indica uma hostilidade entre ambos, e deixa visível a mudança de mentalidade que vem se processando nesse meio profissional; voltaremos a essa pesquisa mais adiante, trazendo como exemplos alguns depoimentos.

Nova postura profissional

Podemos supor que tais mudanças de postura profissional refletem a formação do caráter desses sujeitos menos propensos à renúncia de suas exigências pulsionais, em conformidade com o direito ao gozo que caracteriza a sociedade de nossos tempos atuais. Acompanhamos o pensamento de Dufour (2015), relativo ao efeito produzido pela ideologia do mercado: o empuxo ao consumo, incentivado pelo capitalismo neoliberal, afeta a economia pulsional, assim como a economia financeira contemporânea. O funcionamento pulsional narcísico, predominante nos sujeitos a que nos referimos, libera seu direito ao gozo e um desmentido da castração: a escolha de uma profissão tradicionalmente humanística não os obriga ao mesmo altruísmo que caracteriza o perfil missionário, na medida em que sua formação de caráter não seguiu as mesmas exigências de renúncia pulsional necessária a esse perfil, orientado pelo ideal do eu. Para reforçar esse argumento, recorro ao texto freudiano de 1916, *Alguns tipos de caráter encontrados no trabalho psicanalítico* (Freud, 2010) em que sujeitos que exigem ser tratados como exceções advogavam seu pleno direito ao gozo em consequência dos prejuízos que a vida lhes havia causado – seja por agressões ao seu narcisismo, como a feiura física, seja por defeitos congênitos, por exemplo. Recusando-se a fazer maiores sacrifícios, tais sujeitos se recusavam a se submeter a imposições sociais, o que chamou a atenção de Freud.

Santos e Azevedo (2005) observam que o sujeito contemporâneo também parece exigir ser tratado como uma exceção (à regra pautada pelo ideal do eu), na medida em que a organização social atual não se faz mais em torno de uma figura paterna forte, afetando o processo de construção do superego. Anteriormente, a sociedade moderna havia construído uma organização baseada na internalização da lei, na identificação da figura de autoridade e em uma moralidade social construída pela renúncia ao gozo narcísico. A regulação pelo ideal do eu permitia a formação de sujeitos submetidos à lei social de renúncia ao gozo narcísico em benefício da coletividade. Na medida em que a sociedade mudou, a formação do caráter dos sujeitos contemporâneos, cada vez mais, deixou de se regrar pelo ideal do eu, permitindo proliferar o número de sujeitos que advoga seu direito ao gozo e ao individualismo.

Concluímos lembrando que Freud moldou sua teoria sobre o caráter a partir do funcionamento do superego, instância psíquica formada a partir da incorporação do complexo parental e da internalização da lei paterna, dando acesso à regência pela ordem simbólica. Os tempos atuais, entretanto, evidenciam uma forte modificação dos antigos princípios morais que organizavam a sociedade: observamos um rebaixamento da lei simbólica e a existência de uma nova normatividade regulando o comportamento social, pois agora os sujeitos são moldados muito mais por um "supersocial" que lhes determina o que é (politicamente) correto. No lugar de um supereu formado pela transmissão paterna, nos deparamos com uma permissão de gozo: a formação subjetiva não mais se faz sob a coerção social da renúncia, muito pelo contrário. Hoje é proibido proibir, e o imperativo é outro, sendo o caráter formado em uma conexão direta com o direito à satisfação pulsional, e não mais sob a exigência da renúncia. O narcisismo não cede à castração, que é socialmente denegada na medida em que o que seria uma exceção (o direito a uma compensação pela perda narcísica) se generalizou. O desmentido da castração afeta a regulação tradicional da profissão médica, baseada no perfil abdicado e missionário, estruturado a partir da sublimação.

No trabalho médico, o distanciamento dos interesses egoístas em prol do cuidado do outro vem sendo substituído por novos comportamentos, ditados pela ideologia neoliberal. O *burnout*, lido sob essa nova óptica, nos informa sobre o esgotamento de um modelo altruísta, fundado em um ideal humanístico de trabalho voluntário, idealizado por sujeitos cujo caráter se estruturava pela sublimação e capacidade de renúncia. Despersonalização, exaustão e baixa realização profissional atestam a impossibilidade de o médico missionário satisfazer seu ideal em tempos em que o mercado impulsiona os sujeitos à pleonéxia, à exaustão de querer sempre mais, não importa a que preço.

A síndrome de *burnout* e o mundo contemporâneo

O termo inglês *burnout* se refere, originalmente, à exaustão do funcionamento de um motor, que entra em colapso porque trabalha até alcançar um ponto-limite em que queima. Sua utilização para nomear um comportamento humano é uma metáfora, que carrega consigo uma conotação mecânica, de pessoas que trabalham como máquinas, submetidas a algum sistema inadequado, excessivo, que desconsidera a existência de limites.

As reações nomeadas como indicativas de *burnout* (em português, síndrome do esgotamento profissional) começaram a ser observadas em todo mundo a partir do momento em que um conjunto de fatores econômicos, sociais e históricos, relacionados ao capitalismo neoliberal, produziram maiores expectativas de realização profissional. Segundo Carlotto e Câmara (2008), que realizaram um levantamento sobre a produção científica do *burnout* no Brasil, este termo surgiu a partir dos anos 1970, nos artigos acadêmicos; sua pesquisa indicou que foi nesse período que trabalhadores americanos começaram a "buscar trabalhos mais promissores distantes de suas comunidades, na tentativa de conquistar maior satisfação e gratificação no seu trabalho" (Ibid., p. 152).

Tais esperanças não se confirmaram nas experiências subjetivas dos trabalhadores, especialmente daqueles que vivenciaram mais expressivamente o efeito da desilusão. Lipovetsky denunciou, em 2007, a existência da *Sociedade da Decepção*, e uma espiral de frustração que caracterizaria nossa sociedade, hipermoderna (também designada por ele, em um texto de 2005, como pós-moralista). Ele havia comentado as mudanças que caracterizam os tempos atuais, destacando que a sociedade contemporânea lança preceitos superiores ao descrédito ao "depreciar o ideal da abnegação, e fomentar o estímulo sistemático à satisfação das aspirações imediatas, à paixão pelo ego, à felicidade intimista e materialista" (Lipovetsky, 2005, p. xxxviii).

É a partir desse teor de observações que nos remeteremos ao texto inaugural da literatura sobre o *burnout*, produzido pelo médico e psiquiatra Freudenberger: foi ele quem cunhou o sintoma, em 1974. Chama nossa atenção o fato de que um grupo de médicos, entre os quais o autor se incluía, realizava um trabalho voluntário, alinhado a um movimento político que defendia o oferecimento de um atendimento médico gratuito e beneficente: tratava-se, portanto, de um trabalho calcado no altruísmo, característico da formação médica tradicional. Freudenberger escreveu sobre o sentimento de fracasso e exaustão que acometeu a equipe, levando à produção de sintomas físicos: frequentes dores de cabeça e perturbações gastrointestinais, insônia e falta de ar, aliados à fadiga. Esse quadro foi considerado resultante de um excessivo comprometimento com o trabalho, e o levou a afirmar que são os profissionais que mais procuram responder às necessidades coletivas – trabalhando em comunidades terapêuticas, clínicas gratuitas, centros de intervenção em crises, abrigos – os que mais tendem a experimentar o *burnout*.

Esse texto, que deu a partida inicial ao estudo dessa síndrome, foi tomado na literatura mundial como uma indicação de que o *burnout* está atrelado ao trabalho social: um trabalho essencialmente voltado para o cuidado do outro. Por esse motivo, as pesquisas indicam sua ocorrência, principalmente, entre profissionais que necessitam "manter contato direto, frequente e emocional com sua clientela, como os trabalhadores da área da saúde, serviços sociais e educação" (Carlotto e Câmara, 2008, p. 153). Mas, ao nosso ver, o fiasco da doação de si, constitutiva da posição subjetiva altruística que caracterizou, tradicionalmente, o sacerdócio profissional, desempenha um papel fundamental na estruturação desse sintoma. A partir da psicanálise, consideramos que a clínica do sujeito é indissociável da clínica da civilização; e vemos no *burnout* um importante indício do esgotamento de um modelo de atuação profissional em decorrência da mudança de um modelo econômico e social. O modelo profissional com base no perfil missionário, altruísta, exigido tradicionalmente do médico (mas também presente nas profissões da saúde, educação e de serviços sociais) está em processo de esgotamento, na sociedade atual.

As características contemporâneas de mercado, que alcançaram o trabalho médico, foram mencionadas por diversos entrevistados de nossa pesquisa de campo, como examinaremos a seguir. Retiramos desses depoimentos indicações que sustentam nossa hipótese: a mudança social produzida pela introdução da ideologia de mercado no campo médico está afetando a constituição do perfil missionário tradicional, que se baseia na estruturação subjetiva de uma doação de si em prol do outro, na sublimação da pulsão, e no caráter fundamentado no ideal do eu, que examinamos anteriormente.

Relatos obtidos na pesquisa de campo

Uma pesquisa qualitativa, realizada em 2014, em um hospital particular do município do Rio de Janeiro, recolheu depoimentos de 15 médicos (em sua maior parte, intensivistas) que aceitaram livremente conceder entrevistas sobre sua relação com a profissão. Aprovada pelo comitê de ética do hospital, a pesquisa reuniu um conjunto de relatos que abordavam a motivação e a avaliação de cada um quanto à sua escolha, bem como sua visão atual da profissão. A análise dos resultados evidenciou que os entrevistados poderiam ser repartidos em dois diferentes grupos: os que consideram a medicina uma vocação e os que consideram a medicina um trabalho como outro qualquer.

Os que encontram na medicina a realização de uma vocação consideram sua satisfação em cuidar de pacientes que necessitam deles, apreciam se sentir valorizados pelos familiares dos seus pacientes, sentem-se recompensados pela gratidão e reconhecimento destes. O sacrifício e a renúncia que a vida profissional lhes impõe se mostram plenamente justificados, mesmo considerando o sofrimento que seu alto nível de cobrança pessoal lhes acarreta. Sua angústia diante da profissão se manifesta diante da existência de colegas (geralmente mais jovens) que não revelam esse mesmo comprometimento, nem com o trabalho nem com o estudo, ficando pouco informados em relação à grande massa de informações que a ciência lhes obriga sempre a atualizar. Comentam que os mais jovens querem satisfação imediata, tudo sendo obtido na mesma hora, como se a profissão não precisasse ser galgada, e as recompensas, obtidas gradualmente, em um passo a passo. Não aceitam sacrifícios e não cumprem os horários mais penosos, como antigamente os principiantes faziam. Esses médicos evidenciam sua decepção quando percebem que a profissão está atualmente exigindo a convivência com colegas que não têm a postura esperada, não dispõem da mesma disposição para ajudar, não transmitem confiança, o que implica problemas na relação de trabalho, e sobrecarga.

Alguns dos depoimentos testemunham essa leitura:

- "O espírito do missionário acabou, o perfil do profissional mudou, os recém-formados de hoje não querem mais pegar plantão no fim de semana, nossa escala aqui ficou aberta por meses no sábado à noite, as pessoas não querem mais isso! É um pesadelo quando se precisa substituir um colega..."; "Agora você tem um problema que é a geração 'Y': o cara recém-formado quer ter, em um, dois anos, o que você conquistou em 30 anos. Ele quer a satisfação imediata! Tem que ser agora... é como no Facebook, é agora, tudo feito na hora. Eles têm pouca tolerância à frustração, e a medicina é uma carreira que se faz basicamente em cima de frustrações..." (médico intensivista, 30 anos de formado, atualmente em cargo de gestão no hospital)
- "Vejo uma mudança do que era antigamente, cheio de ideais. A sociedade de consumo criou algo que leva as pessoas a acharem possível ter sempre tudo à mão" (médico intensivista, formado há 10 anos)
- "O mais penoso na profissão é a sobrecarga emocional: ter que se envolver e se dedicar, se comprometer... o pessoal mais jovem tende a reduzir isso" (médica clínica, formada há 6 anos)
- "O pessoal de hoje tem muita pressa, tem médico recém-formado que quer ganhar mais e vai trabalhar na UPA, mas se tiver que dar um plantão aqui no fim de semana ele não quer..." (médico clínico, formado há 8 anos)
- "É a minha vocação, o sacerdócio: a obrigação do médico é de trabalhar para o paciente, ganhar dinheiro é uma consequência do meu trabalho. A medicina não é para você

ganhar dinheiro; você estuda patologia, as doenças, você não estuda o mercado financeiro! O cenário perfeito seria uma medicina socializada, paga pelo governo, que atenda à população com dignidade, mas isso infelizmente não existe..." (médico intensivista, formado há 23 anos)

- "Há uma diferença entre ser médico ou arquiteto: se estou na praia e alguém passa mal, eu tenho a obrigação de ir lá atender porque eu sou médico! Se fosse arquiteto e alguém me pedisse para desenhar um banheiro, eu poderia dizer que estava ali de folga, mas médico não tem isso, não tem folga nunca, está sempre atento [...]; quem se decepcionou com a medicina nunca viu que a carreira sempre se mostrou como era" (médico clínico, formado há 8 anos).

No segundo grupo, encontram-se depoimentos que atestam a preocupação com o mercado; são profissionais que percebem estar submetidos a poderosos grupos financeiros que comandam esse mercado, o que lhes tirou a liberdade que os mais antigos tinham de fazer a vida em um consultório cheio de pacientes, cobrando o preço que consideravam justo. Observam que tudo mudou: a economia, o financiamento dos serviços médicos; o dono do processo não é mais o médico! Preocupados com a remuneração, consideram que precisam se adaptar a uma nova lógica que rege a relação dos profissionais e seus clientes particulares. Afirmam que precisam ter vários empregos e se queixam da agressividade dos pacientes que não têm mais com os médicos o respeito e a educação que anteriormente caracterizava a relação entre médicos e seus pacientes. Alguns deles são francos ao observarem que o perfil do médico missionário está obsoleto: há quem diga que tem o mesmo direito ao descanso e ao lazer que qualquer outro tipo de profissional, e que fica revoltado diante de cobranças que não considerem esse seu direito.

Algumas declarações reforçam essa visão:

- "A gente poderia ter melhoras como todo profissional liberal: um grupo gerencia e a gente trabalha naquilo ali. Hoje o volume de paciente privado é pequeno, o valor a se cobrar é restrito; hoje a gente não consegue mais cobrar o trabalho, há um preço predeterminado, isso é ruim. Existe um cartel de gestores de saúde, isso é muito ruim! Mas, ou você faz aqui, ou se for para ali vai ser do mesmo jeito, não vai mudar... e você fica na mesma, na mão dos grupos, perdeu a liberdade que tinha antes para isso..." (médica clínica, formada há 10 anos)

- "A imagem que a sociedade tem é que o médico tem que estar sempre disponível, como se não tivesse família...você nunca pode ir embora, mesmo se sentindo cansada, ou sair porque está com fome! Isso é muito ruim, o esquema de plantão é desumano! Essa coisa de ficar presa é muito ruim! E no fim de semana, se um amigo me convidar para um churrasco, eu não posso mudar a escala... Daí que eu fico me perguntando o tempo todo o que é que eu estou fazendo aqui? [...] sua vida pessoal não vale nada, você sempre abre mão! (médica intensivista, formada há 7 anos)

- "Ninguém gosta de trabalhar à noite, em fim de semana, tem essa questão do horário... eu não gosto, ninguém gosta! Quero ter meu dinheiro, comprar minhas coisas, quero juntar um dinheirinho, crescer rápido... então tenho que trabalhar muito, mas eu vivo! [...]

A medicina é muito sacrificante, muito mesmo! Muita gente tem essa visão de que medicina é um sacerdócio, e não é: medicina é um trabalho! Eu quero fazer minhas coisas, quero viajar, como quem é advogado ou engenheiro; fico revoltada, tem muito dessa visão ainda... tem quem reclame do preço da consulta, mas vai quem quer, como quem entra numa loja para comprar, tem todos os tipos de preço. A medicina é um serviço como outro qualquer, mesmo se você trabalha com vidas; é um trabalho e tenho o direito de descansar, de dormir, de ficar com fome, de ficar doente... tenho meus direitos!!!" (médica intensivista, formada há 2 anos).

Considerações finais

Alterações no campo de trabalho médico, fomentadas pela nova mentalidade de mercado – que está afetando a atuação profissional na área de saúde –, podem ser escutadas por meio do estudo psicanalítico do sofrimento dos sujeitos em sua relação com a profissão. A síndrome de *burnout*, que passou a ser estudada mundialmente a partir dos anos 1970, afeta em especial profissionais das áreas de saúde e de educação, consideradas "vocacionais" em função do tipo de dedicação necessária, de natureza altruísta. Tais profissões exigem maior renúncia ao "amor de si", considerando a doação subjetiva inerente ao trabalho de salvar/ educar vidas. Muitas vezes, implicam um voluntariado, ou seja, trabalho gratuito ou pouco remunerado. Entretanto, o advento da ideologia de mercado vem alterando a prática dessas atividades, cada vez mais atravessadas por interesses econômicos e por intermediários que passaram a empresariar a saúde e a educação. O trabalho médico vem sendo transfigurado pela transformação da saúde em uma mercadoria, com a chegada de grandes empresas que atuam como intermediários na relação médico-paciente. Além disso, ou melhor, em função disso, surge a oportunidade para que profissionais atuem no meio com outro tipo de perfil, diferente do que tradicionalmente caracteriza o perfil profissional do médico como um missionário. Mais voltados para interesses econômicos do que sociais, encontramos nesse processo de mudança um desmentido da castração: o ato de cuidar da vida alheia não exige mais a renúncia e o sacrifício de si, que tradicionalmente caracterizou o trabalho missionário, embora o conflito entre o ideal profissional e a atuação mercenária produza sintomas físicos e mentais, como o *burnout* – ou síndrome do esgotamento profissional – evidencia. O esgotamento de um modelo profissional afeta a saúde, afeta o corpo do profissional que sintomatiza seu conflito até o ponto de inviabilizar seu trabalho.

Referências bibliográficas

Benevides-Pereira AMT. Burnout: O processo de adoecer pelo trabalho. In: Benevides-Pereira AMT (Org.). Burnout: Quando o trabalho ameaça o bem-estar do trabalhador. São Paulo: Casa do Psicólogo, 2002, p. 21-91.

Carlotto M, Câmara S. Análise da produção científica sobre a síndrome do burnout no Brasil. Revista PSICO. Canoas. abr/jun 2008;39(2):152-8.

Conselho Federal de Medicina. A saúde dos médicos do Brasil. Coordenação de Genário Alves Barbosa et al. Brasília: Conselho Federal de Medicina, 2007, p. 220.

Cunha LHCS. A psicanálise aplicada ao sintoma profissional: Uma abordagem do burnout entre médicos. Tese de doutorado em Teoria Psicanalítica. Rio de Janeiro: Instituto de Psicologia da UFRJ, fev 2015, p. 185.

Dufour D-R. A pleonexia, o que é? Revista aSEPHallus de orientação lacaniana. Mai a out 2015;10(20):24-38. Disponível em: www.isepol.com/asephallus.

Foucault M. O nascimento da clínica. Rio de Janeiro: Forense Universitária, 1994.

Freud S. Alguns tipos de caráter encontrados na prática psicanalítica. In: Freud S. Introdução ao narcisismo: Ensaios de metapsicologia e outros textos (1914-1916). Sigmund Freud: tradução e notas de Paulo Cesar de Souza. São Paulo: Companhia das Letras, 2010, vol. XII, p. 253-86.

Freudenberger HJ. Staff burnout. Journal of Social Issues. 1974;30(1):159-65.

Galam E. Dossier Burn Out. Concours Medical, 17/04/2008. Tome 130, p. 394-406. Acessado em 10 outubro de 2014. Disponível em: www.fmc31200.free.bibliotheque/burnout.pdf.

Grau A, Flichtentrei D, Suñer R, Prats M, Braga F. Influencia de factores personales, profesionales y transnacionales en el síndrome de burnout en personal sanitário hispano-americano y español. Rev Esp Salud Publica. 2009;83(2):215-30.

Lipovetsky GA. A sociedade pós-moralista: O crepúsculo do dever e a ética indolor dos novos tempos. São Paulo: Manole, 2005, p. 258.

Lipovetsky GA. Sociedade da decepção. Entrevista coordenada por Bertrand Richard. São Paulo: Editora Manole, 2007, p. 84.

Maslach C, Leiter MP. Trabalho: Fonte de prazer ou desgaste? Campinas: Papirus, 1999.

Mello Filho J. A identidade médica: Implicações históricas e antropológicas. São Paulo: Casa do Psicólogo, 2006.

Menegaz FDL. Características da incidência do burnout em pediatras de uma organização hospitalar pública. Dissertação de mestrado apresentada ao Programa de Pós-Gracuação em Psicologia do Centro de Filosofia e Ciências Humanas. Santa Catarina: Universidade Federal de Santa Catarina, 2004.

Pimentel D. O sonho do jaleco branco: Saúde mental dos profissionais de saúde. Aracaju: Fundação Oviedo Teixeira/Sociedade Médica de Aracaju, 2005.

Santos T, Azeredo FAM. Um tipo excepcional de caráter. Psyché. São Paulo: jul/dez 2005;IX(16):77-95.

Santos T, Cunha LHCS. A saúde dos corpos: Entre o ideal missicnário e a lógica do mercado. In: Freire AB (Org.). O corpo e suas vicissitudes. Rio de Janeiro: 7 Letras, 2013, p. 171-90.

Santos T. Do supereu sujeitado à lei simbólica à normatividade supersocial dos corpos falantes. In: Santos TC, Santiago J, Martello A (Org.). Os corpos falantes e a normatividade do supersocial. Rio de Janeiro: Companhia de Freud/FAPERJ, 2014, p. 27-62.

CAPÍTULO

15 Psicologia na Simulação Realística | Contribuições para o Aprendizado da Equipe de Saúde

Tárcia Regina Coura Dutra

Introdução

No mundo contemporâneo, de intensa evolução tecnológica e rápida circulação de informações, o ensino e a aprendizagem vêm passando por transformações nas quais a psicologia pode ser uma grande contribuinte como teoria e prática.

Este capítulo discorrerá sobre simulação realística e simulação de alta-fidelidade, tentará demonstrar suas características e importância enquanto instrumento educativo e fornecerá requisitos para a participação da psicologia aplicada ao conhecimento e à gestão de recursos em situações de urgência e emergência em saúde pública, coletiva e privada.

Podemos dizer que a simulação teve seu início no século XVI; a partir de estudos de guerra com uso do jogo de xadrez, e, na saúde, com o uso de cadáveres. Na aviação, ela potencialmente evoluiu com o uso de simuladores (Walker e Russon, 2016). A simulação se expandiu para a capacitação dos outros profissionais, visando minimizar ou reduzir erros. A simulação realística na saúde favorece o desenvolvimento de habilidades técnicas e de vivências de situações clínicas e críticas que possam causar danos reais à saúde das pessoas e de pacientes reais (Brandão et al., 2014).

Desde a publicação do relatório *To Err is Human* (Kohn et al., 2000; WHO, 2012), que demonstrou como causa de erros as falhas de comunicação e a ineficiência do trabalho em equipe, passou a se recomendar o estabelecimento de programas de treinamento para a equipe multiprofissional com simulação realística e simulação de alta-fidelidade (Walker e Russon, 2016).

Ao usar a simulação como eixo primordial de treinamento, seria possível verificar os aspectos técnicos e comportamentais e, com isso, preparar os membros das equipes de saúde para atingir o desempenho clínico eficaz e efetivo, reduzindo os riscos de erros (Hawkins e Tredgett, 2016; Calamassi et al., 2016).

No Brasil, a inserção da simulação realística deu-se no ensino da medicina. Bem mais recentemente vem ocorrendo uma crescente inserção na graduação, como metodologia ativa de ensino. Um fator limitante é o alto custo dos equipamentos e a reduzida existência de docentes capacitados (Chinnugounder et al., 2015; Brandão et al., 2014) para aplicá-la e fazer uso de toda a sua potencialidade. Brandão et al. (2014) definem a simulação realística distinguindo as diferentes estratégias educacionais proporcionadas para o ensino e a aprendizagem desde desenvolvimento de habilidades específicas até a revisão de tarefas já executadas.

A simulação realística é uma metodologia de treinamento prático, apoiada por tecnologias de baixa, média e alta complexidade e estudos de validação da sua eficácia (Willhaus, 2016). Na saúde, o treinamento por simulação realística utiliza simuladores de pacientes na forma de manequins estáticos simples e complexos. Esse uso gera um ambiente virtual de parâmetros clínicos semelhantes a uma situação de emergência. Isso favorece os treinamentos práticos e a reflexão sobre as ações individuais e das atitudes em equipe (Walker e Russon, 2016). A realização de simulação realística clínica pode resultar em respostas psicológicas muito intensas, considerando toda a interação humana que se faz presente (Dieckmann e Krageb, 2013). Com isso, podemos afirmar que a psicologia tem importantes contribuições para o aprendizado da equipe de saúde.

A partir do exposto, este capítulo busca identificar na literatura o uso da metodologia da simulação realística e as possíveis ações da psicologia para sua aplicação no contexto da educação em saúde e na importância do trabalho em equipes ou times.

Simulação realística e atuação do psicólogo

As primeiras perguntas realizadas ao desenvolver o capítulo foram: o que os psicólogos conhecem? Já participaram de práticas em simulação realística? Os psicólogos conseguem perceber nesse campo uma grande oportunidade de inserção profissional?

A participação na Sociedade Mineira de Terapia Intensiva (Somiti) despertou o interesse sobre o assunto. Foi a psicóloga Ana Maria Pueyo Blasco de Magalhães que propôs escrevermos sobre o tema. Nas reuniões semanais da Somiti vários temas eram discutidos. Um tema tinha o objetivo de identificar as habilidades mínimas necessárias ao psicólogo para atuar em situações de terapia intensiva, urgência, emergências e desastres. Discutimos várias possibilidades por meio da técnica *table top*[1]. Outra proposição do trabalho conjunto visava à preparação dos psicólogos para atuar nas situações de urgência, emergência e desastres.

Ana também era instrutora no *Basic Life Support* (BLS) e contribuíra, de forma voluntária, por seis anos no Laboratório de Simulação Realística (LabSim) da Universidade Federal de Minas Gerais (UFMG), como observadora das simulações com estudantes de medicina e acompanhando o *debriefing*[2].

No departamento de Psicologia da Somiti, Ana mantinha a discussão de como a psicologia poderia ser aplicada à medicina de emergência, urgência e ao intensivismo, como a psicologia poderia contribuir para o aprendizado da equipe de saúde utilizando a simulação realística. O psicólogo dinamarquês Peter Dieckmann, envolvido com simulação realística desde 1999, figurava como importante referência sobre o tema.

---

[1] Exercícios de mesa, tipo jogo de tabuleiro. É um método de treinamento com base em discussão, com boa relação custo-benefício, no qual os membros de uma equipe colaboram e comunicam as funções, responsabilidades e ações necessárias em resposta a um ou mais cenários de emergência. Um facilitador orienta os participantes através de uma discussão de um ou mais cenários, com o objetivo de fortalecer o plano de resposta geral e analisar os procedimentos de resposta associados.
[2] Retroalimentação em alça fechada (*feedback*) (Flato e Guimarães, 2011).

Ao fim do ano de 2016, combinávamos escrever um artigo sobre simulação realística. Visamos identificar os fatores humanos emergentes na simulação realística e como a psicologia poderia contribuir no processo de aprendizado. Infelizmente, fomos surpreendidos pela morte precoce de Ana, sem que tivéssemos a oportunidade de concluir o trabalho.

Com o texto deste capítulo homenageio Ana Maria Pueyo Blasco de Magalhães por sua dedicação à psicologia aplicada ao intensivismo e à medicina de urgência e emergência.

Relato de vivência

Como psicóloga clínica e hospitalar com formação e percurso em ambiente hospitalar e atualmente ligada ao eixo de ensino e pesquisa do Hospital João XXIII da Fundação Hospitalar de Minas Gerais, foi possível acompanhar a primeira turma de servidores do hospital a participar de uma atividade em laboratórios de simulação realística em uma faculdade federal. Foram percorridas quatro estações envolvendo desde o atendimento básico a pacientes adultos caídos em via ou locais públicos até situação de emergências clínicas em ambientes hospitalares. Essa experiência foi significante para todos os profissionais (aprendizes e instrutores).

O *debriefing* gerou uma situação inusitada para a psicóloga que trabalha há muitos anos em hospital desde sua formação em Psicologia. Em um dado momento, em uma enfermeira dirigiu-se à psicóloga, esperando que esta solucionasse um problema ocorrido numa cena de urgência que envolvia um bebê e um cuidador. Na discussão final (o *debriefing*), a enfermeira concluiu que fora profissionalmente preparada para intervir na situação. Entretanto, ante a ansiedade provocada pela situação, ela cobrou de outro profissional a solução. Foi um aprendizado para todo o grupo de profissionais (enfermeiras, nutricionistas, farmacêuticas, fisioterapeutas e psicóloga).

Esse treinamento aconteceu também com os dezoito residentes da Residência Multiprofissional em Saúde para Urgência e Emergência, que tem recebido incentivos do Ministério da Saúde nos últimos anos no Brasil. Ela é voltada para a formação de profissionais como enfermeiras, nutricionistas, farmacêuticas, fisioterapeutas, fonoaudiólogos, psicólogos, terapeutas ocupacionais, odontológos, dentre outros. A capacitação para o trabalho em urgência e emergência tem ganhado campo e exigido treinamento e capacitação desses profissionais para as situações extremas de urgência, emergência e para o intensivismo. Logo, podemos apostar que a simulação realística e também a simulação de alta-fidelidade irão se estender para todos os profissionais da saúde pública, coletiva e privada.

Importância da simulação realística

O uso da simulação é potencial para o desenvolvimento do trabalho em equipe, para a melhor forma de comunicação e estabelecimento de relação de confiança. Ela culmina com o desenvolvimento da resiliência[3] nos profissionais. A simulação tem forte impacto para a segurança do paciente (Ministério da Saúde, 2017).

---

[3] Termo proveniente, inicialmente, da física. Em psicologia, significa a capacidade humana de se moldar e ultrapassar limites, de se modificar tirando de dentro de si força para superar altos graus de dificuldades.

O primeiro passo é tentar esclarecer o que é simulação realística. Walker e Russon (2016) descrevem um centro de simulação realística como "um espaço que recria o ambiente hospitalar como uma estrutura de alta complexidade". A simulação clínica faz uso de manequins simples até os mais complexos, acrescidos de tecnologias como ferramentas didáticas, a saber: jogos, vídeos interativos e atores. Existem diversos modelos e tipos de simuladores, como se pode verificar na Tabela 15.1, apresentada por Flato e Guimarães (2011).

Tabela 15.1 Modelos de simuladores.

Tipo de simulador	Definição	Exemplo	Vantagens	Desvantagens
Simuladores de baixa tecnologia	Simuladores limitados em recursos eletrônicos e não controlados por computadores	Ressusci-Anne	Facilidade no transporte Objetivos determinados (RCP, por exemplo)	Estáticos Limitação na aplicação de outras áreas do conhecimento
Simuladores de alta tecnologia	Simuladores operados por computador capazes de recriar qualquer doença e resposta frente a intervenções	SimMan	Simulações próximas do real	Custo
Simuladores com base em programas de computadores (*screen-based simulators*)	Programa de computador interativo associado com resolução de problemas	Tutorial de eletrocardiograma Simulador de cateter de artéria pulmonar (*PAC Simulator*)	Fácil implementação Utilização individual ou em grupo	Avaliação com base em acertos
Part-task-trainers	Dispositivos para treinamento de habilidades específicas	Simulador de vias respiratórias Fantomas para inserção de cateteres	Aprimorar novas habilidades técnicas	Simulação fragmentada
Realidade virtual	Utilização de computação gráfica tridimensional acoplada a dispositivos comandáveis	MIST-VR (*minimally invasive surgery trainer*)	Diminuição no tempo de procedimentos cirúrgicos e erros	Custo
Atores reais	Utilização de manequins vivos em cenários virtuais	Gerenciamento de crises com familiares e pacientes terminais	Avaliação comportamental	Disponibilidade de atores treinados
Game-baseado simulation	Jogos de computadores virtuais com vida	*Second Life hospital*	Simulação de ações em um hospital virtual	Variabilidade de costumes locais
Simulação híbrida	Uso de dois tipos de simuladores	Ator + *part-task-trainers* (anamneses + ausculta cardíaca)	Avaliação simultânea de dois objetivos complementares	Tempo de realização elevado, dependendo do número de alunos

RCP: ressuscitação cardiopulmonar.

A simulação realística também implica envolvimento, motivação e desenvolvimento de competências. Ela reconstrói uma maneira de aprender de forma sutil, personalizada, singular. Isso capacita a equipe de saúde para, em situações de emergências, manejar a crise com recursos pessoais que lhes permitam melhor desempenho profissional.

Cada modelo de simulação tem vantagens e desvantagens; o importante é que contribuem para melhorar a comunicação, proporcionar um aprendizado reflexivo e mais seguro. A capacitação pela simulação realística permite a gestão da segurança no aprendizado e no relato da experiência. Esse fato contribui para o aprendizado e cria uma cultura de segurança, além de ser funcional no aspecto cognitivo (Yuan et al., 2012; Bowling e Underwood, 2016).

Durante a simulação, as ações e práticas são possíveis de serem avaliadas e corrigidas. São favorecidas, assim, as habilidades comunicacionais e técnicas que contribuirão para a liderança, a segurança do paciente (com a prevenção de erros), a comunicação eficaz e efetiva e a excelência técnica nos níveis de respostas da equipe (Amiel et al., 2016).

A utilidade na capacitação de profissionais em cuidados paliativos foi constatada por Hawkins e Tredgett (2016), principalmente em cenários de alta-fidelidade, demonstrando a potencialidade da simulação para situações de urgência e emergência com resposta rápida até para a tomada de decisão em situações que exigem posicionamento bioético da equipe.

Yuan et al. (2012), após revisão de literatura publicada em um intervalo de 10 anos, concluíram que a simulação de alta-fidelidade melhora conhecimento e habilidades. Esses autores propõem estudos adicionais para verificar o que pode ser melhorado no desempenho profissional via simulação.

Connell (2016), em sua revisão sistemática, reporta os impactos positivos e significativos sobre os alunos, bem como confirmaram Alluri et al. (2015) e Amiel et al. (2016). Calamassi et al. (2016), em seu estudo, demarcam uma excelente confiabilidade na simulação de alta-fidelidade e sugerem aos gestores maior investimento nesse tipo de simulação.

Pode-se concluir, por meio de cenários clínicos, que a simulação realística favorece experiências de vivências próximas do real, bem como apresenta um ambiente participativo e de muita interatividade entre instrutores, professores e alunos ou treinantes. Notadamente, a simulação realística é um processo dinâmico, que oferece oportunidades para a repetição, *feedback*, avaliação e reflexão (Traynor et al., 2016). Segundo Traynor et al. (2016), os participantes (enfermeiras e médicos) concluíram que a simulação foi potente para manter o interesse e a atenção de todos. Contudo, os autores propõem mais estudos para verificar o efeito ou retorno para os pacientes.

Debriefing

Debriefing é o eixo central após a realização da simulação realística. É uma técnica advinda das teorias sistêmicas e acontece logo após a simulação. Segundo Flato e Guimarães (2011), o *debriefing* é uma forma de "retroalimentação em alça fechada (*feedback*)", que será mais eficaz quanto maior for a complexidade do cenário da simulação.

A Tabela 15.2, fundamentada no trabalho de Flato e Guimarães (2011), apresenta os "elementos estruturais principais no *debriefing*", conforme a simulação.

Tabela 15.2 Exemplos estruturais principais de *debriefing* e exemplos de simulação.

Elementos estruturais principais do *debriefing*	Exemplos de simulação
Facilitador	Pessoa responsável pela simulação
Participantes	Médicos e enfermeiros
Cenário da simulação	Situação de parada cardiorrespiratória na UTI
Impacto da simulação	Como a equipe se envolveu durante o evento e quais os pontos positivos
Descrição sumária baseada no caso	Sequência de eventos e ações durante a simulação
Coleta de informações escrita ou por meio de lista de checagem (mensuração de desempenho)	Os objetivos da simulação foram atingidos e reforçados durante a reflexão?
Tempo	Tempos despendidos no evento e no *debriefing* (12 minutos de caso e 8 minutos de *debriefing*)

Faz-se necessário demarcar que Almeida et al. (2016) fizeram um estudo visando traduzir e validar a Escala de Experiência de *Debriefing* para o português, em conjunto com indivíduos que utilizaram a simulação de alta-fidelidade na aprendizagem. Eles concluíram que, para consolidar os resultados, seriam necessários mais estudos.

Após esse percurso teórico, emerge a pergunta: e as contribuições da psicologia?

Contribuições da psicologia

Da pesquisa de artigos, todos focaram o treinamento de profissionais de saúde, como médicos e enfermeiros. Somente um se reportou à psicologia. No artigo de Dieckmann e Krageb (2013), a psicologia conectada à simulação pode ser vista em três perspectivas: "psicologia da simulação, psicologia dentro da simulação e contribuições da psicologia para a pesquisa da metodologia em simulação" (tradução livre da autora).

A simulação pode ter diversas utilidades, como treinar procedimentos de acessos venosos, injetáveis, procedimentos cirúrgicos, atendimentos em enfermarias, atendimentos de ressuscitação cardiopulmonar. Deve, também, oferecer momentos de insucesso aos profissionais, para habilitá-los a lidar com o fracasso. A simulação realística, desde a mais simples até a simulação de alta-fidelidade, é um meio, e não um fim em si mesma (Dieckmann e Krageb, 2013).

A psicologia possibilita ao psicólogo, enquanto teoria e prática, uma fundamentação para trabalhar com a singularidade dos sujeitos e os fatores emocionais e pessoais que emergem a partir da participação nos diversos grupos de convívio. Na simulação realística, o trabalho acontece em grupo, e, dependendo da tarefa a ser executada, podem emergir vivências com forte "realismo"[4]. A psicologia pode contribuir favorecendo a participação, o diálogo, observando os movimentos dialéticos do consenso *versus* as desarmonias, visando à manifestação e à elaboração de conteúdos e à "segurança psicológica dos participantes" no processo (Dieckmann e Krageb, 2013).

---

[4]Capacidade de demonstrar a realidade da maneira mais verossímil possível. Retrato fidedigno ou o mais próximo da realidade.

Em tempos de discussão mundial sobre a segurança do paciente nos ambientes de saúde e os altos custos financeiros do sistema, o investimento em conhecimento, habilidades, atitudes e no profissionalismo voltado para o melhor cuidado ao paciente, focalizando a retenção do conhecimento (Zinsmaster e Vliem, 2016) e o retorno do investimento para a instituição (Zimmerman e House, 2016) é uma excelente proposta via simulação.

Considerações finais

A simulação realística e simulação de alta-fidelidade, no Brasil, é um campo em crescimento. Com isso, abre-se para o psicólogo um novo campo de atuação. Na formação desse profissional, a simulação deve ser inserida de modo a instrumentalizá-lo para lidar com as diversas crises existenciais e acidentais e situações de urgência e emergência.

Para a atuação na simulação realística, é preciso intervir em situações de crise acidentais e existenciais de intenso sofrimento psíquico, situações-limite de vida-morte e com necessidade de tomadas de decisões difíceis, usando estratégias de comunicação. Nesse contexto, é importante se ver como parte da equipe, ofertando o suporte necessário para a circulação da comunicação na busca de consensos e visando assegurar a qualidade da assistência e a continuidade da linha do cuidado.

O psicólogo tem uma formação que favorece sua participação no processo por contribuir com a segurança psíquica dos participantes na simulação realística e na simulação de alta-fidelidade. Quando o psicólogo está instrumentalizado, ele é um aporte riquíssimo para o trabalho em equipe, no afinamento das altas performances.

Fundamentalmente, a contribuição para a redução de erros e a melhoria da comunicação entre membros da equipe fazem da simulação realística um caminho sem volta. As universidades, as faculdades e os serviços de saúde públicos e privados devem investir, sozinhos ou em conjunto, para baixar os custos e tornar as equipes cada vez mais competentes (Zimmerman e House, 2016).

Como os profissionais podem fazer diferentes leituras diante de cada situação, fica a proposta aos profissionais de psicologia para estabelecerem novos estudos e pesquisas sobre o tema.

Referências bibliográficas

Alluri RK et al. A randomized controlled trial of high-fidelity simulation versus lecture-based education in preclinical medical students. Med Teach England. 21 Apr 2015;38(4):404-9.

Almeida RG, Mazzo A, Martins JC, Coutinho VR, Jorge BM, Mendes IA. Validation to portuguese of the debriefing experience scale. Rev Bras Enferm. 2016 May-Aug; 69(4):705-11.

Amiel I et al. Mobile in situ simulation as a tool for evaluation and improvement of trauma treatment in the emergency department. J Surg Educ. Jan/Feb 2016;73(1):121-8.

Bowling AM, Underwood PW. Effect of simulation on knowledge, self-confidence, and skill performance in the USA: A quasi-experimental study. Nurs Health Sci Australia. Sep 2016;18(3):292-8.

Brandão CFS, Collares CF, Marin HF. A simulação realística como ferramenta educacional para estudantes de medicina. Educação em Ciências da Saúde Porto Alegre. 2014;24(2):187-92. Acessado em 30 de abril de 2017. Disponível em: revistaseletronicas.pucrs.br/ojs/index.php/scientiamedica/article/viewFile/.../11485.

Calamassi D et al. High fidelity simulation experience in emergency settings: Doctors and nurses satisfaction levels. Acta Biomed Italy. Nov 2016;87(4–S):38-50. Acessado em 30 de abril de 2017. Disponível em: https://www.mattioli1885journals.com/index.php/actabiomedica/article/view File/5952/4204.

Chinnugounder S et al. Perceived barriers to the use of high-fidelity hands-on simulation training for contrast reaction management: Why programs are not using It. Curr Probl Diagn Radiol United States. Nov/Dec 2015;44(6):474-8.

Connell CJ et al. The effectiveness of education in the recognition and management of deteriorating patients: A systematic review. Nurse Educ Today Scotland. Sep 2016;44:133-45.

Dieckmann P, Krageb R. Simulation and psychology: Creating, recognizing and using learning opportunities. Curr Opin Anaesthesiol. Philadelphia. Dec 2013;26(6):714-20.

Emergency Response Planning. TRP. The tabletop exercise and emergency response plan. Postado em Mar 11, 2013. Acessado em 13 de maio de 2017. Disponível em: http://www.emergency-response-planning.com/blog/bid/57754/The-Tabletop -Exercise-and-Emergency-Response-Plan.

Flato U, Guimarães HP. Educação baseada em simulação em medicina de urgência e emergência: A arte imita a vida. Rev Bras Clin Med São Paulo. Set/Out 2011;9(5):360-4. Acessado em 30 de abril de 2017. Disponível em: http://files.bvs.br/upload/S/1679-1010/2011/v9n5/a2250. pdf.

Guimarães D, Cabral P. Resiliência. Acessado em 13 de maio de 2017. Disponível em: https://www.significados.com.br/resiliencia.

Hawkins A, Tredgett K. Use of high-fidelity simulation to improve communication skills regarding death and dying: A qualitative study. BMJ Support Palliat Care. Dec 2016;6(4):474-8.

Kerner RL et al. Simulation for operational readiness in a new freestanding emergency department: Strategy and tactics. Simul Healthc Hagerstown. Oct 2016;11(5):345-56.

Kohn LT, Corrigan JM, Donaldson MS. Institute of Medicine. To err is human: building a safer health system. Washington, DC: National Academy Press, 2000. Acessado em 13 de maio de 2017. Disponível em https://www.ncbi.nlm.nih.gov/pmc/articles/PMC2464859/.

Ministério da Saúde. DAHU – Programa Nacional de Segurança do Paciente. Portal da Saúde. Acessado em 13 de maio de 2017. Disponível em: http://portalsaude.saude.gov.br/index.php/o-ministerio/principal/secretarias/sas/dahu/seguranca-do-paciente.

Traynor M et al. Why we need more research into interprofessional education. British Journal of Nursing. Nov 2016;25(21):1190-5.

Walker LN, Russon L. Does simulation have a role in palliative medicine specialty training? BMJ Support Palliat Care London. Dec 2016;6(4):479-85.

Willhaus J. Simulation basics: How to conduct a high-fidelity simulation. ACN Adv Crit Care Hagerstown. Feb 2016;27(1):71-7.

World Heath Organization (WHO). To err is human: Why applying human factors is important for safety. 2012. Acessado em 20 de setembro de 2012. Disponível em: www.who.int/about/licensing/en/index.html.

Yuan HB et al. A systematic review of selected evidence on improving knowledge and skills through high-fidelity simulation. Nurse Educ Today Edinburgh. Apr 2012;32(3):294-8.

Zimmerman DM, House P. Medication safety: Simulation education for new RNs promises an excellent return on investment. Nurs Econ Pitman. Jan/feb 2016;34(1):49-51.

Zinsmaster J, Vliem S. The influence of high-fidelity simulation on knowledge gain and retention. Nurs Educ Perspect New York. Sep/Oct 2016;37(5):289-90.

CAPÍTULO 16

Satisfação da Família | Contribuições no Processo de Gestão e Qualidade

Raphaella Ropelato

Introdução

Os avanços tecnológicos e o aumento da sobrevida dos pacientes não têm sido suficientes para manter a satisfação em relação aos cuidados dispensados nas unidades de terapia intensiva (UTI). Nesse contexto, pela gravidade dos pacientes, os familiares têm exigido cada vez mais a garantia de um atendimento de qualidade e o aumento da participação nas definições das condutas da equipe de saúde. Aliado a isso, as instituições hospitalares estão propensas a monitorar geradores de insatisfação e programar ações para melhor desempenho. Este capítulo propõe a discussão da temática e apresenta algumas possibilidades para os profissionais que buscam avaliar e programar melhorias em suas unidades, a partir da apresentação do questionário *Family Satisfaction with Care in the Intensive Care Unit* (FS-ICU). O FS-ICU vem sendo utilizado em diversos países com a finalidade de oferecer um acompanhamento do desempenho da UTI pela visão dos familiares que acompanham a internação e podem avaliá-la de acordo com suas expectativas.

Complexidade da unidade de terapia intensiva

O conceito de *terapia intensiva* surgiu no conflito da Crimeia, quando Florence Nightingale, em Scutari (Turquia), atendeu, junto a um grupo de enfermeiras, soldados britânicos seriamente feridos, com procedimentos padronizados para cuidados, isolamento e prevenção de infecções (Fernandes et al., 2014b).

Essa sistematização de cuidados, associada ao desenvolvimento de tecnologia especializada e melhores condições no atendimento a pacientes críticos, impulsionou a criação das UTIs. As primeiras unidades surgiram na metade do século XX, em hospitais norte-americanos para atendimento de pacientes que precisavam de observação criteriosa no pós-operatório. No Brasil, essas unidades começaram a ser organizadas no final da década de 1960, para atender à demanda dos pacientes com gravidade e instabilidade clínica (Gomes, 2011).

No século XXI, o objetivo das UTIs não mudou; continua sendo o de manter uma estrutura equipada com tecnologia e capital humano, capaz de fornecer tratamento a pacientes graves, com potencial risco de morte (Fernandes et al., 2014b). Contudo, atualmente o simples conceito de salvar vidas deixou de ser suficiente. A atuação fundamental de reversão da evolução de uma doença não terminal, assim como a restauração dos pacientes para seu estado de saúde anterior, aliou-se às exigências do "cuidar bem" de pacientes em final de vida. Esse cuidado considera os aspectos biofísicos e psicológicos, visando à "qualidade de vida" ou "qualidade de morte".

A forte influência do culto ao desenvolvimento tecnológico e ao saber científico distanciou nossas UTIs do valor humanista de singularidade do sujeito fundamental para a atenção à saúde. Esse fato gerou, ao final da década de 1990, um movimento denominado "Humanização", que ocorreu em todos os setores de saúde (Martins-Nogueira e Macedo, 2008). Os princípios desse movimento estabelecem ações de alcance a pacientes, familiares, profissionais da saúde e adequações do ambiente.

A UTI ainda é vista como um "local para morrer". Na verdade, o ambiente da UTI é impessoal, onde o paciente fica sob o cuidado de outros sem ter como intervir diretamente em sua situação. Além disso, a família, afastada do cuidado, sente-se impotente, além de assustada com toda a movimentação existente em torno de seu familiar (Ismael, 2010).

A abordagem da família do paciente hospitalizado vem sendo objeto de inúmeras pesquisas há mais de 30 anos. Quando se fala da família do paciente em UTI, a questão acaba por ficar ainda mais complexa. O equilíbrio familiar é alterado pela doença grave, pois essa é vista como um evento catastrófico gerador de sentimentos de medo, choque e descrença. A família, assim como o paciente, sofre com a ruptura de sua rotina e de seu ambiente, pela percepção da desagregação familiar e da descontinuidade de sua história de vida. O tratamento impessoal dado pela equipe, a exclusão da rotina hospitalar e a uniformização no tratamento dos pacientes podem gerar na família a sensação de perda de controle, despersonalização, exacerbação dos mecanismos de defesa, sentimento de abandono e confusão cognitiva (Ismael, 2010).

Deve-se, portanto, adotar, sempre que possível, uma filosofia que valorize a participação do paciente e do familiar no tratamento, possibilitando que este tenha uma atuação mais ativa, diminuindo a sensação de impotência, geralmente presente neste momento. A informação objetiva, honesta e frequente é relatada como a mais importante necessidade dos pacientes e familiares nas UTIs. Dessa forma, o ideal é que o profissional de saúde não espere a aproximação dos familiares para obter informações. Deve, sim, dirigir-se ao paciente e a sua família e fornecer as informações requisitadas com linguagem acessível, sem a utilização de jargões médicos ou siglas (Knobel et al., 1999).

A maneira como o profissional se coloca, se comunica e interage com seus colegas, com os pacientes e seus familiares definirá a excelência na execução de seu trabalho. Diversos artigos têm discutido os cuidados centrados no paciente e em sua família (Gay et al., 2009; Rothen et al., 2010; Hunziker et al., 2012; Osborn et al., 2012; Kodali et al., 2014). Como os pacientes de UTI são geralmente incapazes de participar diretamente das decisões, a informação a respeito de seu quadro atual e prognóstico envolve contato direto com os seus representantes.

As visitas multidisciplinares, as discussões de casos e o repasse de informações têm sido utilizados como espaço para diálogo, no que diz respeito à busca de consenso em relação aos cuidados, ao tratamento e à suspensão de suporte avançado de vida (SAV). No entanto, muitas vezes este momento ocorre sem que haja tempo e local adequados para uma conversa franca e empática entre a equipe e os familiares.

As reuniões ou conferências com familiares nas UTIs têm sido importantes fóruns de discussão sobre preferências, prognóstico e cuidados do paciente; para ouvir as preocupações da família; e para estabelecer metas adequadas para a tomada de decisão. Apesar dos benefícios da comunicação rápida e eficaz para os envolvidos, as evidências sugerem que essas reuniões ainda não são ofertadas para a maioria dos pacientes em UTIs.

As barreiras identificadas nesse processo envolvem as seguintes variáveis: tempo; quantidade de profissionais envolvidos no cuidado do paciente grave; falta de habilidades de comunicação; diferenças culturais; estresse da equipe; falta de espaço adequado, cultura institucional e metas mal definidas para as reuniões. Para combater esses possíveis entraves, sugere-se maximizar a eficiência de tempo para o atendimento médico; utilizar informativos impressos como auxílio no aconselhamento da equipe; envolver e capacitar os enfermeiros, assim como serviço social e pastoral no processo de reunião familiar; incentivar e apoiar a formação em habilidades de comunicação; consultar especialistas em cuidados paliativos e ampliar a presença da família na UTI. Além dessas implementações, educar os médicos sobre o benefício do tempo gasto com as famílias e reforçar positivamente aqueles que mantêm "alta *performance*" em relação ao atendimento de pacientes e atenção à família podem ampliar a gama dessas reuniões (Gay et al., 2009).

Dependendo dos padrões e princípios éticos aceitos em cada país, os membros da família podem desempenhar um papel importante na tomada de decisão. Mesmo assim, eles são emocionalmente envolvidos com o paciente, e podem apresentar sentimentos de perda de controle, medo em perder um ente querido e preocupações com todas as consequências emocionais, sociais e econômicas que possam surgir, e, por isso, precisam sentir que são amparados pela equipe (Rothen et al., 2010).

Gestão e qualidade em terapia intensiva

A medicina hospitalar e, em especial, a medicina intensiva, apresentam a busca pela qualidade e atenção para com a segurança do paciente entre suas atuais prioridades (Damasceno e Japiassú, 2014). Isso aconteceu devido ao avanço no contexto econômico atual, à expansão do sistema de saúde e às práticas de gestão cada vez mais definidas, que requereram o uso de indicadores para a avaliação do desempenho, da qualidade e da segurança nos hospitais (Barros e Knibel, 2014). As exigências foram amplamente difundidas após o movimento de padronização e classificação hospitalar, conhecido como "Acreditação Hospitalar", que originalmente foi desenhado para proteger e organizar a profissão médica, aprimorando o ambiente e a prática clínica.

Definir qualidade é tarefa difícil. De qualquer forma, relaciona-se à adequação do propósito, à ausência de defeitos, à conformidade com especificações, pontos esses que são buscados todos os dias na oferta de serviços em terapia intensiva. Apesar da variação do conceito de qualidade, algumas características devem ser observadas, já que são requisitos essenciais, atuando como indicadores-mestres, como: foco no cliente, foco na melhoria contínua da imagem da organização e foco no envolvimento de todos no processo de melhoria (Fernandes et al., 2014b).

Historicamente, a qualidade foi medida por marcadores objetivos, como mortalidade, taxa de infecção e taxa de reinternação. Mas, quando pensamos no fluxo proposto pelos sistemas de avaliação institucional, percebemos que o conceito dos clientes também deve ser considerado (Heyland e Tranmer, 2001).

A monitoria da satisfação do cliente interno e externo busca documentar dados de comunicação inadequada, insatisfação familiar e acompanhamento médico (Noritomi et al., 2014). No entanto, a pouca familiaridade dos profissionais de saúde com os processos de comunicação e satisfação tem prejudicado alguns métodos de mensuração nesta área, como questionários, pesquisas de satisfação e entrevistas (Fernandes et al., 2014a).

Os gerenciadores de saúde têm identificado diversas barreiras para o uso de *feedbacks* de pacientes. Isso pode significar que os dados não estão centrados nos usuários e podem não estar ligados ao processo, ao tamanho e à estrutura organizacional, estando focados em estratégias que não são projetadas para o uso dessas informações. Além disso, mesmo com esses dados em mãos, pode não haver tempo para agir adequadamente, já que os funcionários estão céticos e têm medo de aprender sobre experiências negativas, além da falta de interesse que muitos médicos apresentam nesta área. É importante que os médicos que cuidam de pacientes críticos e também que os administradores se antecipem a esses tipos de barreiras, antes da tentativa de utilização dos dados de satisfação da família para melhorar a qualidade (Dodek et al., 2004).

Sistemas e instrumentos de satisfação

▶ Sistema de avaliação da satisfação

Para a melhoria da qualidade do cuidado de doentes críticos, uma ampla variedade de estratégias tem sido desenvolvida. Elas incluem o uso de medicina baseada em evidências, diretrizes e protocolos, ciclos de melhoria da qualidade e mudanças na cultura de segurança e gerenciamento de riscos. Em geral, os efeitos de melhoria têm como base indicadores de *performance* clínica, como incidência de tromboembolismo venoso ou pneumonia associada à ventilação mecânica, tempo de permanência na UTI ou utilização de recursos e mortalidade (Rothen et al., 2010).

Conforme descrito anteriormente, a esses indicadores têm sido acrescidos dados de acompanhamento em relação à satisfação no atendimento. Os primeiros trabalhos voltados à medida de satisfação foram direcionados aos pacientes e foram revisados na publicação da primeira metanálise no final da década de 1980 (Wasser et al., 2001). No entanto, como a área de medicina intensiva concentra o maior número de pacientes críticos, houve a necessidade de inserir a avaliação de familiares para monitorar os níveis de satisfação.

Medir o nível de satisfação de familiares com os cuidados dispensados a eles e a seus parentes criticamente doentes tem sido tema recorrente na última década (Rothen et al., 2010;

Heyland e Tranmer, 2001; Dodek et al., 2004; 2012; Azoulay et al., 2001; Heyland et al., 2002; Fumis et al., 2006; 2008; Wall et al., 2007a; 2007b).

Vários métodos de coleta de dados podem ser usados para retratar a experiência de familiares com a UTI: documentos de incidentes críticos, grupos focais, entrevistas pessoais ou por telefone, preenchimento de pesquisa ou observação participante e análise de cartas ou outros arquivos (Dodek et al., 2004).

As pesquisas para investigar as possíveis alterações nas famílias datam da década de 1970, com os estudos de Molter, mas é a partir da década de 1990 que ocorre um crescimento dos estudos sobre intervenções e forma de inclusão das famílias. Esse movimento reforça a preocupação com o ambiente, o acolhimento e a comunicação como forma de tratamento das alterações emocionais decorrentes da experiência da UTI, bem como o estímulo à ampliação de horários de visita, a adoção da política de UTI aberta, a atenção à ansiedade dos familiares, entre outras ações (Andreoli, 2008).

Na medida em que houve um aprofundamento do tema, as equipes foram refinando seus objetos de estudo. O levantamento de necessidades de familiares cedeu espaço à avaliação da satisfação quanto aos cuidados críticos (Heyland e Tranmer, 2001; Azoulay et al., 2001) e à investigação da satisfação em relação aos cuidados em final de vida (Hinkle et al., 2015).

Instrumentos

Os estudos sobre a percepção dos familiares foram inicialmente publicados na década de 1980 e realizados principalmente com questionários de língua inglesa (Wasser et al., 2001). Contudo, certa quantidade deles foi traduzida para outros idiomas, embora o processo de tradução não tenha sido sempre publicado. A revisão dos instrumentos utilizados demonstrou que a investigação está direcionada a identificação das necessidades, satisfação da família e possíveis estressores gerados pela UTI. A estrutura desses questionários é constituída em sua maioria por um conjunto de afirmações ou perguntas, que visam medir a opinião dos avaliados com respostas que variam de um extremo ao outro, denominado Escala de Likert. A seguir são descritos alguns instrumentos validados e disponíveis para medir a qualidade da assistência prestada às famílias na UTI (Rothen et al., 2010; Meert et al., 2011).

O questionário mais conhecido para avaliar as necessidades da família na UTI é o *Critical Care Family Needs Inventory* (CCFNI). Esse foi o primeiro estudo que se propôs a identificar as necessidades dos familiares de pacientes internados na UTI (Rothen et al., 2010). Vários trabalhos citam a versão modificada por Jonhson *et al.*, que contém 14 itens para avaliar as necessidades e a satisfação da família (Rothen et al., 2010; Fumis et al., 2006; Meert et al., 2011). Esta versão também é conhecida como *Family Needs Assessment Inventory*.

O *Critical Care Family Satisfaction Survey* (CCFSS) é composto de 20 itens e foi elaborado para medir a satisfação da família na UTI. O CCFSS contempla a percepção dos familiares quanto aos seguintes critérios: garantia de qualidade, informação, proximidade, suporte e conforto (Wasser et al., 2001). Embora um estudo recente tenha mostrado que um domínio desse instrumento possui boa correlação com a questão de cuidados de fim de vida, a experiência de pesquisa com essa ferramenta ainda é limitada (Wall et al., 2007a).

O *Family Satisfaction with Care in the Intensive Care Unit* (FS-ICU) foi desenvolvido no Canadá e contempla conceitos sobre satisfação com o cuidado do paciente, qualidade no fim de vida, necessidades dos familiares e satisfação/insatisfação com decisões médicas. Durante o desenvolvimento do FS-ICU, as seguintes categorias foram descritas: cuidados prestados ao paciente, conforto diante da dor e manejo de sintomas, competência da equipe, cuidado emocional, cortesia, respeito, dignidade, privacidade e confidencialidade, respeito à autonomia do paciente e sua família, acesso ao ambiente de cuidado e às informações. Além desses, foram contemplados: estrutura hospitalar, aspectos sobre comunicação do quadro clínico, tratamento e prognóstico do paciente (Heyland e Tranmer, 2001).

A versão inicial era composta por 34 questões, porém anos mais tarde o questionário passou por uma revisão, a qual originou a versão atual com 24 questões. Essa adaptação recebeu a colaboração de pesquisadores dos Estados Unidos, sendo validada para ambos os países – Canadá e EUA. A partir dessa revisão, definiu-se um escore para mensurar a satisfação em relação aos cuidados (14 questões), um escore para a participação no processo de tomada de decisão (10 questões) e um escore de satisfação geral que engloba o cuidado e a tomada de decisão (24 questões). Além dos três itens avaliados, o instrumento também prevê um escore e questões para avaliar familiares de pacientes não sobreviventes em relação aos cuidados no final de vida e óbito na UTI (Heyland e Tranmer, 2001). O conjunto de afirmações ou perguntas possui respostas organizadas em Escala Likert, com variação de 1 a 5 pontos. Além das questões objetivas, o questionário apresenta três questões abertas/qualitativas que podem trazer outras questões de relevância.

Em comparação a outros instrumentos para medir a satisfação da família, os pontos fortes desse questionário estão relacionados com a conceituação abrangente da satisfação e com o rigor pelo qual o questionário foi desenvolvido e pré-testado. O FS-ICU vem sendo utilizado em diversos países, com a finalidade de oferecer um acompanhamento do desempenho da UTI, pela visão dos familiares que acompanham a internação e podem avaliá-la de acordo com suas expectativas. O instrumento já foi traduzido para diversos idiomas e validado no Canadá, Estados Unidos, Alemanha e Turquia, com suas traduções disponibilizadas pela equipe desenvolvedora no Canadá, no *site* do grupo: www.thecarenet.ca (Heyland e Tranmer, 2001; Stricker et al., 2007; Schwarzkopf et al., 2013; Tastan et al., 2014). Há o interesse e a disponibilidade para a realização de estudos multicêntricos que ampliem resultados, permitam *benchmark* e contribuam para analisar os pontos fortes e fracos do processo de cuidado do paciente crítico.

Alguns pontos devem ser considerados no processo de avaliação da satisfação e aplicabilidade dos instrumentos, o número de questões para medir a satisfação familiar pode gerar desinteresse entre os participantes. O desconhecimento sobre os temas abordados ou a entrada restrita na UTI podem limitar a avaliação, assim como problemas existentes em outros setores do hospital também podem contaminar a avaliação da satisfação.

Considerações finais

A investigação da satisfação da família remete à subjetividade dos fatores avaliados. A "Família" é considerada o sistema social, formado por qualquer membro que possua relação estreita com o paciente, seja esta consanguínea, social ou emocional. A "Satisfação" refere-se ao nível do cumprimento das necessidades e expectativas reais, implícitas ou explícitas de um indivíduo ou um grupo de pessoas. Dessa forma, pode-se presumir que, se todas as necessidades e expectativas forem cumpridas, o resultado será satisfatório, mas ainda pode haver alguma variação no estado de satisfação entre as várias pessoas que compõem a família. A proposição de medidas das expectativas familiares sugere que as instituições estão propensas a programar ações para melhor desempenho. Avaliar a satisfação da família pode contribuir para analisar os pontos fortes e fracos do processo de cuidado do paciente crítico, para comparar com *benchmark* e para iniciar os projetos necessários. Além disso, realizada regularmente, a avaliação de satisfação da família pode ser usada para acompanhar variáveis específicas ao longo do tempo e enriquecer o processo de gestão e qualidade em nossas UTIs (Rothen et al., 2010).

Referências bibliográficas

Andreoli PBA. Psicologia no hospital e caminhos para a assistência na UTI. In: Knobel E, Andreoli PBA, Erlichman MR. Psicologia e humanização: Assistência aos pacientes graves. São Paulo: Atheneu, 2008, p. 3-12.

Azoulay E, Pochard F, Chevret S, Lemaire F, Mokhtari M, Le Gall JR, Dhainaut JF, Schlemmer B. Meeting the needs of intensive care unit patient families: A multicenter study. Am J Respir Crit Care Med. 2001;163(1):135-9.

Barros C, Knibel M. Indicadores: Sem indicadores não há controle e sem controle não há gestão. In: Souza PCP, Knibel MF. Gestão, qualidade e segurança em UTI. Série clínicas de medicina intensiva brasileira. São Paulo: Atheneu, 2014, ano 19, vol. 21, p. 101-8.

Damasceno M, Japiassú AM. Protocolos, diretrizes e checklist: Melhoram a qualidade e segurança? In: Souza PCP, Knibel MF. Gestão, qualidade e segurança em UTI. Série clínicas de medicina intensiva brasileira. São Paulo: Atheneu, 2014, ano 19, vol. 21, p. 77-86.

Dodek PM, Heyland DK, Rocker GM, Cook DJ. Translating family satisfaction data into quality improvement. Crit Care Med. 2004;32(9):1922-7.

Dodek PM, Wong H, Heyland DK, Cook DJ, Rocker GM, Kutsogiannis DJ, Dale C, Fowler R, Robinson S, Ayas NT. The relationship between organizational culture and family satisfaction in critical care. Crit Care Med. 2012;40(5):1506-12.

Fernandes SH, Capone Neto A, Silva E. Performance de unidades de terapia intensiva: melhoria contínua com o balanced score. In: Souza PCP, Knibel MF. Gestão, qualidade e segurança em UTI. Série clínicas de medicina intensiva brasileira. São Paulo: Atheneu, 2014a, ano 19, vol. 21, p. 109-20.

Fernandes SH, Silva E, Capone Neto A, Knobel E. In: Souza PCP, Knibel MF. Gestão em terapia intensiva. Gestão, qualidade e segurança em UTI. Série clínicas de medicina intensiva brasileira. São Paulo: Atheneu, 2014b, ano 19, vol. 21 p. 17-30.

Fumis RR, Nishimoto IN, Deheinzelin D. Measuring satisfaction in family members of critically ill cancer patients in Brazil. Intensive Care Med. 2006;32:124-8.

Fumis RR, Nishimoto IN, Deheinzelin D. Families' interactions with physicians in the intensive care unit: The impact on family's satisfaction. J Crit Care. 2008;23(3):281-6.

Gay EB, Pronovost PJ, Basset RD, Nelson JE. The intensive care unit family meeting: making it happen. J Crit Care. 2009;24(4):629e1-629e12.

Gomes AM. Desenvolvimento histórico da prática assistencial em cuidados intensivos no Brasil. In: Viana RAPP, Whitaker IY et al. Enfermagem em terapia intensiva: Práticas e vivências. Porto Alegre: Artmed, 2011, p. 21-6.

Heyland DK, Rocker GM, Dodek PM, Kutsogiannis DJ, Konopad E, Cook DJ, Peters S, Tranmer JE, O'Callaghan CJ. Family satisfaction with care in the intensive care unit: Results of a multiple center study. Crit Care Med. 2002;30(7).

Heyland DK, Tranmer JE. Measuring family satisfaction with care in the intensive care unit: The development of a questionnaire and preliminary results. J Crit Care. 2001;16(4):142-9.

Hinkle LJ, Bosslet GT, Torke AM. Factors associated with family satisfaction with end-of-life care in the ICU: A systematic review. Chest. 2015;147(1):82-93.

Hunziker S, Mchugh W, Samoff-Lee B, Cannistraro S, Ngo L, Marcantonio E, Howell MD. Predictors and correlates of dissatisfaction with intensive care. Crit Care Med. 2012;40(5):1554-61.

Ismael SMC. A família do paciente em UTI. In: Mello Filho J (Org). Doença e família. 2. ed. São Paulo: Casa do Psicólogo, 2010, p. 251-8.

Knobel E, Novaes MAFP, Bork AMGT. Humanização dos CTIs. In: Knobel E. Condutas no paciente grave. 2. ed. São Paulo: Atheneu, 1999, vol. 2, p. 1305-14.

Kodali S, Stametz RA, Bengier AC, Clarke DN, Layon AJ, Darer JD. Family experience with intensive care unit care: Association of self-reported family conferences and family satisfaction. J Crit Care. 2014;29(4):641-4.

Martins-Nogueira MCF, Macedo PCM. Programa de humanização em hospitais. In: Knobel E, Andreoli PBA, Erlichman MR. Psicologia e humanização: Assistência aos pacientes graves. São Paulo: Atheneu, 2008, p. 183-98.

Meert KL, Schim SM, Briller SH. Parental bereavement needs in the pediatric intensive care unit: Review of available measures. Journal of Palliative Medicine. 2011;14(8):951-64.

Noritomi DT, Viñas LMB, Simpson ES, Barbosa M, Souza PCP. Padronizando condutas em UTI: Uma abordagem prática. In: Souza PCP, Knibel MF. Gestão, qualidade e segurança em UTI. Série clínicas de medicina intensiva brasileira. São Paulo: Atheneu, 2014, ano 19, vol. 21, p. 71-6.

Osborn TR, Curtis JR, Nielsen EL, Back AL, Shannon SE, Engelberg RA. Identifying elements of ICU care that families report as important but unsatisfactory: Decision-making, control, and ICU atmosphere. Chest. 2012;142(5):1185-92.

Rothen HU, Stricker KH, Heyland DK. Family satisfaction with critical care: Measurements and messages. Curr Opin Crit Care. 2010;16(6):623-31.

Schwarzkopf D, Behrend S, Skupin H, Westermann I, Riedemann NC, Pfeifer R, Gunther A, Witte OW, Reinhart K, Hartog CS. Family satisfaction in the intensive care unit: A quantitative and qualitative analysis. Intensive Care Med. 2013;39(6):1071-9.

Stricker KH, Niemann S, Bugnon S, Wurz J, Rohrer O, Rothen HU. Family satisfaction in the intensive care unit: cross-cultural adaptation of a questionnaire. J Crit Care. 2007;22(3):204-11.

Tastan S, Iyigun E, Ayhan H, Kilickaya O, Yilmaz AA, Kurt E. Validity and reliability of Turkish version of family satisfaction in the intensive care unit. Int J Nurs Pract. 2014;20(3):320-6.

Wall RJ, Curtis JR, Cooke CR, Engelberg RA. Family satisfaction in the ICU: Differences between families of survivors and nonsurvivors. Chest. 2007b;132(5):1425-33.

Wall RJ, Engelberg R, Downey L, Heyland DK, Curtis JR. Refinement, scoring and validation of the family satisfaction in the intensive care unit (FS-ICU) survey. Crit Care Med. 2007a;35(1):271-9.

Wasser T, Pasquale MA, Matchett SC, Bryan Y, Pasquale M. Establishing reliability and validity of the critical care family satisfaction survey. Crit Care Med. 2001;29(1):192-6.

Índice Remissivo

A

Acompanhamento pós-óbito, 124
Aderência ao tratamento, 105
Analgesia, 93
Aneurisma cerebral, 81
Ansiedade, 89
Antecipação da perda, 112
Aprendizagem colaborativa, 150
Atendimento
- aos familiares, 50
- aos pacientes, 49
Atores reais, 166
Avaliação
- do doador, 26
- psicológica, 26, 78

B

Barganha, 74
Bebê
- fantasmático, 4
- imaginário, 4
- real, 4
Bioética, 148
Burnout, 100, 113, 155, 157
- sintoma de, 153
Busca da pessoa perdida, 111

C

Cirurgia cerebral, 73
Clínica
- ampliada, 47

- da urgência subjetiva, 15
Comportamento suicida, 129, 130
- epidemiologia, 129
- avaliação de risco, 134
- em UTI, 132
- fatores de proteção do, 131
- fatores de risco do, 131
- mitos e fatos, 132
- papel do psicólogo, 135
- precauções necessárias, 133
Comunicação
- estratégias de, 93
- ideal na relação médico-paciente, 147
Construção da parentalidade, 3
Contratransferência, 64
Critical Care Family Needs Inventory (CCFNI), 175
Critical Care Family Satisfaction Survey (CCFSS), 175
Cuidados paliativos, 119, 122, 148
- na unidade de terapia intensiva, 120

D

Debriefing, 165, 167
Defesas narcísicas, 14
Delirium, 90, 93, 136
Depressão, 131
Deslocamento da libido, 17
Desmame da ventilação mecânica, 63, 90
- difícil, 52
- emoções no, 89
Dieta enteral, 82

Doenças cardiovasculares, 100
Dor, 75
- torácica, 100

E

Efeito terapêutico, 14
Emoções no desmame, 89
Enfrentamento orientado à restauração, 111
Ensino sobre humanização, 143
Entrevista psicológica inicial, 57, 58
Equipe multidisciplinar, 51
Escala de dor visual analógica numérica, 75
Escuta, 14
Esquizofrenia, 131
Ética médica, 148
Eu ideal, 16, 17
Eventos cardíacos, fenômeno psicossomático, 101

F

Family Needs Assessment Inventory, 175
Family Satisfaction with Care in the Intensive Care Unit (FS-ICU), 171, 176
Fantasias parentais, 4
Funcionamento pulsional narcísico, 156

G

Game-basead simulation, 166
Gastrostromia, 82
Gestão
- de qualidade, 74
- em terapia intensiva, 173
Glioblastoma, 77

H

Handling, 67
Histórias paternas, 4
Holding, 10, 67
- inicial da mãe, 11
- inicial do bebê pela mãe, 11
Home care, 41, 42
Humanização, 143, 148
- ensino sobre, 143
- método reflexivo, 144

I

Iatrogenia, 99
Ideal do eu, 16, 17
Impulsividade, 136

Instituto Estadual do Cérebro Paulo Niemeyer (IECPN), 73
Instituto Nacional de Traumatologia e Ortopedia (INTO), 47, 48
Internação, 74, 77
- prolongada, 52
Interrupção da gestação, 5

L

Libido, 17
Luto(s), 109, 110
- antecipatório, 112, 124
- complicado, 111, 124
- não reconhecido, 113
- por suicídio, 137
- superpostos, 113

M

Manejo, 67
Manual de prevenção do suicídio, 131
Más notícias, 38
Mecanismos de defesa, 76
Medicina psicossomática, 102
Meningioma, 77
Modelo(s)
- de processo dual do luto, 111
- de simuladores, 166
Mudanças de postura profissional, 156
Música, 93, 94

N

Narcisismo, 16
Negação, 105
Notícias difíceis, 38

O

Ortotanásia, 125

P

Parentalidade, 3
Part-task-trainers, 166
Pensamentos de morte, 123
Perda(s), 109, 110
- de um filho, 104
- inesperada, 104
Política Nacional de Humanização (PNH), 148
Pós-alta, 68

Índice Remissivo

Pós-operatório
- imediato, 28
- tardio, 30
Post-Intensive Care Syndrome (PICS), 92
Prática assistencial, 148
Pré-transplante, 24
Prematuro extremo, 6
Primeiro atendimento, 62
Projeto Sala de Espera, 80
Psicanálise aplicada em pediatria, 13, 14
Psicodinâmica psicanalítica, 77
Psicoiatrogenia, 99
Psicologia
- na simulação realística, 163
- na unidade coronariana, 97

Q
Qualidade em terapia intensiva, 173

R
Realidade virtual, 166
Resiliência, 165
Reunião(ões)
- de equipe, 64
- com a equipe multidisciplinar, 51
Rotina de atendimento, 49
Rounds multidisciplinares, 14

S
Satisfação da família, 171
- com o cuidado do paciente, 176
Sedação, 93
Separação do paciente da família, 75
Simulação realística, 163, 164, 165
- híbrida, 166
Simuladores
- com base em programas de computadores, 166
- de alta tecnologia, 166
- de baixa tecnologia, 166
Sinais de esgotamento, 153
Síndrome
- de *burnout*, 100, 113
- - e o mundo contemporâneo, 157
- de encarceramento, 61
- de Takotsubo, 101
- do coração partido, 101
Sistema de avaliação da satisfação, 174
Sublimação, 17
Suicídio, 131
Supereu, 17
Suporte ventilatório, 87
Sustentação, 67

T
Terapia intensiva, 171
Termo de responsabilidade, 77
Trabalho de luto, 111
Transferência, 65
Transparência psíquica, 7
Transplante hepático infantil, 23
- avaliação psicológica do receptor e da família, 24
- intervivos, 26
Transtorno(s)
- de estresse pós-traumático, 92
- de humor bipolar, 131
- relacionados ao uso de substâncias, 131
Tumor da fossa posterior, 82

U
Unidade coronariana, psicologia na, 97, 98
Urgências subjetivas, 15
UTI pediátrica (UTIP), 28
- atuação do psicólogo, 8
- pediátrica, manejo
- - do paciente, 55
- - da família, 55
- - da equipe, 55
- visita dos avós e irmãos na, 10

V
Ventilação mecânica, 87
- crônica, 90
- como os familiares se sentem, 91
- papel do psicólogo, 92
- desmame difícil da, 52
Vínculo(s)
- de confiança, 79
- diádicos, 79

IMPRESSÃO:

Santa Maria - RS | Fone: (55) 3220.4500
www.graficapallotti.com.br